日本宗教文化論

目次

緒論 009

一、「買了車就到穗高神社」——日本文化裏的宗教元素 010

二、日本的宗教文化特性 017

- 歷史因素營造的「無宗教」特性
- 祖先祭祀與宗教文化
- 原始迷信的殘存與變容
- 流行神與生活裏的宗教文化

第一章 神道 041

一、神道初論 042

- 原始的神道概念
- 神道祭祀背後的天皇家崇拜與現人神
- 神道的祭典——神事與神賑行事
- 神社服飾與建築

二、記紀神話與日本眾神 090
－日本神社的祭神們
－日本誕生與三貴子
－天津神與國津神的讓國神話
－天孫降臨神話的背後意涵
三、受到外來刺激的神道思想化 117
－神道的起源與分類
－神佛習合的神道
－反本地垂迹——「日本優先」的神道風潮
－儒家神道與復古神道——神道的重新「日本化」
－明治至今日的神道
四、神佛習合與人神信仰 134
－神宮寺與役小角——神下佛上的時代
－八幡神、稻荷神、大洗磯前神社等習合現象
－人神信仰與御靈信仰

第二章　日本佛教　163

一、日本佛教的獨特性　165

－「學」的奈良佛教

－「信」的平安佛教

－「行」的鎌倉佛教

－末法思想及本覺思想，日本宗教戰爭的終焉

－葬式佛教與新興宗教的搖籃

二、名為佛教的普世價值　188

－佛教公傳及聖德太子的日本佛教

－鎮護國家與學術研究的奈良佛教

－平安佛教的兩大天才——天台宗的最澄與眞言宗的空海

－空海的立體曼荼羅與眞言密教的世界觀

－眞言宗的分裂

－天台宗的發展與本覺、末法思想

－平安佛教的特徵與時代意義

三、鎌倉新佛教後的佛教日本化 234
—法然的淨土宗、親鸞的淨土眞宗、一遍的時宗
—禪宗——榮西的臨濟宗與道元的曹洞宗
—日蓮的法華信仰
四、江戶到近代的宗教政策——以富士門流為例 263
五、佛教的造型藝術與建築 266
—佛像造型
—佛寺建築
六、章結 281
第三章　修驗道 283
一、何謂修驗道 284
—修驗道與山伏
—修驗道的教祖役小角（役行者）
—修驗道裏的佛教、神道與山岳信仰

二、修驗道簡史 307
—熊野與吉野的本山派與當山派
—修驗靈山的開山與傳承
三、修驗者的「峰入」與修行 324
—峰入與修驗十六道具
—採燈護摩、憑祈禱、調伏與供養
—修驗道集團與先達
四、章結 347

第四章 總結——信仰與文化的交互作用 351

一、神佛分離引發的廢佛毀釋 353
—僧兵與顯密體制
—廢佛毀釋的狂潮
二、國家神道的影響 366
—國家神道與八紘一宇
—日蓮主義與親鸞的日本主義

三、生活中的宗教文化 378
—信仰與性、生命的宗教儀式
—民間信仰與流浪的民間宗教者、流行神
四、先祖信仰與他界觀 397
—他界觀與祖先祭祀
—極樂與地獄——補陀落渡海
五、章結 410
結論——從筑波山看到的日本宗教文化 413
參考文獻 421
後記 427

緒論

一、「買了車就到穗高神社」——日本文化裏的宗教元素

在日本跟隨著學長姐和教授們做調查的民俗學習之路上，因為研究上的需求必須接觸許多歷史及宗教方面的文獻。雖然我不是這兩個領域的專門，但是深深感受到這些先行知識的重要性，尤其是和民俗學關係極深的各種民間信仰及現存宗教資料。而這些對日本知識分子可能是「理所當然」的事象，其實讓身為台灣人留學生的我頭痛了許久。這也是我會著手這本書的原因。在瞭解民俗學、甚至其他日本文化的相關學問時，如果缺乏了預備知識就馬上進入分科嚴謹的專門領域，很容易像過去的我一樣，苦於廣泛判斷佐證而沒有辦法消化調查得到的資料。

從大陸（包括中國和朝鮮半島）傳來的佛教，至今已經是日本文化中占極大比重的重要元素。從今天的角度來看，佛教當然是一種宗教。但是如果以佛教公傳的一千多年前古

老時代來看，佛教就不只是一種宗教，而是哲學思想、造型及建築藝術，甚至包括食衣住行等物質元素的先進巨大文化體系。所以當我們要認識這個文化體系的時候，自然需要涉獵這些相關知識。台灣和日本的專家和前輩們在上述的各個專門中，已經有了相當豐碩的研究成果。但是對日本文化有興趣、甚至是想進入研究領域的新進朋友，好像就少了一本總合性的介紹書。日本的固有信仰神道也是一樣，神社建築、神道思想和神道儀式及祭典，都有不少的專門書可以參考，但似乎也較少找到總合性的神道論述。被認為是「純日本宗教」、以神佛習合再加上山岳信仰融合而成的修驗道（しゅげんどう）也是如此。像宮家準、五來重等日本學術先進都累積了許多偉大的研究成果，但這些專門文獻，甚至就連日本歸類為「新書」的大眾向書籍，對一般有志於日本研究的新進研究者而言，都太過於艱深難懂。如果研究的方向是大眾文化、或是民俗學中有關信仰和俗信、儀式和民間傳統等部分，更是各種既成宗教元素混雜交錯互相影響。在經過了日本民俗學的學習過程之後，個人深深感受需要有一本可以協助台灣學友們更快、更深瞭解日本宗教文化的專著。

正如題名，本書探討的是日本各種既成宗教與民間信仰的關連事象。既然探討對象是宗教，就難免會涉及到教義部分。個人並不是宗教專門，對於宗教深層教義的探討僅只於文獻資料和民俗學田野調查中呈現的狀況，以及這些教義呈現於常民生活時展現的樣貌。而個人也並非歷史專攻，所以在資料引用的精確度上自然無法與宗教史、古代及中近世史、甚至文學專門的學者先進們比較。民俗學的研究方法和角度，一直都是將民眾呈現於生活中的傳承和事物做為第一級資料，再佐以各個專門的研究成果加以論證。所以民俗學的範圍包含廣泛，卻常給其他學門的先進們有掠美之感，或是文獻考證不夠精確的印象。這點也請諸位學兄多多包涵，畢竟個人的理念是在廣泛度和總合性的介紹，希望在台灣能夠多一部專門為日本研究設計的宗教文化概論書籍，讓台灣學者更能有效而全盤性地瞭解日本宗教文化。

說到「宗教文化」，常讓人有怪力亂神或是只跟老人有關的感覺。的確人在進入接近死亡的老年期，對於探討生死的宗教大多會產生極大關心和興趣。不過在日本，其實宗教文化影響、滲透大眾生活甚深，而一般民眾身處其中卻不自覺。就像我在日本留學時，收費低廉卻「俗又大碗」，態度有時不佳但卻都和常客們一起看職棒罵表現不好的球員，甚至世界杯時日本戰勝，當晚的韭菜豬肝定食就老板大爽請客，永遠充滿飯菜香和菸臭交雜氣味的「大眾食堂」，其實是不折不扣的佛教用語。「大眾」原本指的是僧侶的集合，後來被轉用指專任日常業務的中下級僧侶，日後又成為了比叡山僧兵的代稱，最後才變成今天我們習慣的「一般人」用法。至於「食堂」更是寺院中僧侶們用餐的空間，裏面供奉賓頭盧尊者像，今天我們到京都天龍寺等歷史悠久的佛寺都還可以看到食堂建築。只是佛教裏的食堂念成「じきどう」，而今天的食堂念成「しょくどう」，從過去僧侶生活即修行之地變成學生和勞工朋友的吃飯好地方而已。

而在其他方面這種例子也不勝枚舉，光是選舉就有「弔い合戦」和「みそぎ選挙」這

些說法。「弔い合戦」指的是先人政治家死去後，後代繼承地盤的選戰，弔い指的就是追悼先人的儀式。而「みそぎ選挙」就是在政治家發生醜聞後證明自己清白的選戰，因為みそぎ指的是神道中清除汙穢和罪惡的洗禮儀式，所以如果在「みそぎ選挙」勝選，就表示當事者已經通過考驗，洗去之前的不堪和晦氣了。這些詞日本人每天都在生活裏使用，也不會有人去特別解釋，卻也只有少數人知道這些詞句的原義。因為這已經是他們生活裏理所當然的一部分，只要是日本人就自然都懂。就像民俗學者宮田登所主張的，日本人過著正月、中元盆、節供、彼岸、七五三等民俗行事的生活，參與者並沒有進行宗教行為的自覺，但其實這些行為都是「做為儀式的宗教」而存在於生活之中，這些事象被稱為民俗宗教，而民俗宗教的構築也大多都受到神道、佛教、陰陽道等既成宗教的影響。①

這本書主要介紹的，就是這些「只要是日本人大多自然都懂」事象背後的宗教文化元素。因篇幅所限及基督教於江戶初期禁教之後，於日本影響力及信徒大幅衰退，所以本書

① 宮田登（1999），《日本人と宗教》，岩波書店，pp.2-4。

割愛基督教相關內容，待日後希望能再就「隠れ切支丹」等民俗事象進行專題探討。

宗教文化正如上述般深深影響著日本人的生活，但它也同樣受現代社會的影響而時時不斷變化。在二〇一八年前往日本訪視系上學生實習時，我拜訪了長野縣著名的安曇野穗高神社。在群山圍繞的長野縣中央，穗高神社的主祭神卻是《古事記》中出現的海神後代。②這座暗示安曇野居民其實是海上民族遷移至此的神社，也說明了它的歷史是多麼悠久。但就在這麼具有歷史底蘊、號稱「日本阿爾卑斯總鎮守」的古神社，入口處掛了這麼一個招牌：

「車を買ったら穂高神社」

是的。「買了車就到穗高神社」，然後上面寫了一排字「交通安全祈願」。汽車當然是現代人、尤其是日本鄉間的主要交通工具。穗高神社不只做為古蹟存在於當地，至今仍

② 龍鳳書房編集部（2016），《図説　穂高神社と安曇族》，龍鳳書房，pp.20-27。

——「買了車就到穗高神社」的交通安全祈願招牌。

然是當地人祈願交通安全的神聖之地。執行儀式時仍穿著幾與平安時代無異的神職們，沒有因為這樣就只能向牛車或是馬匹、船隻進行「お祓い」。既然是過去保護海上民族平安、擅長護佑「交通安全」的神明，那麼自然也可以守護現代長野縣民行車安全。這也讓我想起結婚前在日本拍婚紗照的時候，前往上賀茂神社取景拍照之後，兩個台灣人在神職的帶領下進入社殿，接受來自賀茂別雷大神的祝福，接著神職還很認真地用英文向我們解釋剛才的「祝詞」意思，最後還不忘用日文告訴我「要求子的話在旁邊片山御子神社」的有趣經驗。對日本而言，宗教文化不只是過去式的舊文化資產，它更是現在式存在於生活之中，甚至影響日本人的思想及行為模式。

二、日本的宗教文化特性

歷史因素營造的「無宗教」特性

一般提到日本的宗教信仰，根據文部省的宗教統計調查，分為神道、佛教、基督教及其他宗教的「諸教」四種。但NHK於二〇一八年所做的問卷調查，其中「無信仰之宗教」占62%，佛教占31%，神道及基督教則僅占3%與1%③。

這個數據耐人尋味之處在於主張自己有宗教信仰者僅占全人數的36%，高達六成以上的日本人自認「沒有信仰的宗教」，而上述資料亦顯示出現代日本人對於宗教信仰的熱忱減退、甚至對「宗教」本身帶有疑惑及警覺心。一般被認為是日本傳統信仰的神道，真正

③ 小林利行（2019），〈日本人の宗教的意識や行動はどう変わったか～ISSP国際比較調查「宗教」・日本の結果から〉，《放送研究と調查》二〇一九年四月号，NHK，pp.52-58。

的純信徒也只有3％，但亦有許多學者指出「無宗教」正是日本的固有宗教。這句看來邏輯不通的說法，其實正好說明了日本宗教文化的特性——雖然相信「自然萬物皆有神」的人變少，人們向佛壇膜拜等行為頻率也降低，但日本人的生活大多仍是兒童時到神社慶祝七五三、除夕夜到神社初詣，結婚時半數以上選擇到教堂接受牧師或神父證婚（業者調查數據），死後葬禮則由家裏代代相傳的「宗旨」、也就是佛教宗派的所屬寺院舉辦。日本人的一生裏，出生、結婚、死亡的三個重要通過儀禮，橫跨了神道、基督教、佛教三種宗教。這也說明了日本人的「無宗教」並非單純的「無神論」，而是在日本這個環境下培養出來的一種對於諸宗教皆有受容，而不將自己歸類於某個特定宗教的文化特性。

這種特殊的宗教文化，與日本歷史演進有強烈關係。雖然明治之後開放宗教自由，但江戶時代鎖國與嚴厲的禁教政策，讓戰國時代一度在日本呈現興隆教勢的基督教舊教信仰遭受強烈迫害，以致日後在日本基督教徒人數一直未能大幅增加。而神道雖然是日本特有之民族宗教，但在日本古代接受來自大陸的先進佛教文化時，卻因為沒有成文經典和優勢文化洗禮下，被迫很長一段時間屈居於佛教下風，還因此發展出「神佛習合」的特殊現象。一直要到明治時期為了強化天皇神格地位而必須提高神道地位，因此發生了政府發令允許僧侶肉食娶妻等「廢佛毀釋」措施後，佛教在日本的絕對優勢才有所改變。但江戶時代因為上述禁教政策而發展出來的「寺請制度（てらうけせいど）」則影響至今，讓就算自認沒有信仰的民眾在家中親屬過世時，還是會循舊例請自家所屬的寺院負責法事。

也就是說，雖然一般日本人有入信各種宗教之自由，在生活時也沒有意識到自己有特殊信仰，但在野外看到地藏石雕還是會合掌膜拜，旅遊時看到神社會拍手鞠躬祈求平安，在車上掛著寺社求來的御守也不會有任何的違和感。根據《宗教年鑑》的信徒人數調查，四大分類的信徒總數達到總人口的一．五倍。雖然各宗教團體的人數申報多有浮報之嫌，但總合ＮＨＫ的信仰調查和文部省的《宗教年鑑》數據，可以知道日本人所謂的「無宗教」，其實就是「不特定於某個宗教」的信仰複合形態，這也是日本宗教文化的最大特色和迷人之處。另外，明治以來到敗戰為止，政府推行將神道信仰與皇室崇拜結合而成的國家神道，但又因憲法文面上必須允許國民的宗教自由，將國家神道規定為「祭祀儀式」而非宗教信仰的做法，也在戰後GHQ發布《神道指令》解體國家神道後，加強了日本人求神拜佛卻自認「無宗教」的獨特性格。

正如上述，日本的傳統信仰是基於自然崇拜、多神信仰的神道。在西元五五二年的「佛教公傳」之後，佛教進入日本，立刻吸引了上層社會的崇信。做為文明後進國，日本固有的神道沒多久就被先進國傳來的佛教壓倒，在聖武天皇時代，天皇正式宣言自己成為「三寶之奴」，持統天皇時代開始，天皇家捨棄了傳統的土葬，採用佛教式的火葬。在佛教的世界觀中，神的地位低於佛菩薩，雖然高於人類但仍處於未離輪迴之苦的六道之中。也因此從先進國輸入的佛教盛行於日本後，日本的八百萬神反而成為需要佛菩薩救濟的對象，所以在各大神社境內出現念佛給神明聽以求其得道的「神宮寺」。原本統治日本精神世界的八百萬神，一度成為佛菩薩手下護持佛法的守護神。而後神道為求翻轉，發展出眾神與佛菩薩實為一體的「本地垂迹說」，才讓神道與佛教信仰混雜融合的「神佛習合」出現，成為日本至江戶時代為止的信仰主流。神佛習合再融合了日本傳統的山岳信仰，又形成真正日本特有、民間色彩強烈的修驗道。日本的信仰習合現象，也成為今天日本人漠然的無宗教思想底蘊。

另一方面，曾在安土桃山時代極盛的基督教（舊教）因為被懷疑有西方侵略先遣部隊之嫌而遭禁教，繼承豐臣政權的德川幕府也沿用了這個禁令，在第三代將軍德川家光時代因之爆發了日本最後的宗教戰爭——島原之亂。死亡近四萬人的慘痛代價，讓日本一直到幕末為止，基督教都處於近全滅狀態，促成了日本人對於特定宗教的信仰心大幅減低、難以宗教認同引發戰爭的民族性。九〇年代的奧姆真理教事件和後來發生於美國的九一一恐怖事件，更加強了日本人「熱心於宗教是危險的事」這種概念。④相較於今日仍常因宗教對立發生衝突的其他諸國，日本似乎對於宗教較為無感且保持一定距離。但在歷史上，日本的佛教聖地天台宗（てんだいしゅう）比叡山及其他宗教聖地，擁有僧兵及神人（じにん）等武裝力量，比叡山還因為利權和政治衝突遭到幕府將軍足利義教（而且義教還是出身比叡山延曆寺的天台座主）和戰國武將織田信長的毀滅性攻擊。在織田信長天下布武的全國統一過程中，也和本願寺為首的淨土真宗（じょうどしんしゅう）門徒經歷了長年的血戰。在這之前，也發生過法華宗（日蓮宗）的京都信眾，被延曆寺屠殺數千至上萬的天文法華之亂，而法華宗信徒也曾燒毀淨土真宗的山科本願寺並將其驅逐出京都。淨土真宗在初期同樣接受過比叡山的迫害，但其信眾也曾經進入大和地方攻擊興福寺及春日大社。

雖然學者島田裕巳認為天文法華之亂和本願寺與周圍大名間的戰爭，是起因於土地爭奪的現實原因而非宗教戰爭，⑤但不管是西洋的新舊教戰爭或是其他歷史上的事例，都很

---

④ 島田裕巳（2009），《無宗教こそ日本人の宗教である》，角川書店，pp.13-18。
⑤ 島田裕巳（2009），《無宗教こそ日本人の宗教である》，角川書店，p.89。

難找到純粹理念教義因素而無任何現實利益因素的所謂「宗教戰爭」。所以從這點上來看，織田信長、豐臣秀吉的安土桃山時代到江戶時代初期，的確是日本真正終結宗教戰爭發生可能性的時代。織田信長對淨土真宗和天台宗採取武裝鎮壓手段，後繼者豐臣秀吉與德川家康則採取將宗教勢力列入權力傘下的政策。在幕府介入讓淨土真宗因後繼問題分裂為東西本願寺之後，日本不再存在可用信仰發動強大動員力的宗教勢力。江戶時代為管理戶籍並消滅民眾信仰基督教可能性而實施「寺請」制度及「宗門（しゅうもん）人別改」政策，讓所有民眾都必須所屬於某間寺院，否則先祖無法接受法要（ほうよう）供養而且本人也可能成為「無宿」的賤民階級。這讓日本人不管是否自願都必須所屬於某個宗派的寺院，久而久之讓寺院成為不一定是自身信仰寄託所在，但一定是家中有人過世或是祖先供養時法要的承辦單位。不過德川幕府的這種規定，也必須要有某種既有的文化土壤，才得以成立並影響至今。日本佛教傳入的順序為理論的奈良佛教、祈禱行法的密教、往生極樂的淨土教、自我思索的禪宗，在淨土教廣為日本人接受之後，佛教才開始與葬儀產生密切關係。[6]同時這種制度也和舊有神社以同族或地緣關係形成的氏子（うじこ，神道信徒）團體不相衝突而複合存在，這也加深了日本人漠然受容佛教和神道共存，會上神社初詣也會到佛寺參觀甚至體驗坐禪，夏天參加祭典而除夕聽除夜鐘聲，卻非特定宗教、宗派熱心信徒的「無宗教」現象。

另一個日本宗教文化的特色，就是讓外來宗教變容的潛在力量。正如芥川龍之介在《神々の微笑》裏，在基督教的聖壇中傳教士看到天照大神的岩戶神話上演，而後神秘老人向西方傳教士所說的本地垂迹思想讓大日如來與天照大神被視為同一存在般，無論是佛教、儒教，在席捲日本之後並沒有壓倒日本傳統文化，反而變成日本化的另一種變形存在。文章最後老人暗示傳教士，泥烏須（デウス，意為上帝）最後也將和日本的神明混為一體。[7]事實上過去的神佛習合也證實了這個論點，江戶時代為人民統制政策而世俗化、被貶稱為只負責法事的「葬式佛教」，也仍擁有近三成人口的信徒而存在至今。促成這種在日本

⑥ 島田裕巳（2009），《無宗教こそ日本人の宗教である》，角川書店，p.46。
⑦ 芥川龍之介（1923），《神々の微笑》Kindle 改訂版，青空文庫，pp.171-298、p.298。

宗教實感淡薄卻影響廣泛的思想底層，自認為信徒者只占人口3％的神道信仰居功不小。遠藤周作的名著《沉默》中，對於日本這個特性有詳盡的描寫。書中過去亦曾受洗的長崎奉行描述日本與基督教的關係，是奉行雖然不把基督教視為邪教，但「日本這個男子不必刻意選擇外國女人，最好娶可以互相理解的日本女人」，把基督教當成是「在日本生不出孩子的醜女」，將教士熱烈的傳教視為是「生不出孩子的醜女真心熱烈求愛，沒有嫁入日本家門的資格」。⑧至於主角的導師、棄教的費雷拉教士對於日本這個國家的定義，則是「基督教無法生根的沼地，不管在這裏種植什麼幼苗都會從根爛掉」，日本人將上帝稱為「大日」（如來），其信仰的上帝就像困在蜘蛛網上的蝴蝶，一開始可能還是蝴蝶，但慢慢地就變成空有形態的屍骸。因為日本人「無法理解超越人智的存在」，因此就算日本人看起來像是在信仰上帝，但其實內心則是崇拜另一種已經與原本基督教無關的變形特異存在。⑨這種「習合」的土壤，也讓長崎等地因為禁教令而潛入地下的「隠れキリシタン」（潛伏基督教徒）一開始因為躲避取締，只好扭曲、隱藏自己的信仰形態，但在經過數百年後

⑧ 遠藤周作（2013），《沉默》，新潮社，pp.160-162。
⑨ 遠藤周作（2013），《沉默》，新潮社，pp.192-197。

卻讓信仰本身也產生質變。長年以來當地的潛伏基督教徒為逃避迫害，或以觀音像代替聖母像、以神社偽裝為禮拜堂等方式維持信仰。但在被迫害的時代因素消失之後，許多潛伏基督教徒卻拒絕回到天主教會而堅持過去的信仰方式。理由是過去這些獨特的信仰方式，已經成為信徒們的傳統和共同記憶。這可以說是近現代的日本宗教習合現象，也可說是我們在理解、論證日本宗教文化特色的最佳事例。

祖先祭祀與宗教文化

日本對於「家」以及「先祖」的概念，也是讓外來宗教變容的重要因素。日本現在眾多的姓氏，除了少數皇族相關家系之外，全都出自於源平藤（原）橘四個大姓。雖然這些稱為家系圖的家譜有許多可信度非常可疑，但日本傳統的「家」觀念，就建築於這種日本人所有祖先都源自於天孫降臨神話時的天照大神子孫與其臣屬神明（天津神）、以及其他在地神明（國津神）後代，再加上歷史上由大陸移民前來的渡來人（とらいじん）後所組成的觀念。源平藤橘其實正式名稱為「姓」（かばね），只有嫡男得以繼承，同時擁有祖先的祭祀權以保持本家的權威性。而次男、三男等則無法繼承本家，只能一生服從於長男之下或獨立成立新的分家。成立分家時為了與本家區別，就出現了以任官名或是所居地的佐藤（任加賀介的藤原）、足利（居住於足利庄的源氏）等姓之下的「苗字」，目前我們所知道的日本人姓氏多屬苗字。但以苗字為家名的分家若出現了傑出人物，則從該傑出人物開始，這個旁系就可能成為新的「本家」。所以在過去日本的傳承裏，對於不能繼承本家但是卻學力傑出或擁有其他優秀才能的次男、三男等，身邊人們常會用「成為御先祖」來鼓勵他，意思就是他可能將來成為傑出人物而開創一個新的家系。這種本家具有祖先祭祀的獨占權而擁有高於分家權威的傳統，也讓佛教因為具有進行法要供養祖先的特性，在進入日本民間之後有了和中國等地不同的變化。

正如家系概念基底為日本神話一般，日本固有的神道信仰也是凝聚共同體的重要元素。以農耕文化為主流的日本，傳統聚落常以祭祀水源源頭的山神或是生產食糧的田神為信仰中心。由於這種生產上的地域特性，擁有共同水源或是耕作範圍的人們信仰同一神社，又因為日本人認為死去多年後失去個人特性的祖先們，將進入山中或是海上等人死後前往的他界成為「御先祖」。而山又是如前述般提供農耕水源的生命泉源，因此村落裏的神社正如其別名「鎮守」、「產土」一般，既是守護村落的神明，也被視為是村民的祖先，因此神社的信眾們被稱為「氏子」，除了是神明信眾之外，也帶有神明子孫之意。日本人崇敬著地域的神社做為共同祖先，同時又以本家、分家的概念各自祭祀自己家系的祖先。這種複合的祖先崇拜，也營造了日本神道與佛教共存而不衝突的環境。

原始迷信的殘存與變容

以上提到的宗教特性，主要來自於佛教和某種程度整理後的神道信仰。但日本宗教文化之中，其實仍有許多自然崇拜和原始迷信存在。這些要素或許不像神道般系統化成為宗教，卻仍殘存於俗信之中而成為民俗學調查及研究的對象。例如人死後怨靈因為懷恨在心而作祟的「祟り」，和嫌惡不淨的「穢れ」，就一直到現在還影響日本人的日常生活。

怨靈作祟幾乎在所有文化中都可以找到事例，但在日本文化中怨靈的威力極大，除了解消怨靈的怨恨之外別無解決之道，這點和台灣民俗中的怨靈事例大為不同。台灣民俗裏的怨靈要向生者報復，在當事者向神明求助介入之後，通常就必須服從於神明安排或是排解。若在怨靈獲得如閻王准許報仇的「黑令旗」情形下，則神明亦大多不能使用威力讓怨靈屈服。這些事例的存在基礎，在於台灣民俗中對於冥界有具體如政府般的組織想像，因此就算是怨靈作祟，亦必須遵循冥界的「法律」規範，並有各級所轄之神明負責處理。相對於此，日本原始的八百萬神概念對於冥界的想像漠然而混沌，當然也沒有冥府等概念。後來雖然因為佛教等外來文化的影響而有了閻魔大王（えんまだいおう）和地獄等元素，但對於冥界混沌的原始想像，讓帶著怨恨死去的怨靈要報復時沒有相對的制衡和約束力量，而且怨靈生前權勢越大、地位越高，則死後作祟的能力也更強大，只有化解其怨恨才能平息其作祟。像是生前被流放，在九州抑鬱以終的菅原道真（すがわらのみちざね），傳說就造成朝廷許多重大傷亡，而後撤銷一切罪名並被祭祀為北野天神。自號「新皇」的平將門（たいらのまさかど）在不慮之死後，也留下許多怨靈傳說，被祭祀為神田明神。保元之亂中敗北被流放，最後發願要顛覆皇室並成為「日本國大魔緣」的崇德上皇，則是被傳說為數十年後幕府首次流放上皇、讓人民與皇室地位逆轉的怨靈，最後更是在明治天皇即位前一天由敕使宣布祭祀於京都的白峰神宮。這三位著名的怨靈被稱為日本三大怨靈，其威力與其生前地位成絕對正比。平安時代絕食而死的早良親王，也被認為向其兄桓武天皇作崇而造成遷都平安京，後來也被追封為崇道天皇並設立神社祭祀。在解除其生前怨恨原因後，將怨靈做為主神加以祭祀的信仰形態，稱為「御靈信仰（ごりょうしんこう）」。御靈信仰形成的背景除了對怨靈的畏怖，「祟り」在日本不單指怨靈惡鬼作祟，而是神對於人類發揮神力的制裁也是重要因素。日本原始信仰中的神不只是能降福於人的存在，同時也會因為憤怒等原因降禍危害人類。也因此日本的八百萬神同為具有神力的崇高存在，而非善惡二元的對立構造，這也讓怨靈得以在上述的祭祀之後，成為佑護人民的天神、明神等。

另一種影響日本人至今的「穢れ」概念，可概說是一種不淨觀。相對於原始神道將清淨視為神聖的狀態，穢れ則是代表不淨和不祥的汙穢狀態。以水淨身等消除汙穢的「禊ぎ」因此成為神道的重要儀式，也成為化解災厄的儀式總稱。汙穢的來源主要來自死亡及血、體液等，因此屍體當然被視為汙穢的代表，但女性生理期和誕生新生命亦伴隨大量血汙的生產，也被視為是汙穢的一種。這種觀念的延伸，讓許多日本人也將他人、尤其是與自己距離較遠的他人視為汙穢的一種，幕末時代日本人將外國人視為汙穢存在，就是這種意識的展現。穢れ也被指稱為今天日本喜好潔淨，有時甚至過度追求清潔的「消毒志向」意識的起因。在《延喜式》裏被視為大罪的天津罪、國津罪，其中國津罪內容為具體的身體、疾病、性錯亂等生理上的汙穢，天津罪則是各種對於農耕生產的妨礙行為。這代表了穢れ除了物理上的汙穢，也存在著意識上的不祥、不吉、非生產性的認定。這種意識上的「穢れ」，延伸出對於外部他者、其他種族的排斥而產生的汙穢意識，同時穢れ也成為許多日本文化中歧視現象的源頭。日本民俗學將日常生活分為「ハレ」（晴れ）跟「ケ」（褻）兩種循環，褻指一般性、日常性的生活，而晴れ則是指節日、非日常的高昂狀態，指各種生命通過儀式及年中行事。穢れ的假名「ケガレ」也被解釋為「褻枯れ」或是「気枯れ」，亦即生命能量枯竭而無法繼續日常生活的狀態。要消除穢れ的狀態，就必須進行清淨儀式的禊ぎ，或是晴れ的各種非日常節日儀式來化解。

八百萬神的傳承，是日本「萬物皆有靈」的自然崇拜概念打造而成。在這種多神信仰的文化裏，山岳信仰占了極大的比重。以入山打獵為生的獵戶來說，山原本就是賜予人民生活所需的神聖存在。對農耕民而言，則如上述山岳是供應灌溉水源的聖地，因此如三輪山、對馬地方的天道山等就被視為不可進入的神聖禁地，若擅自闖入將會被神明的「崇り」制裁。對山岳的崇拜在神道裏形成了像阿蘇神社、淺間神社等信仰對象，同時也因為對山岳具有靈力的想像，而出現入山修行希望獲得超人能力的山伏（やまぶし），以及山伏們組織化、教團化後形成的修驗道。除了神道中神格化的聖山，各地的高山靈山也被比類為神話中的各種神明。在佛教的影響下，神秘的山岳也被視為密教的曼荼羅世界，因此進行登山抖擻（とそう，意指透過踏遍群山，放下對物質的欲望，達到身心的平靜）及種種苦行就被賦予修行意義。⑩立基於對山岳的原始崇拜，再加上利用神道與佛教理論來完善教義，讓修驗道裏出現了「權現」這種神佛習合下的日本獨有神明。因為這種歷史背景，許多修驗道教團雖然崇拜神道信仰中的神祇，卻被歸類於佛教系教團。

⑩ 鈴木正崇（2015），《山岳信仰》，中公新書，pp.2-14。

流行神與生活裏的宗教文化

在神道、佛教、陰陽道滲透到生活中之後，就算是大多數如上述無宗教的日本人，也會在日常裏遭遇到各種宗教文化元素。例如陰陽道曆學影響的大安、佛滅、友引等「六曜」，或是聚落依照農耕周期所舉辦的各種祭典。七月十五日前後的「お盆」（農曆的話稱為「舊盆」，西曆稱為「新盆」，直接訂在西曆八月十五日的稱為「月遅れ盆」），在日本是除了回老家祭祖，也是雖然並非國定假日但民間大多自行休假的國內人口移動尖峰時期。過去受到佛教思想影響，在社會不安或天災人禍發生時，日本常出現所謂的「流行神」。像是七世紀時出現的常世神（トコヨノカミ）、或是十世紀時出現的志多羅神（しだらがみ），都是正體不明、號稱崇拜該神明後，可以獲得富裕和永生等現世利益。⑪這些具有流行性的信仰對象有時也會造成社會現象，像是四處發放「南無阿彌陀佛　決定往生六十萬人」並且跳舞歌頌阿彌陀佛功德的時宗宗祖一遍（いっぺん），就帶

⑪ 宮田登（2006），《はやり神と民衆宗教》，吉川弘文館，pp.160-163。

起鎌倉時代念佛舞的群眾風潮，也形成現在日本各地中元節的盆踊り原型。江戶時代末期發生的「ええじゃないか」更是號稱伊勢神宮的神符從天而降，是喜事即將發生的好兆頭，所以所有民眾都出來歡呼跳舞的群眾運動。「ええじゃないか」直接影響當時的社會情勢，甚至被懷疑是為了打倒幕府而發起的騷動。另外，因為佛教有彌勒菩薩將在佛滅五十六億七千萬年後降世救濟世人的傳承，所以在世間動蕩或民心不滿時，常會有假藉彌勒降世的「世直し」（改變世間）運動出現，成為各種一揆（民變）的理論基礎。

宗教文化帶給近代之前日本人生活的另一個重大影響，也反應在商業活動和旅行活動上。過去各大寺院和神社周邊，往往聚集了許多以信眾為對象的商店，形成稱為「門前町」的商業聚落。沒有假日概念再加上移動被嚴重限制的江戶時代日本人，唯一可以自由移動的就是前往伊勢神宮參拜的「お蔭参り」。不過因為前往伊勢神宮的旅費並非所有人都能負擔，所以除了沿途經過各地的善心贊助，民眾組成的互助團體「講」就發揮極大作用。

「講（こう）」原本指佛教信徒間一起研究教義所組成的團體，如日蓮正宗的信徒組織就總稱為法華講。但後來「講」被沿伸為信眾因某種用意而組合的任何團體，像是以富士山為崇拜對象的富士講，後來就發展為獨特的教派。為了完成各種民間信仰的祭事、或是達成參拜聖地的目標而結成並互相協助的信眾如「庚申講」、「伊勢講」，也出現於各地，成為一種民間組織。因為其互助特性，也讓「講」這種民間組織不再一定具有宗教意義，像是「賴母子講」、「無盡講」就幾乎等於標會的互助會形式，而後出現的「ねずみ講」（鼠講）更是直接被拿來做為老鼠會的稱呼。至於公司同事等下班之後暫時放下身分職位高低，大家平等談笑作樂的酒會就稱為「無禮講」。

被稱為「無宗教」的日本人，卻大多擁有所謂的「宗旨」，也就是老家世世代代以來傳下的佛教宗派和所屬的寺院，當家中有法事或是葬事需要時，固定由該所屬寺院負責處理。這些習慣都來自江戶幕府為掌握戶口而實行的檀家制度與本末制度（ほんまつせいど，總本山與其下的末寺），明治維新後雖規定日本國民有宗教自由，各宗派得以自由傳教，但數百年的積習難改讓日本各地仍常見這種現象。明治維新之後頒布的《神佛分離令》，讓民間連帶出現激進的廢佛毀釋風潮，長年以來位於佛教下風的神道相關人員、與視佛教為陳腐陋習的人士發動了一連串攻擊佛教、摧毀佛寺的暴行。同時期發布的僧侶《娶妻食肉解禁令》，也被視為是將過去佛教潛藏惡習公開表面化之外，另一種對佛教的攻擊。廢佛毀釋的發生，除了日本人如上述流行神風潮般的一窩蜂國民性，也大舉造成許多貴重文化財不可挽回的損害。

但另一方面，廢佛毀釋犧牲的佛寺土地財產，許多成為近代教育的國民教育學校基礎。僧侶的《娶妻食肉解禁令》（肉食妻帯）也讓僧侶的職位世襲成為可能，本末制度中的末寺得以在上一代住職（じゅうしょく）引退後由總本山派任其子接任，讓檀家制度失去功能後，寺院仍能生根於當地。被嘲諷為「葬式佛教」的日本佛教，因這種世俗化的演變而更融入於民間，成為村落、社區的傳統一部分。畢竟在僧侶娶妻解禁之前，日本寺院早有由皇族、貴族子弟出家擔任特定寺院的「門跡」傳統，這些許多都位於京都的門跡寺院因其歷史悠久而擁有許多文化財，故不少門跡寺院至今不僅仍保持由皇族、名家子弟擔任住職的傳統，幾年前京都的青蓮院門跡以寺院名義大量在股市從事賣空交易一事，也在日本引起軒然大波（投資六億，在經過可能損失八千萬的過程後，最後以約三千萬獲利了結）。

另一方面，失去國家和貴族支持的奈良佛教如東大寺、興福寺等寺院，因歷史緣故而沒有檀家舉行葬式的收入來源，一度在明治維新後陷入嚴重的財政危機。但日本進入經濟成長期後的國內旅遊風潮，再次讓這些寺院成為熱門的畢業旅行和觀光景點，憑藉著文化財和古都的優勢，奈良的寺院群再次成為日本文化的代表之一。同樣沒有檀家的法隆寺二〇二二年因疫情關係而財政吃緊，辦理群募並瞬間得標，也造成社會討論。

——受中國唐朝建築風格影響強烈、造型宏偉的奈良東大寺。

京都和奈良，是今天日本觀光的兩大重鎮。但正如前述如果拿掉宗教元素，則這兩地的觀光特色跟價值必然大減。就算在一般的日常生活中，宗教文化也仍然在各種細節之處繼續影響著日本人。本書將就神道、佛教、修驗道及民俗信仰等元素做更深層論述，並在其後分別探討其精神與物質面對於日本文化的具體影響。

第一章　神道

一、神道初論

原始的神道概念

如果提到佛教，相信有許多日本人馬上就可以提出幾個著名的日本僧侶名字，但相對地要講出著名的神官名字卻沒有幾個人可以說得出來。神道是日本的固有信仰，起源來自於對大自然的原始敬畏感情。因此神道的形態為多神信仰，早期沒有固定的教義，亦不具高度思想性和組織化教團的存在。也因為這種對於大自然的敬畏感，讓早期神道信仰的特色為「葦原之瑞穗之國，為神不舉言之國」（《萬葉集》卷十三），亦即強調由對大自然的敬畏而產生之神明的禁忌性與神秘性。不同於中國的民間信仰，傳統神道的信仰對象大多不具人格化形象，在神道的思考中，神明是沒有形體的。就算神明降臨巡行其領地，信徒們也應該避諱看到神明形體，因此東京府中大國魂神社的著名「暗闇祭」才會在夜間舉行，不讓信徒看到神靈從神社移到神輿後巡行境內的形體。

這種神明沒有實體的原始形態稱為「神奈備」，神奈備意指山、島、森林本身就是御神體等。如九州著名的阿蘇神社之神奈備就是阿蘇火山的火山口，富士山本宮淺間大社雖有神殿建築，但真正的御神體為富士山本體。也因為神道以清淨為最高價值，因此在大自然中沒有人為痕跡卻保持清淨狀態的樹木或岩石，都可能成為傳統信仰中不會現出自身形象的神明降臨之地。神明降臨的樹木稱為「神籬（ひもろぎ）」，岩石則是「磐座（いわくら）」。在居住形態都市化、神社也開始建設於鬧區之後，沒有實體的神明必須藉由社殿內的銅鏡，或是祭典時的神輿、暫設於神社境外的小屋等做為降臨之處。這種神明的降臨寄身處稱為「依り代」，其意為「用來依附的代理物」，神木或是特殊的礦石也可能成為依り代。不同於台灣的大樹公、石頭公等信仰，神道並不是崇拜神木或石頭本身而將其神格化，而是因為石頭和樹木正好是清淨、適合神明降臨的場所，神明降臨在那裏所以才成為信仰對象。

神奈備的事例如上述般，在現存各大著名神社都可以看到其信仰殘存的痕跡。筆者在大洗磯前神社境內偶爾發現的小祠，也正好說明了這種信仰形態：

這個位於境內角落的小神社，最後方是年代久遠的巨木群，其前方則是圍著注連繩（しめなわ）的大石。大石前方有個小小的流造（ながれづくり）形式小神社，最前方則是石燈籠及五輪塔。這個小神社稱為「烏帽子嚴社」，是以神籬中的大石做為御神體。大石明顯是從海岸搬來，上面寫著日本國歌〈君が代〉歌詞的「さざれ石」，用以歌頌天皇或神明的德行及威光長久不滅。さざれ石在各神社都很常見，但不一定像本例中前方還建有小祠獨立成為一間神社。烏帽子嚴社將從大洗磯前神社主神降臨的海岸搬來的岩石做為神明降臨的磐座，並且設置於神明喜好降臨的巨木樹群間。日後又在其前方設置了方便擺放祭品的小祠，正顯現了神道原始信仰受到佛教影響後，開始有為神明興建社殿的概念。最前方的五輪塔和石燈籠更是明顯的佛教產物，表示這座已經不知祭拜神明為誰、為何物的小神社應該也具有供養某人先祖的意義。這座因年代久遠而不知其緣起的小神社，因為位於大洗磯前神社境內，所以仍然受到神職照料，也偶見民眾擺放祭品。和境內據稱為供養受騙被殺成為怨靈的武將之清良神社等，一同成為大洗磯前神社境內的攝社（せっしゃ）。這也是神道原始信仰抽象而漠然無意識被傳承到今日的事例。

——大洗磯前神社境內的攝社顯示出的神道原始樣態。

神道祭祀背後的天皇家崇拜與現人神

神道祭祀以奉獻神饌為重要儀式，向神明奉上最高供品的神饌並加以款待，以此來提高神明的靈威，藉由祭祀者與神明共食的「直會」（なおらい）儀式，讓人與神明一體，進而領受神明的靈威。一般的神社祭祀就是在獻饌與撤饌間加上祝詞奏上、玉串奉奠、神樂奉奏等儀式，天皇招待天照大神的大嘗祭、新嘗祭為其典型。在《古事記》裏的大國主（おおくにぬし）讓國神話和伊勢神宮的外宮對內宮之神饌都是最好的事例。⑫由此發展出來的「祭」更是神道儀式的主體，在古代日本執行祭事的主導權，同時也意味著實質的統治權，日本漢字的「政」訓讀為「まつりごと」（祭事）也是這種古代文化的殘存。日本各大神社都會舉行祭典，其中最重要的祭祀儀式主要步驟如下：

1. 完成神社境內、社殿的清潔與布置。

⑫ 岡田莊司（2017），《日本神道史》，吉川弘文館，pp.7-9。

2. 神職與參拜者到達：在此之前神職已完成清淨持齋，參拜者亦已完成在手水舍淨手等的淨身行為。
3. 在祓所（はらえど）接受修祓：所謂「祓」指神道中去除不淨與罪惡、厄運的儀式。
4. 宮司向本殿行禮。
5. 打開本殿之門：在面對神明時，神職會發出稱為「警蹕（けいひつ）」的低沉聲音，參拜者則全員低頭表示畏敬之意。
6. 獻饌：獻上米、酒、山珍海味等祭品。
7. 祝詞奏上：向神明頌念奏詞。
8. 獻幣：向神明獻上幣帛，也就是神饌以外的供品，幣帛料則指獻給神明的金錢。
9. 演奏神樂：在神明面前表演雅樂或巫女舞。
10. 玉串拜禮：參拜者跟著宮司、神職執玉串向神明敬禮。玉串是榊木枝綁上木綿（ゆう）與紙垂（しで），奉獻給神明之物。

——諏訪下社春宮神樂殿中的幣帛與玉串。

11.撤幣、撤饌、關門。
12.宮司一拜。
13.直會：前述的與神明共食儀式。
14.退出。⑬

各大神社所舉行的祭典可以分為大祭、中祭、小祭，而大祭中的例祭、祈年祭、新嘗祭又被稱為三大祭。祭典的種類大致如下：

〈大祭〉

例祭：該神社最重要的特別祭典，

⑬ 伊豆野誠（2012），《神社検定公式テキスト①神社のいろは》Kindle 版，扶桑社，pp.1648-1699、p.2834。

如八坂神社的祇園祭、大國魂神社的暗闇祭等。

祈年祭：二月十三日，祈願產業發展及國力充實。

新嘗祭：十一月廿三日，感謝神恩，祈願皇室、國家、國民的和平繁榮。

〈中祭〉

歲旦祭：元旦早晨的祭禮。

元始祭：一月三日。

紀元祭：於二月十一日建國記念日舉行。

昭和祭：於四月廿九日昭和之日舉行。

神嘗奉祝祭：十月十七日，舉行祭祝來慶祝伊勢神宮當天舉行的神嘗祭。

明治祭：於十一月三日明治天皇生日舉行。

天長祭：慶祝今上天皇生日（現為令和天皇、二月廿三日）。

小祭則是除了以上的祭祀，如月次祭、日供祭、除夜祭（十二月卅一日夜）等。⑭

從日本神社祭典的行事曆，可發現其祭祀與農耕活動息息相關。流傳已久的祭典活動來自於四季分明的日本氣候，同時也反饋於日本人的精神土壤，讓日本人對於「祭り」具有特殊的感情與鄉愁。⑮日本的稻作農耕儀式大致可分為：

1. 祈願豐收，模擬豐收的預先慶祝儀式。
2. 播種時祈願豐收的播種儀式。
3. 插秧時祈願豐收的插秧儀式。
4. 祈願稻子順利成長的鎮風、驅蟲、祈雨等儀式。
5. 感謝收穫的收穫儀式。⑯

---

⑭ 加藤健司、伊豆野誠（2014），《神社検定公式テキスト⑥日本の祭り》Kindle 版，扶桑社，pp.54-55。
⑮ 林承緯（2017），《信仰的開花　日本祭典導覽》，遠足文化，pp.252-255。
⑯ 柏木亨介（2007），《村落社会における倫理的規範の民俗学的研究》，筑波大学博士論文，p.18。

例如九州著名神社阿蘇神社的行事曆，就與上述農耕社會的年中行事及儀式形態完全符合。以伊勢神宮為首的日本各地神社，也可見到同樣現象。但同樣以山做為御神體的中部地方著名神社——諏訪大社（すわたいしゃ），除了舉行上述農耕儀式，其七年一度的「式年造營御柱大祭（しきねんぞうえいみはしらたいさい）」，以純人力從山中拖行立於神社四周的巨木「御柱」，其信仰形態充滿繩文文化的原始要素。而每年四月的御頭祭也向神明獻上鹿頭（現以標本代替）、鹿肉等獸肉，⑰每年元旦舉行的「蛙狩神事（かわずがりしんじ）」更是與一般神社講究清淨、厭惡流血的傳統不同，在大社本宮前的河川由神職用箭射穿青蛙後將其供於神前。諏訪大社向參拜信徒頒布的護符是附帶「鹿食箸」的「鹿食免」，背後寫著「業盡有情　雖放不生　故宿人身　同證佛果」。這些強烈的狩獵文化儀式與農耕儀式在諏訪大社的共存，也不難發現諏訪大社在被伊勢神宮所代表的皇族農耕文化體系吸收於傘下的同時，仍然保存其漁獵民族傳統的複合信仰樣態。

⑰ 関裕二等（2016），《週刊　日本の神社　第一二〇号》，株式会社デアゴスティーニ・ジャパン，pp.20-23。

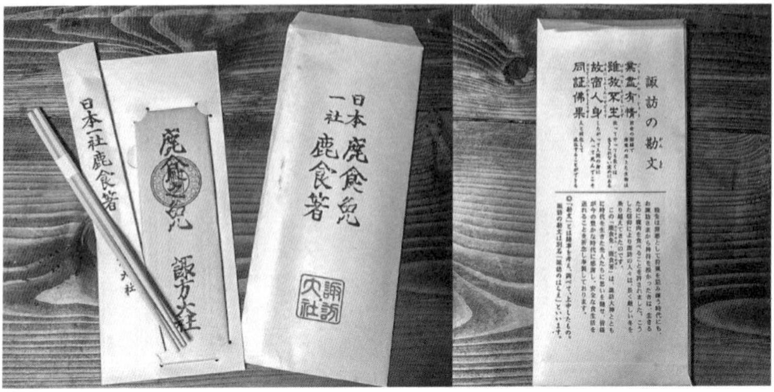

——諏訪大社護符「鹿食免」。
（引用自網站「山案山子」，https://yamagakashi.com/ ）

日本的史前時代，過去被認為是以農耕為代表的彌生文化征服了以狩獵為主的繩文文化。但是隨著考古學的新發現，確認了繩文文化其實也有水田耕作遺跡之後，這種說法被推翻。日本藉由考古學、民俗學、神話嘗試解析沒有文字記載的史前時代，是學術界持續不斷的努力課題。因為沒有確證的手段所以也僅能止於學說階段，但也因此帶給人們無數的想像空間。不管是天孫降臨的讓國神話，或是各地的民俗事例、歷史考證，都可以確定的是日本形成的過程，同時也是稻作文化散播成為主流的過程。在古代祭祀主就等於實際領袖的狀況下，各地獨立部族藉由祭祀活動統一於大和王權的權威之下，形成現今我們看到的，雖然國家神道解體、日本國民擁有宗教自由的前提下，神道仍然以民間團體神社本廳統括了日本約八萬座的神社，以伊勢神宮做為其頂點，並且至今仍保有強烈的天皇崇敬思考。

天皇雖在日本國憲法的定位為象徵性元首，但至今「祭祀」仍為天皇的主要任務之一。由皇室舉行的例行祭典如下：

一月一日	四方拝（しほうはい）
一月一日	歳旦祭
一月三日	元始祭
一月七日	昭和天皇祭
一月卅日	孝明天皇例祭
二月十七日	祈年祭

二月廿三日	天長祭
三月春分	春季皇靈祭　春季神殿祭
四月三日	神武天皇祭
六月十六日	香淳皇后例祭
六月卅日	節折之儀、大祓之儀
七月卅日	明治天皇例祭
九月秋分	秋季皇靈祭　秋季神殿祭
十月十七日	神嘗祭賢所之儀
十一月廿二日	鎮魂之儀
十一月廿三日	新嘗祭
十二月中旬	賢所御神樂之儀
十二月廿五日	大正天皇例祭
十二月卅一日	節折之儀、大祓之儀
十二月卅一日	除夜祭⑱

⑱ 加藤健司、伊豆野誠（2014），《神社検定公式テキスト⑥日本の祭り》，扶桑社，pp.60-61。

除了與農耕文化息息相關的新嘗祭、神嘗祭，天皇在皇居內與各大神社同時進行之外，伊勢神宮的神嘗祭更是由天皇胞妹黑田清子（前紀宮清子內親王）擔任。就連每年六月卅日、十二月卅一日，各大神社為了消災解厄而舉行的大祓之儀，天皇也必須在宮中親祭，各地神社共通向神明奉告的大祓詞（おおはらえことば）開頭內容如下：

「神留坐高天原，以皇親神漏岐神漏美之命，集八百萬神等議之再議，令我皇御孫命和平治理豐葦原之水穗國為安國。依奉此命而將國中暴抗之神等，問責再問責，掃蕩再掃蕩。有異議者就連岩石、樹根、草之片葉皆不再語。天孫離天之磐座、撥天八重之雲，從天而降奉此命將四方國中及大倭日高見國定為安國，於地下岩石立巨大宮柱，朝高天原聳立千木，皇御孫命造瑞之御殿，隱坐於其天日之御蔭，成其為和平治理之國。」⑲

簡單來說，就是大部分神社在每年兩次的大祓奏詞中，開頭便講述天孫降臨的神話，

⑲ 本居宣長（1795），《大祓詞後釈》Kindle アーカイブ国会図書館デジタル版，pp.61-95。

——東京府中大國魂神社在例祭暗闇祭中慶賀令和天皇即位。

就連祭拜屬於在神話中敗給天津神族的國津神族系統、大國主神之子建御名方神（タケミナカタノカミ）的諏訪大社也不例外。以上事例總合來看，可以知道在GHQ《神道指令》發布、昭和天皇發表《人間宣言》而否定自己的「現人神」身分之後，在神道信仰中天皇仍然占有極重要地位。這點從各大神社主動慶祝皇室相關節日，著名神社的例祭也會由天皇派遣各級御使頒贈幣帛料也可見一斑。

「現人神」與皇室崇拜一直都是神道裏重要的要素。雖然敗戰之後天皇失去官方的現人

——諏訪大社下社秋宮的天皇下賜幣帛料告示。

神身分，但祭祀領袖同時也是政治領袖的傳統事例卻散見於其他的神社系統中。上述的阿蘇神社雖以火山口為御神體，但主神健磐龍命（タケイワタツノミコト）號稱是神武天皇之孫，繼承其血脈的阿蘇宮司家同時也是「阿蘇國造」，一直是統治當地的豪族，也是北九州的有力武裝勢力。阿蘇家一直到南北朝時代才因為支援南朝系統而隨之沒落，到了近世才因為藩主的支持重新復興而專心於神社經營。⑳阿蘇宮司家得以擁有信仰和實際的統領權，就是來自於自己身為「神武天皇子孫」的神系血統。

就算明顯屬於國津神（以須佐之男、大國主神為代表的神明系統）的諏訪大社，過去

⑳ 柏木亨介（2007），《村落社会における倫理的規範の民俗学的研究》，筑波大学博士論文，pp.22-25。

也有建御名方神會降臨在諏訪家的八歲男童身上而成為「大祝」（祭祀首領），也就是諏訪家統領除了是宮司，更是神明本身的現人神傳統。也因為這種現人神的權威，以諏訪家當主為中心形成「諏訪神黨」武士團。諏訪神黨因為效忠鎌倉幕府的執權（しっけん）北條家和其後的足利將軍家，讓諏訪信仰跟著傳播到各地成為重要的武神信仰。就算武田信玄消滅武士化的諏訪家之後，信玄仍然原本欲以自己與諏訪家之女所生的兒子勝賴繼承諏訪家，將諏訪大社的信仰權威納入武田家，但後來勝賴反而繼承整個武田家。要到日後武田家滅亡後諏訪家才得以復興，諏訪大社的宮司世襲一直要到明治時代才真正結束。㉑

祭祀國津神中最重要的大國主神的出雲大社，負責祭祀的出雲國造雖然系譜自稱為天照大神代表的天津神後代，但亦存在種種出雲國造是臣服於大和王權的出雲當地豪族之傳承。出雲國造最特別的儀式就是火繼式，當代國造從繼承其位到死亡為止，都只能在稱為「齋火殿」之處保持神火燃燒，並只進食用神火調理的食物且他人絕對不得使用神火。當

㉑ 島田裕巳（2013），《なぜ八幡神社が日本でいちばん多いのか》，幻冬舎，pp.246-248。

上一代國造死亡後，繼承者要拿著代代相傳的火鑽臼和火鑽杵，到位於八束郡的熊野大社或神魂神社鑽出新神火。收到新神火產生的消息後，上一代國造的屍體則用牛運出，在出雲大社旁的水池水葬，並且不立墳墓。不立墳墓的原因是國造與其祖先天穗日命（アメノホヒノカミ）為一體，是永遠不死的存在。出雲國造死時其家族也不哭泣，僅恭賀新國造的上任，子不參加父葬也不服其孝。也就是說對出雲國造來說，身體只是暫時的寄托，其本體是永遠的存在。㉒從這些特殊的慣例，可以看到出雲信仰將現任宮司當成現人神的存在。也就是說，現人神的概念不止存在於過去國家神道的天皇本身，也存在於國津神等其他系統（出雲國造的始祖天穗日命為天照大神之子，原本被派來征服地上世界卻被大國主神懷柔，在讓國成功之後才被命令負責祭祀大國主神，其立場極為微妙）的普遍概念。這也是為什麼明治後推行國家神道之際，現人神概念得以受到國民普遍接受的傳統基礎。

㉒ 島田裕巳（2013），《なぜ八幡神社が日本でいちばん多いのか》，幻冬舍，pp.155-158。

神道的祭典——神事與神賑行事

以祭祀儀式為主體，加上其前後的藝能、神輿巡行等活動總合成的祭典，是神道特有的日本季節特產。但到了信仰神佛卻不在意正確宗教理論的民眾階層時，「祭」就成為群眾活動的代名詞。甚至像お盆（中元節）等民俗行事中，村民集合齊跳念佛舞也被視為是祭的一種，在沖繩從傳統藝能念佛舞脫胎換骨而成、表演意味濃厚的「哎薩」（エイサー）也被當成如同附屬於祭典中的其他傳統藝能一般，成為新的民俗藝能和文化資產。[23]一般人對於「祭」的認識，其實指的就是這些附屬於祭祀的活動而非祭祀本身。一般來說，如祭祀儀式等嚴肅地與神明交流、儀式化的行為稱為「神事」，而一般人所認識的「祭典」，則是讓祭本身更為熱鬧的這些活動，稱為「神賑行事（かみにぎわい）」。神賑行事主要有：

1. 山車（だし、さんしゃ）巡行：又稱曳山、山鉾、鉾、山笠、祭車、地車、屋台等，為

[23] 古家信平等（2009），《日本の民俗 9　祭りの快楽》，吉川弘文館，pp.1-18。

裝飾華麗的台車。其原型正如祇園祭著名的「鉾」一般，據說是由長矛不斷加上裝飾後形成的車輛。通常由神社所在地的各地區分別擁有和負責保存，祭典時巡行市街，並在車上演奏祭囃子或是陳設各種人偶及豪華擺設，以誇耀地區的財力及團結力。

2. 獅子舞等各種藝能：除了祈福平安的獅子舞，各種田樂、神樂、能樂等，奉納給神明、祈求五穀豐收的傳統藝能。各大神社也因此常在境內設有神樂殿。

3. 祭囃子（まつりばやし）：以鼓、鉦、笙、笛等樂器組成的祭典期間伴奏音樂。各地祭典各有不同流派及特色，也是讓日本人會直接連想到祭典的聲音元素。

4. 太鼓：太鼓多運用於佛教、神道等多種儀式，其打擊聲響本身就具有一定的原始信仰象徵性。故太鼓亦多被運用在祭典行列中，形成一種特殊的日本式「陣頭」。

5. 神輿巡行：另一個讓人直接連想到祭典的活動。神輿被視為無形體的神明降臨座駕以之巡行所管轄的神社周圍地區，並且在祭典期間乘坐神輿離開社殿，隨著神輿一起寄宿在祭典期間設立於市街地區的「御仮屋」。因為是神明的交通工具，所以扛神輿也被認為會受到神明佑護，除了負責扛轎的當地子弟，在日本各地也有許多類似轎班的「神輿同好會」。也因為神輿是神明座駕，所以在日文中指將某人推舉為形式上代表、或是煽動其出頭、拱他上台時就稱為「神輿に担ぐ」。東京淺草的著名祭典三社祭，也才會在神輿渡御（みこしとぎょ）時因為有人跳上神轎，而毅然決定於次年停辦神輿渡御。㉔

做為神明的座駕，純鳳輦神輿是最接近天皇身分的神明乘坐，鳳輦型則是由其他皇族關係神明乘坐。圓堂式則是由山王信仰、祇園信仰等帶著神佛習合色彩的神明乘坐。宮型神輿則是由天神、上御靈社、下御靈社等仍有怨靈色彩殘存的神明乘坐。㉕

㉔ 林承緯（2017），《信仰的開花　日本祭典導覽》，遠足文化，pp.60-74。
㉕ 森田玲（2015），《日本の祭と神賑——京都・摂河泉の祭具から読み解く祈りのかたち》，創元社，pp.52-66。

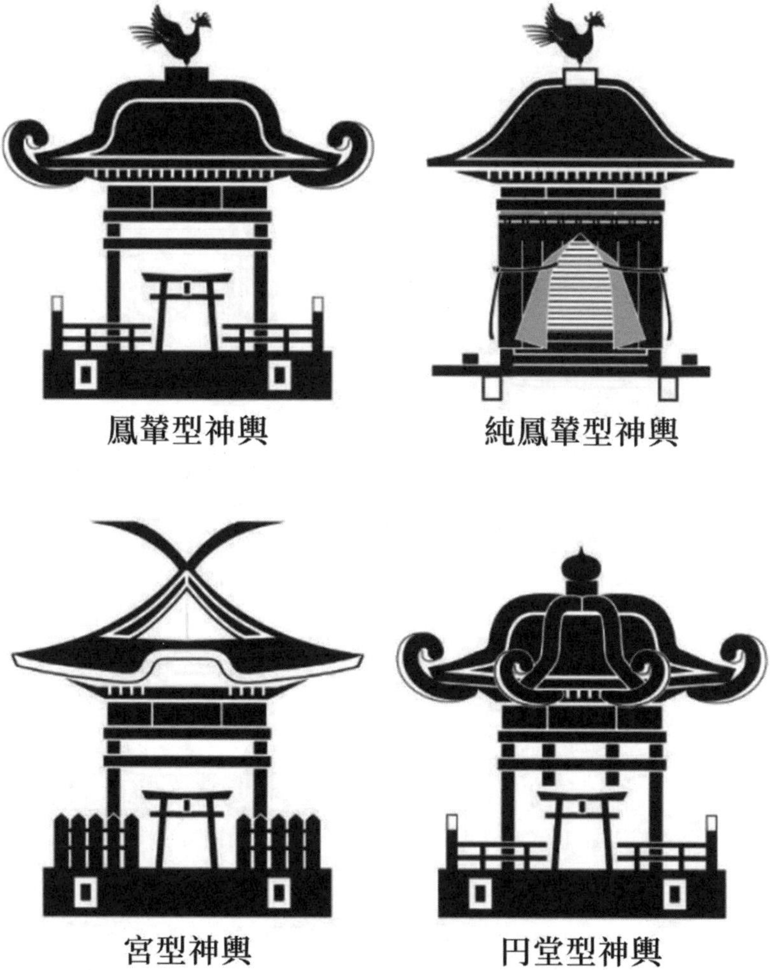

——神輿分類。
引用圖：森田玲（2015），《日本の祭と神賑——京都・摂河泉の祭具から読み解く祈りのかたち》，創元社，p.52。

——東京府中大國魂神社暗闇祭的八幡町山車及囃子。

——東京府中大國魂神社二之宮會大太鼓。

——諏訪大社境內用來奉納藝能的神樂殿。

根據各神社的傳承與其特殊背景，祭祀儀式之外會有各種不同的神事和神賑行事。像是與坂東武者（ばんどうむしゃ）關係密切且盛產駿馬的大國魂神社，祭典期間就會舉行直線跑馬的競馬式和武者騎馬射箭的流鏑馬式。㉖也因為ＪＲＡ（日本賽馬協會）的府中競馬場就在當地，所以競馬式還會由ＪＲＡ出動現役騎手與賽馬來進行向神明表達敬意的神賑行事。這些特殊的祭典活動或是與地方歷史、生態息

㉖ 小野一之（2018），《武蔵府中くらやみ祭——国府祭から都市祭礼へ》，府中市郷土の森博物館，pp.26-30。

息相關，不然就是來自神社主神的緣起譚等典故。像是前述諏訪大社的御頭祭背後就是其山林民狩獵文化的展現，而蛙狩神事會供奉串刺的青蛙，也被認為是與諏訪大神其本體為蛇神信仰有關的神事。

但神事和神賑行事的界線有時也不明確，就當事者而言不管是任何活動都是「做神明的事」而必須莊重恭敬。像是昭和年間才出現於暗闇祭一環的萬燈大會，明顯是歷史尚新的神賑行事，但獻燈本身卻是歷史悠久的傳統神事。又像是諏訪大社的御田植祭，先進行祭祀儀式後由巫女進行田樂藝能奉納，再由巫女下田進行插秧儀式。這個總稱為「御田植祭」的祭典中，除了祭祀儀式可以明確視為神事，其他部分都兼具神事和神賑行事的要素。

——諏訪大社的御田植祭。
（引用自諏訪大社官方，Instagram https://www.instagram.com/p/Cea3EkhP8Jd/）

——大國魂神社的神賑行事萬燈大會。
（引用自大國魂神社官網，https://www.ookunitamajinja.or.jp/matsuri/5-kurayami.php）

讓參加者用強大力量舞動沉重萬燈的萬燈大會，已經成為不折不扣的神賑行事。但是其出現是在七〇年代，是新被認可的神賑行事。相對於此，原始的御神燈（ごしんとう）是由篝火演變成單支的筥提燈型御迎提燈，再將其放大成扁額（へんがく）型御迎提燈，或是加多數目成為台昇（だいかく）型御迎提燈。這種靜態的提燈擺設，還可以被視為祭祀過程中神事的一環。但進到年輕人扛著裝滿裝飾鮮花，競相轉動比較個人舞姿並讓圍觀者喝采時，萬燈大會就完完全全屬於神賑活動。

御神燈的演進圖

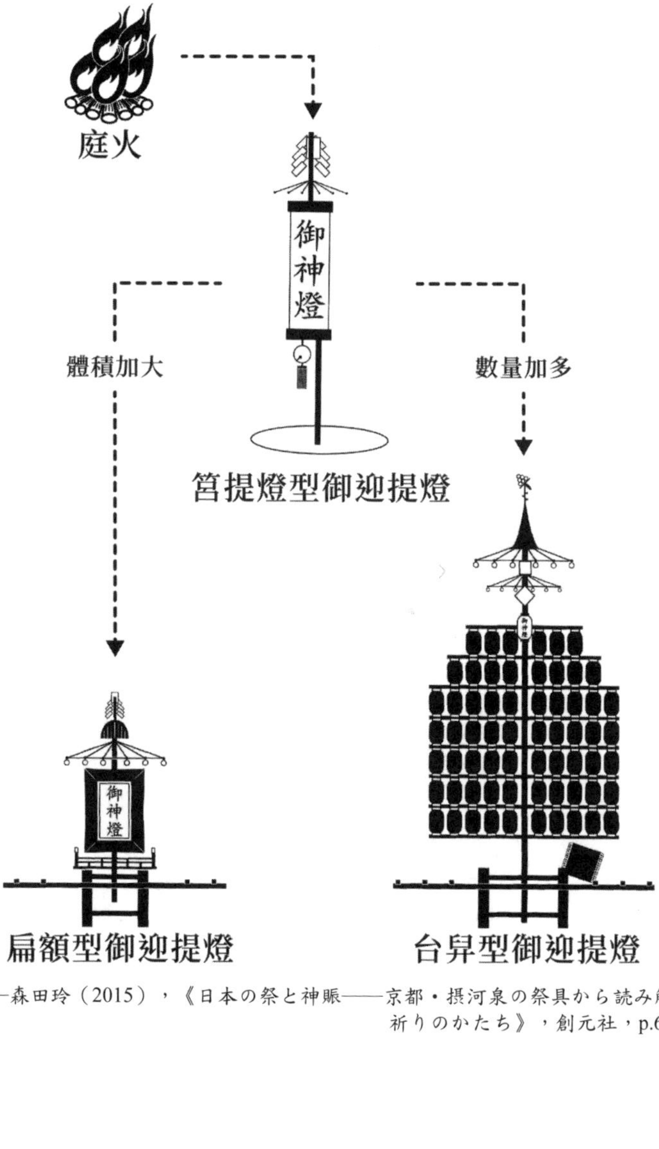

——森田玲（2015），《日本の祭と神賑——京都・摂河泉の祭具から読み解く祈りのかたち》，創元社，p.68。

神社服飾與建築

原始自然信仰的神道在接受到佛教的外來刺激後，開始有了社殿等建築設施。但神道做為日本的固有信仰，一邊吸收來自大陸的先進文化，其內涵仍強烈與日本生活文化緊密結合。例如神道各種祭典的舉行時程多與古代農耕時期互相對應，於耕作前祈求豐收並在農閒時期舉行祭典。神奈備信仰也因為寺院的影響而開始有了具體的社殿出現，但其建築形式反映出日本原始部落的首長住居樣態。神社裏的神職人員所著的服裝，也仿效過去從大陸引進的官人服飾經過日本本土化之後的樣式。原本漠然而形態原始的神道信仰，因為外來的佛教刺激而開始「文明化」，進入固定儀式、嘗試編寫教義教典，並且構築固定建築樣式的時代。

這種接受外來刺激而促進自我進化的特色，也可以由神職人員服裝正好對應日本朝服

朝服的時代演進　　神道神職裝束

奈良時代文官禮服　平安時代公卿朝服　江戶時代公卿朝服　正服(正式服裝)　狩衣(淨衣)

——日本的朝服演進與神職裝束的正服與狩衣。

從單純自中國引進，到逐漸發展出自我特色的過程中看出。神職手持的笏（女性神職持扇）正與過去做為禮具、並在其背後書寫奏詞的貴族用具相同，而腳穿的淺沓（あさぐつ）也是國風文化盛行後的公家貴族過去穿著的鞋子。神職的穿著也依前述的大、中、小祭而有所不同，大祭及中祭時著用正服，不過大祭時的正服上有紋路，中祭時則是稱為「齋服」的純白無紋路服裝，小祭則是穿著狩衣（過去貴族的便服）型式的淨衣。著用有紋路正服時，屬於神社本廳的神職會依其分成六級的階級，而有上衣及袴褲的不同顏色規定。但各大神社亦有

專屬的神職服裝顏色傳統規定而不在此限。㉗

進入神社境內，其主要建築元素大致可分為：

1. 鳥居：設置於進入神社境內或是參道的入口處，也被視為神道的象徵。依其系統主要可分為「神明鳥居」與「明神鳥居」兩種。依照其與神社的距離遠近，也會分設「一之鳥居」、「二之鳥居」等。

2. 狛犬與石燈籠：狛犬類似宮廟的石獅，通常鎮座（ちんざ）於鳥居前的神社入口處。石燈籠則是受到佛教的「獻燈」習俗影響而設置於參道兩側，也常被當成信徒奉納給神社的捐贈品。

3. 眷屬：又稱「神使」，在神社傳承中做為神明使者的動物。例如北野天滿宮的牛、熊野三山的烏鴉、稻荷大社的狐狸等。

4. 手水舍：設置於境內，參拜前信徒淨手口的水池。

㉗ 伊豆野誠（2012），《神社検定公式テキスト①神社のいろは》Kindle版，扶桑社，pp.1885-1927、p.2834。

——神社境內的構造（圖為台灣神宮奉納圖）。

5. 攝社：與主神有關的附祀神明或是神社設立前的當地地主神，通常複數同設於神社境內而規模遠小於神明本殿。

6. 拜殿：信徒進行參拜、祈願，神職進行神事的場所，與神明所在的本殿間有時會以神職奏上祝詞的祝詞舍（殿）連接。

7. 本殿：神明真正所在、供奉御神體之場所，除了神職以外不准任何人進入，通常拜殿、本殿合稱為神殿。㉘

神社的構造是在神明坐鎮的本殿前，設置供奉祭品、奏上祝詞的幣殿（祝詞

㉘ 茂木貞純 (2016)，《神道教與季節禮儀事典》，遠足文化，pp.112-134。

——信州穗高神社的攝社群與石燈籠（御神燈）。

殿）、參拜者奉拜祈願的拜殿（許多時候與祝詞殿、幣殿為同一場所），以及奉納神樂、舞樂的神樂殿，還有手水舍、神職辦公的社務所，進行各種集會的參集殿，這些設施被稱為瑞垣（玉垣）的神社外籠圍住，以鳥居做為俗界與境內的出入口。㉙而攝社基本上也可視為是獨立於主神、但設於境內與祭神具有淵源的小型神社。通常為本社祭神的子神、后神、父母神，或是祭神鎮座此地前的舊跡神社、祭神的荒魂、地主神，或是其他有特別緣故的神明。㉚神社境內後方通常會種植許多樹木成林，這種被稱為

㉙ 國學院大學日本文化研究所（2016），《神道事典》，弘文堂，p.3。
㉚ 國學院大學日本文化研究所（2016），《神道事典》，弘文堂，p.183。

「鎮守之森」的傳統，除了反應出日本傳統裏信仰與自然環境的調和，也是原始「神奈備」信仰中神明將樹木做為依代降臨的思想殘存。

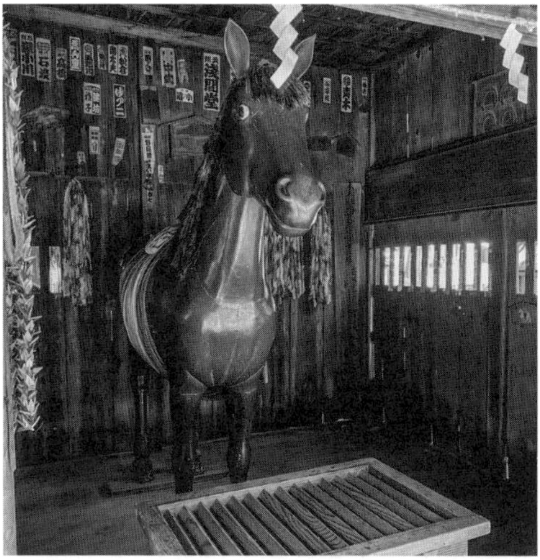
——穗高神社的神馬舍。

在神社外常見成對而立的狛犬，在平安時代出現時開口者稱為「獅子」，而閉口有角者稱為「狛犬」，一直到鎌倉時代為止，狛犬都設置於神社殿內，而非參道或神社入口。其外型可分為威嚇性、唐獅子型、短足型、捲毛型，還有充滿地方特色的出雲型（攻擊姿勢）、金澤型（倒立）、廣島型（踩玉球）、關東型（站在山上）等。㉛江戶時代狛犬開始置於殿外，才出現現今以石造像做為主流的現象。就鄉土史家的考證，太平洋沿岸初次

㉛ 上杉千鄉（2008），《獅子・狛犬ものがたり》，戎光祥出版株式会社，pp.6-23。

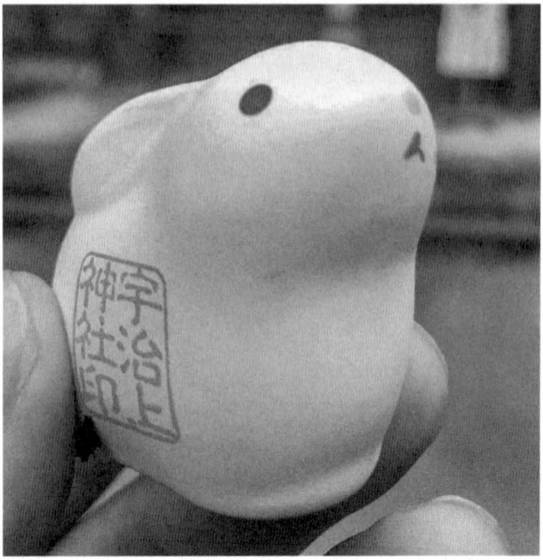

——宇治上神社的神使，被用來做神籤的容器。

石造狛犬出現於日光東照宮參道，但京都天橋立附近籠神社（このじんじゃ）的最古石造狛犬則是出於鎌倉時代。[32]值得注意的是神社內出現的動物像不少，但狛犬是受到大陸文化影響的，以一隻張口一隻閉口、一公一母顯示「阿吽」的陰陽力量守護神社的靈獸。也常出現在神社入口處的神馬舍，則是過去信徒有奉納駿馬給神社做為供品的習慣，後來交通環境改變才出現塑像的神馬舍。過去送馬也需要堅強財力，所以力有不逮的信徒就會奉納畫在木板上的馬畫來代替，也就是今天「繪馬」的起源。

不同於狛犬的守護獸與神馬的貢品意義，「眷屬」指的是在神話或是神社緣起中做為

---

[32] ねずてつや（2012），《狛犬学事始》，ナカニシヤ出版，pp.172-173。

神明腳路、手下，和神明關係深厚或是幫助過神明的動物。像是擁有最古老神社建築的宇治上神社，就因為主神菟道稚郎子的名字為「兔道」而讓兔子成為眷屬。另外像是稻荷信仰的狐狸、日吉神社的猴子和烏鴉，八幡宮的鴿子和老鷹，春日神社的鹿、愛宕神社和摩利支天堂的山豬，松尾神社的龜和鯉，天滿宮的牛，八坂神社的烏鴉、三峰神社的狼、調神社的兔等神使也都廣為所知。㉝但若從為神明做事、擔任神明坐騎這點來看，那麼狛犬與神馬似乎又具有一定的神使性格。尤其是神馬從現今仍有少數神社奉納的活馬匹，變成神馬舍裏的塑像和奉納給神社的繪馬，完全是從貢品變成神社一員的過程。也就是說只要歷史夠久成為一種傳統，則被奉納的生物就有可能轉化成神社眷屬——尤其是原始的生物奉納，因為時代而形態改變的時候。筑波山的新「眷屬」紫峰牛，也向人們說明了這個可能性。

紫峰牛是筑波當地養牛業者培養出來的新和牛品種，牛隻就在筑波山麓處肥育有成，

㉝ねずてつや（2012），《狛犬学事始》，ナカニシヤ出版，p.19。

——筑波山神社的眷屬「紫峰牛」。

近年不但打開國內知名度，甚至還開始銷向海外。為了向滋養牛隻的筑波山神社表示感謝，牧場奉納了紫峰牛像於神社入口處，神社代表也欣然接受。就此紫峰牛成為守護筑波山神社入口的靈獸，已經開始有人討論摸牛頭是否會帶來好運。做為商品、供品一旦被神社接受而慣習化，就有可能像上述的神馬般成為神社象徵之一，日後成為信徒們眼中具有傳統和聖性的神明眷屬。

做為神道信仰象徵、也在地圖上做為神社代號的鳥居，其種類大致可以分為神明鳥居（しんめいとりい）與明神鳥居（みょうじんとりい）。鳥居由以下元素組成：

1. 笠木（かさぎ）：鳥居最上方的橫木分成兩層時，上方橫木稱為笠木。
2. 島木（しまぎ）：鳥居最上方的橫木分成兩層時，下方橫木稱為島木，笠木與島木若有彎曲弧度，稱之為「反增」。
3. 貫（ぬき）：鳥居中間的橫木。
4. 額束（がくづか）：架於兩根橫木間，書寫神社名或神明名的木牌。
5. 台輪（だいわ）：上方橫木與柱之間的圓輪構造物。
6. 楔：貫與柱之間的補強構造物。
7. 柱：支撐鳥居的兩根柱子，若與地面有傾斜角度，稱其為「轉」（コロビ）。
8. 藁輪（根卷）、龜腹（饅頭）：柱與地面間的補強構造物。㉞

㉞ 根岸栄隆（2007），《鳥居の研究》，第一書房，pp.7-8。

鳥居部位名稱

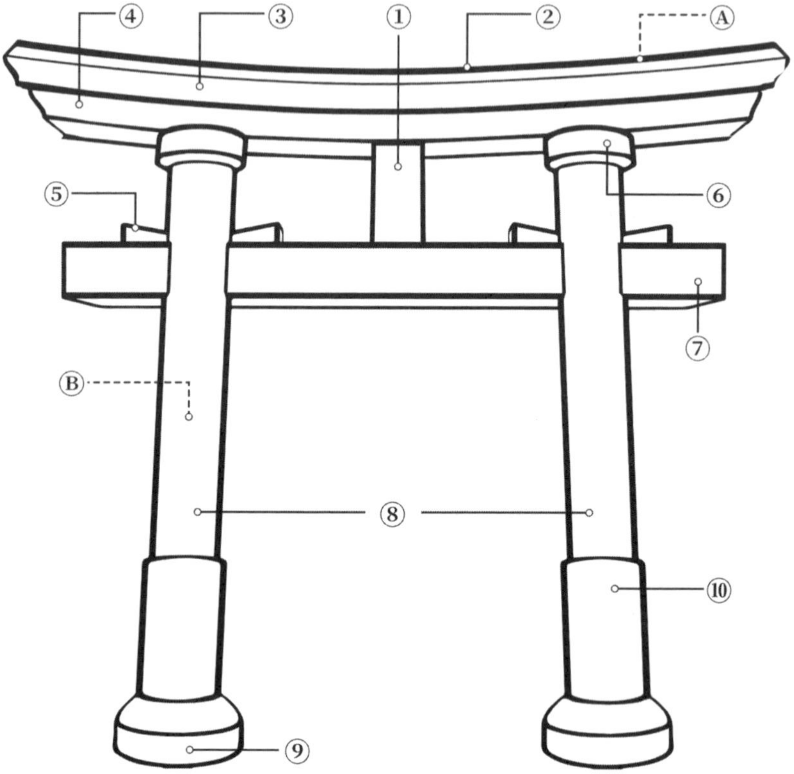

①額束　②反增　③笠木　④島木　Ⓐ(笠木與島木有弧度)
⑤楔　⑥台輪　⑦貫　⑧柱　⑨龜腹(饅頭)(神明鳥居)
⑩藁座(明神鳥居)　Ⓑ轉(鳥居柱的傾斜角度)

鳥居的種類繁多，分類方式亦極為困難。除了前述的神明鳥居與明神鳥居的大致區分之外，研究者分別以構造、所屬主神為重點，有許多不同的分類主張。其分類之繁瑣與不統一，在於神道並不存在特定最高經典，神社各自擁有其獨特緣起譚與主張之緣故。鳥居的材質亦有木製、石製、混凝土與金屬製等，並不存在絕對的強制規則。雖然就一般統整來看，鳥居依其祭神大致可以分為皇族、國家祭祀相關的神明鳥居系統，與其他神明的明神鳥居兩種，但正如祭拜真田幸村的神社其外置放神明鳥居、鹿兒島祭拜戰死英靈的知覽護國神社擺放明神鳥居之事例般。有時連這大多可以用來判別祭神種類的兩個分類原則，也會有不適用的時候。業餘研究者外山晴彥以鳥居外觀來做的分類方法，雖然沒有宗教研究上的理論根據，但其簡單明瞭的直覺辨識方式可以用來做為大致上的鳥居分類參考：

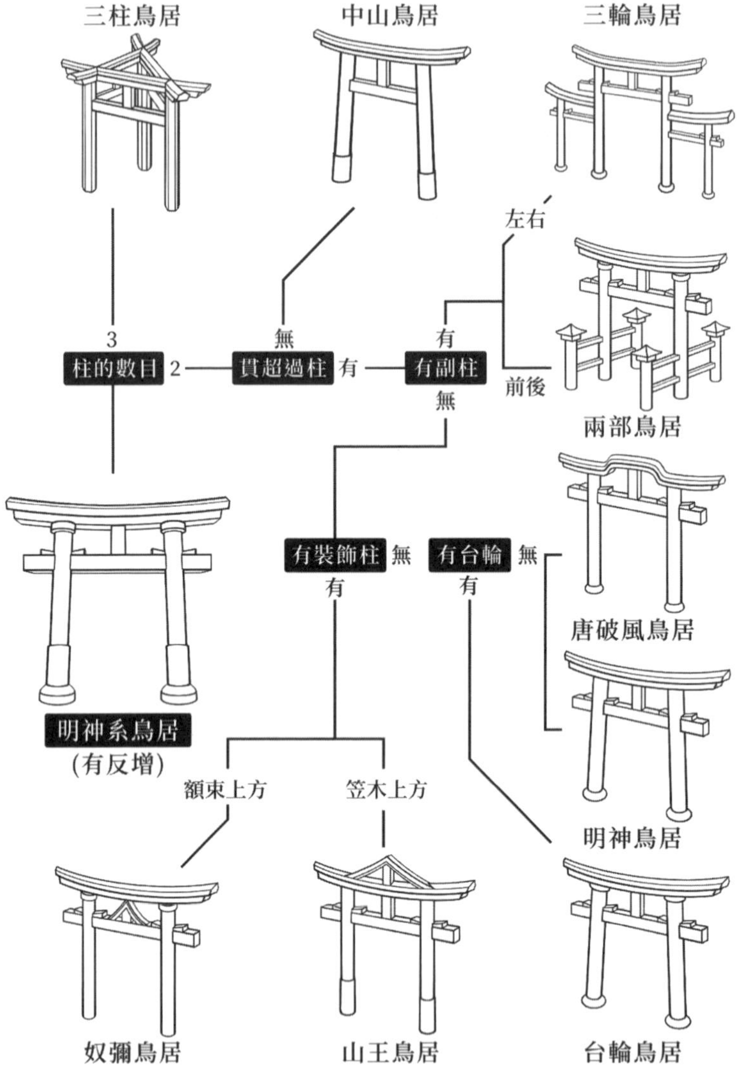

——以外觀分類的鳥居形式。
（引用外山晴彥（2000），《神社ウォッチング》，pp.50-51，重新整理製圖。）

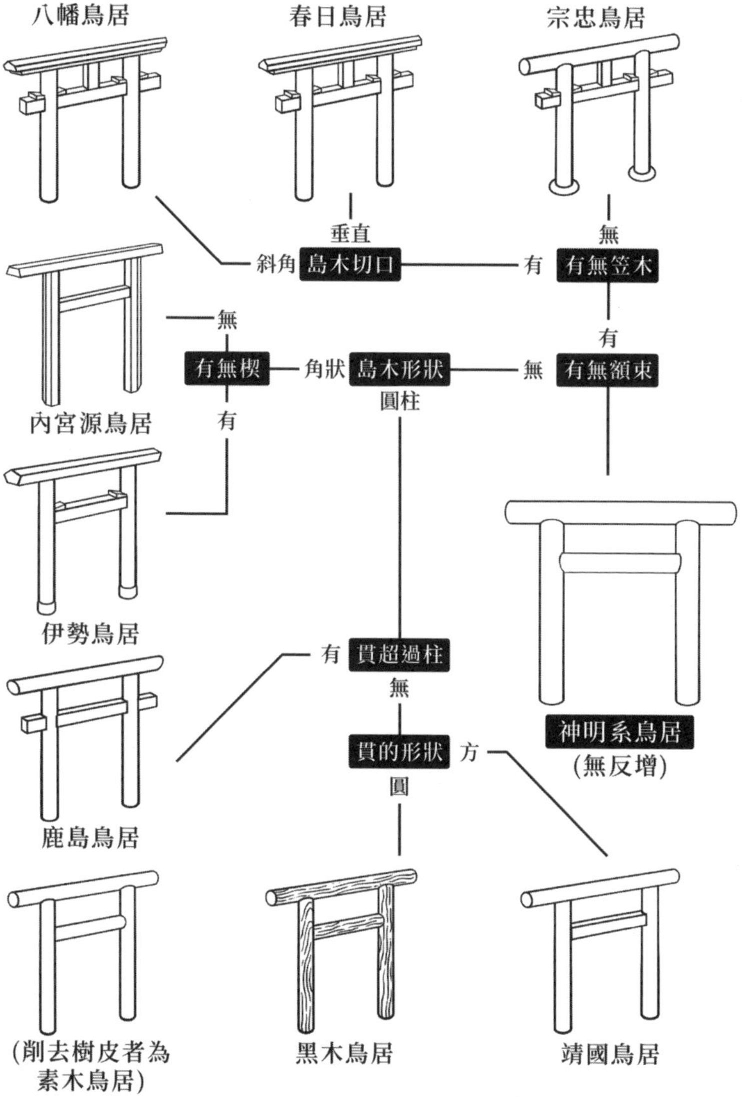
八幡鳥居
春日鳥居
宗忠鳥居
垂直
無
斜角
島木切口
有
有無笠木
無
有
有無楔
角狀
島木形狀
無
有無額束
圓柱
內宮源鳥居
有
伊勢鳥居
有
貫超過柱
無
貫的形狀
方
圓
神明系鳥居
(無反增)
鹿島鳥居
(削去樹皮者為
素木鳥居)
黑木鳥居
靖國鳥居

正如前述，雖然鳥居沒有一定的規則，但不同形狀的鳥居仍有其特徵及象徵意義。例如形狀特別的三柱鳥居，被認為與一般的鳥居較為不同，其三方圍住的中央空間帶有「神籬」，也就是神明坐鎮的空間意義。[35]而兩部鳥居則是與佛教真言宗（しんごんしゅう）習合的信仰關係密切，使用兩部鳥居的神社多帶著濃厚的神佛習合歷史色彩。靖國鳥居則是國家神道關係密切的靖國神社鳥居形式，山王鳥居、三輪鳥居、鹿島鳥居、八幡鳥居、春日鳥居、伊勢鳥居分別以神名為其稱呼，代表祭祀該神明的神社多使用該形式鳥居。稻荷神社的鳥居通常使用紅色，也被認為是因為稻荷神原本為渡來人系的秦氏一族，其建築風格繼承了中國的極彩色傳統。[36]但鎌倉的鶴岡八幡宮做為武士的重要八幡神信仰重地，其鳥居卻使用明神鳥居形式。這種現象在其他分布廣泛的祭神神社也常見到。

鳥居做為神道的象徵，也存在於現今日本人的一般概念中。例如京都伏見大社後山成為觀光盛地的千本鳥居，就文獻調查其實在江戶時代並不存在，而是極接近現代的產物。

㉟ 根岸栄隆（2007），《鳥居の研究》，第一書房，p.71。
㊱ 根岸栄隆（2007），《鳥居の研究》，第一書房，pp.210-214。

其背景在於稻荷神原本就存在著強烈的神佛習合元素，在明治的《神佛分離令》頒布之後，過去稻荷信仰中各種民間的雜神、異神元素都被排除，民眾開始在後山建立石碑祭祀或許是自己祖先一直信仰至今，卻因前述因素而被神社本身抹滅的各種民間傳承之神明。爾後神社開始禁止這種石碑、石塚的建立，民眾進而以奉納稻荷神社常見的紅色明神鳥居的方式來延續過去的俗信信仰。㊲的確，各大神社的入口鳥居常是過去歷史上權力者或為表示對神社的保護、或是感謝神威的捐獻產物。在伏見大社的事例中，做為神社境內與俗界出入口的鳥居，雖然大多只能由有力者捐獻建造，但信徒民眾向神明祈願、感謝時，也會以建造鳥居的方式來表現，而且這種深層心意一直流傳到今日，創造出當地壯觀的觀光與民俗文化資產。

除了鳥居之外，社殿也是神社建築的一大特色。日本式家屋的構造上，屋頂最上方的橫木稱為棟木，與屋頂平行的房屋面稱為「平（ひら）」，而兩片屋頂交會成形的屋頂形

㊲ 島田裕巳（2013），《なぜ八幡神社が日本でいちばん多いのか》，幻冬舎，pp.110-114。

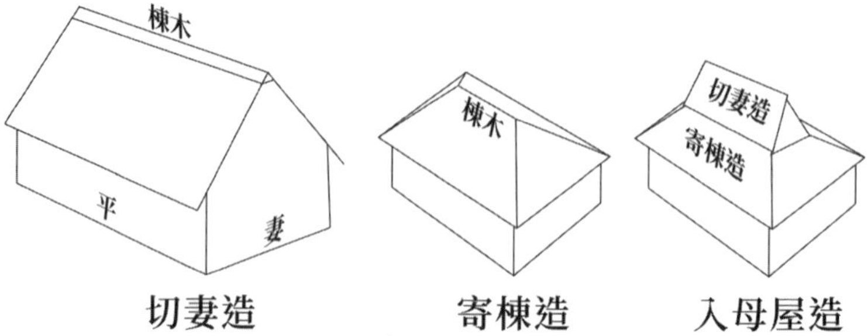

——日本式家屋的基礎構造。

式稱為「切妻屋根」，與切妻屋根垂直的面稱為「妻」，而妻（つま）在日文原意就是「角落」。家屋入口設在平面的建築稱為「平入」，設在妻面的則稱為「妻入」，這種由兩片屋頂交會的基礎建築形式，則稱為切妻造。屋頂由四片組成，向屋頂上方的棟木集中的建築形式稱為寄棟造，兩片屋頂切妻造下方再加上寄棟造的複合形式屋頂，則稱為入母屋造。切妻造屬於最原始的日本建築形式，入母屋造則是東亞共通的貴人住宅形式。

從這些要素來看，可以對於神社的神殿建築分類有清楚的概念。不管是任何形式的神殿建築，幾乎都具有日本傳統部族首長建築的高台式建築特徵。這種亦可從

——富士山淺間大社特殊的淺間造樣式本殿。

東南亞常見的建築形式，到了日本仍然做為食物儲存建築，而後轉化為部落首長住居，其傳統殘存至今成為了高貴的神明建築樣式。㊳

神殿屋頂上常見的千木（ちぎ）與鰹木（堅男木），也被視為是過去部落大王（大君）住居的標誌，以及壓住原始茅鋪屋頂木條的殘存裝飾。鰹木（かつおぎ）是置於棟木之上的棒狀物，被認為數目越多則祭祀的神明位階越高，千木則是切妻屋根向上延伸的角材裝飾。

㊳ 宮本常一（2014），《日本文化の形成》Kindle 版，講談社，pp.2117-2127、p.2777。

神殿大致可以分成平入和妻入兩種形式，也分別由神明造、大社造這兩種各祭祀天津神天照大神和國津神大國主神的傳統神社為代表。除了平入與妻入的差異外，兩者都具有千木、鰹木的原始文化象徵。一般東亞其他國家較少見的妻入形式，還有住吉造、春日造兩種建築，屋頂上也都有千木與鰹木。平入形式除了神明造之外，還有流造和八幡造兩種屋頂具有弧度的建築形式。具有弧度的屋頂模式是佛教傳進日本之後，受到佛寺建築影響後產生的建築形式。但流造其實占日本神殿建築中比例最多，這也顯示神道信仰其實混合了許多外來文化元素的特性。八幡造則是本殿與拝殿相連，同樣採用流造的特殊建築形式，並且受到佛寺「雙堂」（從事講義的講堂與放置本尊的金堂）建築的強烈影響。流造、八幡造、春日造這些屋頂有弧度的形式，以及採用入母屋構造的日吉造，可視為佛教傳入後受其影響而產生的神殿樣式。[39]其他還有諏訪造、祇園造、淺間造等各神社獨特的神殿建築形式，但都脫胎於上述的神殿樣式，或是採用多數神殿樣式複合而成。

㊴宮元建次（2016），《日本建築の見方》，学芸出版社，pp.50-52。

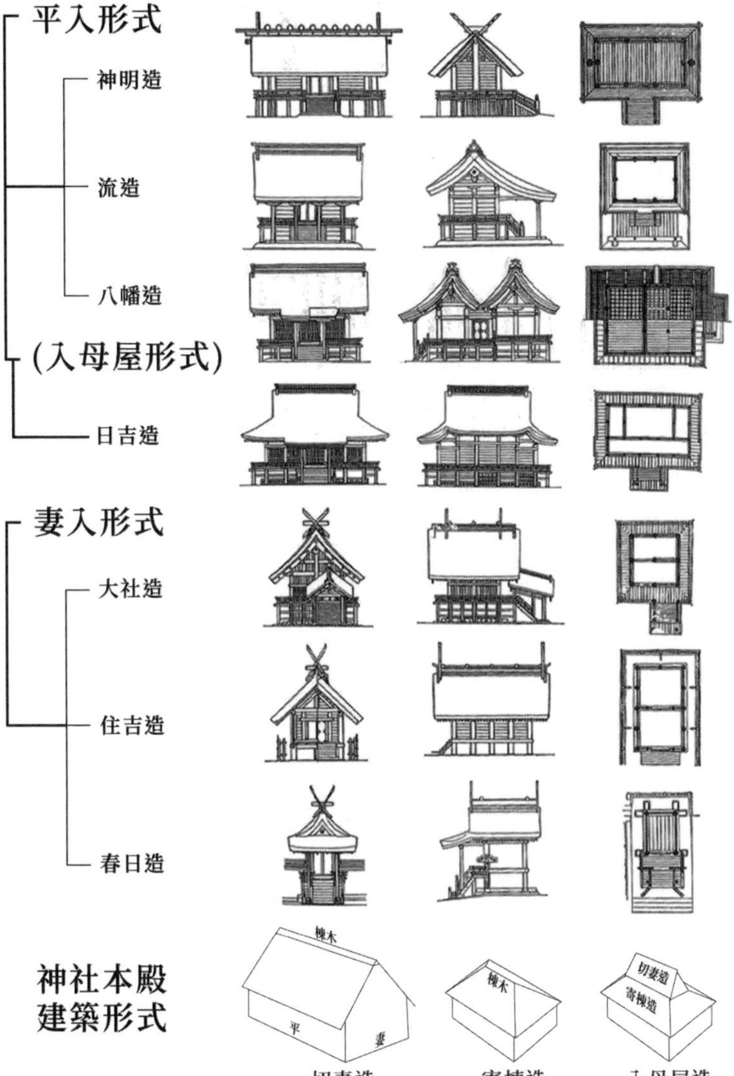

——神明本殿的建築形式。
（引用自國學院大學日本文化研究所（2016），《神道事典》，pp.174-175。）

二、記紀神話與日本眾神

日本神社的祭神們

日本神道所祭祀的神明大多出自於所謂的記紀神話，也就是《古事記》和《日本書紀》兩本官方史書。當然，日本神道信仰中的神明並非都在記紀神話裏有所記錄，像天神（菅原道真）、神田明神（平將門）這種以人死後做為祭祀對象、成立於後世的御靈信仰系統神明就不會出現在記紀神話。但是在平安時代由朝廷所發布的律令國家法制規章《延喜式》裏，其中一大部分就是祭祀相關的記載與規定，特別是第九、第十卷被稱為「延喜式神名帳」，裏面列出了當時日本全國的二八六一座神社和三一三二柱神明。神社又分為所謂的「官幣社」和「國幣社」，所謂的「幣」指的就是奉納給神明的幣帛（紙張做成的御幣和布匹），官幣社就是由國家朝廷負責獻供，而國幣社則是由各地的當地國司負責獻供的神社。由於「國」在日本古代指的是地方行政體的區劃，所以官幣社的地位高於國幣社，官幣和國幣又各分成大社、小社兩種。所有出現在《延喜式神名帳》裏的神社都被稱為「式內社」，是仍存留至今的神社歷史和傳統的象徵。《延喜式》中有二二六座大社祭祀的神明又被稱為「名神」，也就是後世我們常見的稻荷明神、神田明神等名稱之前身。

日本神社的數量排名，根據神社本廳於九〇年代的調查如下：

第一名	八幡信仰	七，八一七社	第六名	諏訪信仰	二，六一六社
第二名	伊勢信仰	四，四二五社	第七名	祇園信仰	二，二九九社
第三名	天神信仰	三，九五三社	第八名	白山信仰	一，八九三社
第四名	稻荷信仰	二，九七〇社	第九名	日吉信仰	一，七二四社
第五名	熊野信仰	二，九六三社	第十名	山神信仰	一，五七一社[40]

值得一提的是神道中「神明」與「明神」的差異。明神正如上述出自《延喜式》裏著名神祇的「名神（みょうじん）」轉化而成的，而「神明」在神道中大多專指天照大神系

㊵ 島田裕巳（2013），《なぜ八幡神社が日本でいちばん多いのか》，幻冬舍，pp.33-34。

統與天皇家相關神祇。調查中的前十名神祇，第一名的八幡神出現於六世紀，被認為是應神天皇的佛教護法神，所以又被稱為「八幡大菩薩」，也因為巫女託宣自稱應神天皇而被天皇家視為祖神之一。第二名的伊勢信仰是指以伊勢神宮為代表的天照大神，同時伊勢神宮也被神道組織聯合的神社本廳視為神道信仰的頂點。第三名的天神信仰則是以北野天滿宮為代表的菅原道真信仰，第四名是以祈求商業繁盛等現世利益為主、廣受庶民愛戴的稻荷信仰。第五名的熊野信仰是受到神佛習合影響、神道神祇與佛菩薩合一的熊野權現，第六名則是國津神（天孫降臨前支配日本的神明）的建御名方神、以長野縣諏訪大社為代表的諏訪信仰，第七名是以京都八坂神社為代表、祭祀須佐之男的祇園信仰。第八名是以日本中部地方的靈山為信仰對象，修驗道信仰色彩濃厚的白山信仰（はくさんしんこう）。第九名的日吉信仰又名山王信仰（さんのうしんこう），原本是以三輪山做為信仰對象，日後天台宗開祖最澄在開設比叡山延曆寺時，效法大唐五台山的當地守護神山王弼真君，勸請到當地做為延曆寺守護神而得名「山王」。第十名的山神社則是各地以當地靈山、聖山為崇拜對象，主神多為日本神話中象徵美貌的木花之佐久夜毘売（木開花耶姫）、其父大山祇神，大山咋神（おほやまくひのかみ）或是各地山神（如群馬縣的赤城神社）等。山神信仰的形成較為複雜，因山岳信仰多與日本神話附會結合，像是二荒山神社的男體山做為其御神體，所以被說為是創世男神伊邪那岐。但在當地傳說中，赤城山神與二荒山神（兩地為群馬與栃木縣界）的神戰中，二荒山化身成大蜈蚣與赤城山神的大蛇對決，明顯是與伊邪那岐不同的存在。㊶同樣的大山咋神同時也是日吉信仰中的山神，白山信仰中主神也被神道方面認為是女神伊邪那美。但是受到佛教影響的兩地，將其稱為「白山權現」和「日吉權現」，與神道中的神明既是同體、又是不同存在。這種神佛習合下的產物，也是日本宗教文化的一大特色。

在前十名當中，第一名的八幡神與第四名的稻荷神並未出現於記紀神話之中，第三名的天神信仰對象菅原道真是平安時代死後才成為神祇，所以當然也不在神話之內。除了神

㊶ 栗原久（2014），〈人々を楽しませる赤城山の魅力　2. 赤城山をめぐる伝説とそのルーツの考察〉，《東京福祉大学・大学院紀要 4（2）》，東京福祉大学，pp.146-147。

社數量排名第二、被神社本廳視為地位最高的伊勢信仰之外，其他信仰都受到神佛習合的強烈影響，要到明治時代的《神佛分離令》才因外力勉強獨立，被視為神道系統。

但出現在《延喜式》裏的神社名單，可以看出除了朝廷為樹立權威的神明系統外，各地固有的「明神」系統亦顯示出了其做為各地方勢力之祭祀中心，而被大和朝廷吸收到體系內的性格。也就是說早期的神道具有通由祭祀而確立統治正統性、固有信仰轉化為政治控制力的性格。但正如神社本廳於現代所做的調查結果般，《延喜式》做為日本效法中國建立律令制國家的根本法，五十卷其中有多達十卷是規定神祇、祭祀的相關規定。但隨著律令制的崩潰，日後的神道信仰不再僅限於以天皇家做為祭主的神明系統占優勢，而是因武家、庶民的信仰需求而發展的八幡、天神、稻荷等信仰亦大為隆盛，山神、白山等起源於各地對於靈山崇拜而生的信仰也受到民眾的歡迎。

日本誕生與三貴子

《古事記》及《日本書紀》構成了日本神話的主體。這兩本由國家編成的歷史書成立於同時期，正如《古事記》以變體漢文（日本式漢文）、《日本書紀》以純漢文（雖然亦有若干日本化用詞）寫成般，《古事記》在神話時代、尤其是出雲神話部分著墨甚深，而《日本書紀》則採用嚴謹的史書書寫方式。亦即《古事記》的作用在於強化日本民族的自我認同，《日本書記》則帶有對外（主要為中國、朝鮮等漢字文化圈）確立日本國家地位的史書色彩，也因此用了許多漢詞典故，包括用類似《史記・項羽本紀》的「力能扛鼎」來形容日本武尊的神力，而當時日本並不存在鼎這種器具。㊷兩書在神話時代的記述多有不同，但對於像是神社祭祀、神明名稱等對神道信仰影響為《古事記》較為深遠，兩書關於神話時代的記述在日本被稱為「記紀神話」，主要記載從天地開創至第一代天皇神武天皇登基為止的事蹟，而這段神話歷史被稱為「神代」。

㊷ 福永武彥（2014），《現代語譯　日本書紀》，河出書房新社，pp.426-427。

日本的天地開創神話，依照《古事記》版本為始自「別天津神（ことあまつかみ）」出現於神的世界高天原。別天津神包括了天之御中主神（天界中心之神）、高御產巢日神（生產之神）、神產巢日神（同為生產之神）的「造化三神」，以及宇摩志阿斯訶備比古遲神（代表葦草象徵的生命力）、天之常立神（象徵天空）等五柱神明。別天津神的「別」為特別之意，在日本誕生之前出現於世界又隱身消失，在別天津神顯現又隱身之後，接著出現的是「神世七代」。

神世七代的前兩代和別天津神一樣都是單獨出現，分別為國之常立神（《日本書紀》裏記載為天地開闢最初出現的神明，被某些教派視為與天之御中主神同人）、豐雲野神（象徵被雲所覆蓋的原野）。神世七代的後五代則都是男女一對一起出現，分別為宇比地邇神、妹須比智邇神（泥之神），角杙神、妹活杙神（修築水路時的木樁之神），意富斗能地神、妹大斗乃弁神（男女陰部神格化之神），淤母陀流神（面貌端正之男神）、妹阿夜訶志古

泥神（母儀威嚴的女神），以及最後出現並創造日本的伊邪那岐神與伊邪那美神兄妹。㊸

值得注意的是《古事記》中的神名多採漢字音譯與義譯混用來表示，故同樣發音之神名常有不同漢字之寫法。但具強烈國際意識的《日本書紀》則多採用義譯漢字表示，例如上述的淤母陀流神在《日本書紀》就名為「面足尊」（面貌充足完美的尊神）。但在一般神道信仰，因為崇尚日本固有文化的概念，故神話記載或神名、故事等多沿用《古事記》內容。另一方面，《日本書紀》在陳述多有出入的神代故事時，多以「一書曰」的方式列舉各地不同的神話傳承。從這點也可以看出《古事記》統整日本國內自我認同，和《日本書紀》向國際介紹日本文化以確立國家地位的文獻性格差異。神世七代的最後一代伊邪那岐兄妹用天沼矛（あめのぬぼこ）創出了淤能基呂島來到地面後，開始了「国産み」（生產國土）的過程。兩人交媾之後經過兩次失敗，生下了水蛭子和淡島兩個形體不全的後代。而後在天神的指導下重新交媾，生下了四國、九州、本州及諸小島等日本國土。㊹

㊸ 茂木貞純、加藤健司（2015），《神社検定公式テキスト②神話のおへそ》Kindle 版，扶桑社，pp.99-279、p.8103。
㊹ 蔡亦竹（2019），《蔡桑說怪》，圓神文化，pp.30-33。

從日本國土誕生的過程，可以看出日本神話對於「性」並不避諱，還歌頌男女性器所象徵的生殖能力。雖然意富斗能地神及妹大斗乃弁神被解釋成「偉大出入口的父母之神」，㊺但也因此被解釋為男女陰部神格化之神，神社本廳所監修的神社檢定教材亦採用這個解釋。㊻伊邪那岐（いざなぎ）、伊邪那美（いざなみ）的神名也來自「誘う」（いざなう）這個字，意指男女相互吸引。在交媾前的對話中，伊邪那美說道「吾身成成不成合處一處在」（我的身體完整了但只有一處不完整是凹陷的），伊邪那岐則回應「我身者成成而生餘處一處在，故以此吾身成餘處刺塞汝身不成合處，而以為生成國土，生奈何」（我的身體也完整了但多餘一個部分，我想以我多餘的部分刺塞你凹陷的地方，來生成國土如何）。㊼這種直接的描寫顯示日本神話對於性與性交的正面態度，在神代的其他神話故事也多有具性暗示之敘述。這種對性的肯定，也是日本今日神社祭典許多陽具崇拜事象的精神源流。而在對外意識較為明顯的《日本書紀》，本段記述就較為保守地為「吾身有一雌元之處」、「吾身亦有雄元之處，思欲以吾身元處合汝身之元處」、「陰陽始遘合爲夫婦」。㊽

㊺ 倉野憲司校注（2017），《古事記》，岩波書店，p.17。
㊻ 茂木貞純、加藤健司（2015），《神社検定公式テキスト②神話のおへそ》Kindle 版，扶桑社，pp.244-273、p.8103。
㊼ 倉野憲司校注（2017），《古事記》，岩波書店，p.239。
㊽ 福永武彥譯（2014），《現代語譯　日本書紀》，河出書房新社，p.24。

在生成國土之後，伊邪那岐夫婦開始生育眾神，首先生育的是象徵力量、地基、家屋等人類生活基本需求的神明，接下來則是海洋、河川、風、山、原野等自然景觀的神明，最後在生下火神時，伊邪那美因為陰部被燙傷而臥病，其間的嘔吐物與糞尿產出了礦山、黏土、生產與水神。伊邪那岐兄妹共產下十四個島和三十五柱神，其誕生順序也顯現日本民族對國土、生活基本需求和自然環境的重視順序。在伊邪那美因傷死亡之後，伊邪那岐因為憤怒而用十拳劍（長度為十個拳頭的劍）砍殺了讓伊邪那美致死的火之迦具土神（ほのかぐつちのかみ），從迦具土神的血和屍體又生出雨水、武藝、岩石等眾多神明。思念妻子的伊邪那岐前往死者所在的黃泉之國和伊邪那美見面，卻又因為違反約定偷看到了伊邪那美死後的醜態而逃命回到陽世，㊾其間用桃子果實擊退追來的黃泉醜女的記述，也影響了日後的桃太郎傳說。

對於高天原和黃泉之國，在古神話中都有相對於日本實際存在地名的想像。像是高天

㊾ 蔡亦竹（2019），《蔡桑說怪》，圓神文化，pp.34-36。

原被認為在今天的宮崎縣境內，伊邪那岐埋葬妻子的比婆山則位於今日島根縣和鳥取縣縣界。古神話中的異界其實與人世相連，所以天津神族在天孫降臨的讓國完成前，可以多次來回於高天原與俗世之間，思念妻子的伊邪那岐也能前往黃泉之國想要迎接妻子回家，後因夫妻之間的反目才擋住黃泉與人世的相通之路。㊿這種思考也影響日後日本民俗裏的他界觀。

伊邪那岐在黃泉比良坂用千引之岩擋住了陰陽交界之路，伊邪那美詛咒伊邪那岐的子民們將會一日死去千人，伊邪那岐則回言，陽世子民將會一日建造一千五百個生產用的產屋，以此說明人類誕生人數超過死亡、民族繁衍的原理。伊邪那岐回到陽世之後，為了去除陰間的汙穢到了河川洗滌身體。這個洗滌身體的動作稱為「禊」（みそぎ），成為日後民間信仰洗去俗世汙穢、進行神事前的重要淨身準備儀式。伊邪那岐洗滌身體前丟棄的木杖及衣物化成象徵煩惱、疾病的神明，在水中洗掉的汙穢則成為八十禍津日神、大禍津日

㊿ 島田裕巳（2009），《無宗教こそ日本人の宗教である》，角川書店，p.30。

神等象徵災禍的神明。為了消除禍津日神帶來的災禍，又產出了神直毘神（直在日文中有修正、恢復之意）等三神。在洗滌的河水中，誕生了三柱綿見津神與三柱筒之男命，分別成為安曇族與墨江（日後的住吉大社）等航海族群的始祖。最後洗淨左睛時產出了天照大御神，洗淨右眼時產出了月讀命，洗淨鼻子時產出了須佐之男。由於這三柱神明是伊邪那岐最後產出的神明，並且各自被賦予統治高天原、夜晚世界和海原的重要使命，因此被稱為「三貴子」。

天津神與國津神的讓國神話

須佐之男因為思念母親而成日哭泣導致海洋和青山乾枯，憤怒的伊邪那岐將之驅逐並且自己隱身於多賀（位於今滋賀縣）。須佐之男在被放逐前，到高天原要向姐姐天照大御神告別，卻被懷疑是要來奪取高天原為己有。天照大御神全副武裝迎接須佐之男到來，須佐之男向天照大御神表達自己絕無邪心，於是兩人舉行了「天安河之誓」。天照大御神先咬碎須佐之男的十拳劍，吐出多紀理毘賣命、市村島比賣命、多歧都比賣命三柱女神，須佐之男則是咬碎天照大御神身上配戴的勾玉，吐出了正勝吾勝勝速日天之忍穗耳命等五柱男神。在《古事記》中須佐之男主張因為自己內心清白而由自己的十拳劍生出了女神，所以是自己勝利。[51]但在《日本書紀》的記述則是相反，須佐之男主張「如自己無邪心則生出男神」，「正勝吾勝」正顯示了須佐之男的勝利宣言。[52]但從對方之物產出的神明是屬於物品持有者，以及誓言由須佐之男勝利而獲得留在高天原的權利這兩點，則是記紀神話共通之處。

須佐之男擁有的三柱女神成為海人族的始祖宗像（胸形、むなかた，日文發音相同）三女神，而天照大御神擁有的五柱男神之首天之忍穗耳命，其子日子番能邇邇藝命（《日本書紀》內為瓊瓊杵尊）、亦即天照大御神之孫在日後從高天原降臨人世接受讓國成為天

[51] 倉野憲司校注（2017），《古事記》，岩波書店，pp.38-39。
[52] 福永武彥譯（2014），《現代語譯　日本書紀》，河出書房新社，pp.56-57。

皇家的始祖，也就是所謂的「天孫降臨」。日後明治維新後的神佛分離政策，也將原本神佛習合產生的牛頭天王眷屬神八王子比定為天安河之誓產出的五男三女神。到這個部分，日本神話在伊邪那岐、伊邪那美二神的國土、自然環境、生存要素和災禍、生死等初步抽象概念的傳承建構完成後，開始進入各族群始祖的神話傳承階段，這也象徵古代日本大和王權成立為止的族群統合過程。天照大御神和須佐之男間的天安河之誓，雖然沒有伊邪那岐、伊邪那美兩神交媾生產的露骨記述，但藉由對方身上的劍、勾玉等物品產出自己子女的部分，也被許多人認為具有雙方交合的暗示。[53]從日本神話種種關於性交與生產力的連結，以及後述亦將頻繁出現的近親通婚事例，亦可看出日本在未受東亞儒教文化圈強烈影響前的文化原型。

須佐之男在高天原的生活極盡放縱，最後還將逆剝（從臀部剝皮）的馬屍丟入織布間，讓織布的服織女驚嚇而被織梭刺入陰部而死，天照大神也因自責和驚嚇而躲進天石屋戶，

---

[53] 竹田恒泰（2017），《現代語古事記》，学研プラス，p.67。

世界從此陷入黑暗。高御產巢日神之子思金神因此運用智慧，令神明打造了神鏡與勾玉，並且由天宇受賣神開始舞蹈，眾神圍繞其作樂喧鬧。天照大神好奇之際稍微打開洞口詢問，天宇受賣神回答「是因為出現了與您一樣高貴美麗的神明，所以眾神開始慶祝」，並拿出鏡子讓天照大神反射出自己的容貌。天照大神望著鏡中自己出神時，由天手力男神將其拉出，才讓世界恢復光明。而須佐之男則是在眾神的商議下，切除其髮鬚與手腳指甲並逐出高天原。

須佐之男被放逐後先是接受大氣津比賣神的食物招待，卻發現各種穀物是從其鼻、口、肛門排出，憤怒之下將其殺死。之後從其屍體各部位長出各種作物，成為今天農耕作業的源流。流浪到人世的須佐之男用智謀殺死了危害人間的八岐大蛇，從其尾部得到神劍（草薙劍，くさなぎのつるぎ）並將其獻給高天原的天照大神。須佐之男娶了大山祇神之孫櫛名田姬為妻之後，在出雲國建造宮殿開始統治世間，成為國津神的始祖。

須佐之男在高天原與天照大神的衝突與流放，其過程交待了流傳至今成為日本天皇皇位繼承象徵的三種神器起源。天屋石戶前後參與的神明，被傳承為日後王朝中各大部族的始祖，用以強化其雖不同於以天照大神為祖的天皇血緣、但同樣出自高天原神族並且從神代開始就輔佐皇家的貴族血統。須佐之男在高天原犯下的罪行，正是大祓詞中所列舉的畦放、溝埋、樋放、頻蒔、生剝、逆剝、屎戶等妨礙農耕、汙染神事的「天津罪」。㊿須佐之男被剝奪身上飾品及毛髮來贖罪的記載，也是神道「禊」（ミソギ）洗清過去罪惡的儀式反映。須佐之男同時具有破壞性和開拓性的性格，也讓其成為日本神話中勇猛的代表。

須佐之男成為地上統治者之後，開展了天津神與國津神兩個不同的血脈系統。須佐之男的五世孫出現了大國主神（《日本書紀》記載為須佐之男之子），大國主神先是在與其兄長們（八十神）同前往向八上比賣（やかみひめ）求婚的過程中，因幫助因幡白兔而娶到八上比賣。後來因為兄長們的嫉妬而被殺害兩次又都得以重生，為了逃避迫害逃到須佐

㊿ 茂木貞純、加藤健司（2015），《神社検定公式テキスト②神話のおへそ》Kindle 版，扶桑社，pp.1010-1027、p.8103。

之男所在的根之堅洲國，在當地邂逅須佐之男女兒須勢理毘賣（比賣、毘賣都是「ヒメ」的擬聲漢字，同「姬」）。大國主神在須勢理毘賣的幫助下，通過了須佐之男給予的種種考驗，偷取須佐之男的大刀、長弓與琴後和須勢理毘賣私奔。須佐之男在追逐後大喊要其用武器征服兄長們，自稱大國主命並且建造千木直達高天原的宮殿成為地上之王。就此，以須佐之男為祖並娶其女為妻的大國主神，成為國津神的代表並開始治理日本的年代。

大國主神之後又娶了高志國（越，今天的日本北陸地方）沼河比賣、宗像（北九州地方）的多紀理毘賣等，總共娶了六位妻子而被日本視為結緣之神。但是神話中這些大國主的婚姻，或許也暗示了以出雲為根據地的國津神與各地豪族融合、外交婚姻的過程。像是高志國為當時翡翠的重要產地，經由北陸地方河川進入到今天的長野縣，就是後述的諏訪大社所在地。而宗像則是擅長海路交通的海人族據點，上述的長野縣同樣也存在以海人族為始祖，卻鎮座於深山的穗高神社，其傳承也提到海人族隨著銅器傳播的過程與諏訪神族共同進入長野縣一帶，並開採硬玉（翡翠）而遷移至現地的可能性。[55]大國主在打造國家的過程中，也經由其本體為稻草人的神明久延毘古的介紹，得到神產巢日神之子少名毘古那之神（少彥名命）的幫助。少名毘古那之神在完成國土建造之後，出海離開回到海上的「常世之國」，也就是遙遠海上的不老不死樂園。常世傳承後來與佛教的極樂淨土思想習合，成為日後神佛習合時代的海上補陀落淨土。大國主神悲嘆之際，從海上出現閃耀光芒，自稱是大國主神「幸魂奇魂」（帶給人幸福的神秘魂魄）的大物主神（おほものぬしのかみ）。[56]大國主神將其供奉於大和地方的三輪山，也就是日後三輪明神的起源。關於大國主神與大物主神間的關係，《古事記》與《日本書紀》有不同解釋，但從海上前來一點則為共通之處。這個傳承或許也暗示了出雲政權在開拓日本時受到渡來人、也就是從朝鮮、中國帶著醫療等當時先進技術前來的外來部族協助的歷史事實。

國津神統治地上之後，天照大神命令天菩比神、天若日子兩個神明從高天原到地上要

[55] 宮地直一（2022），《現代語訳　穂高神社史》，龍鳳書房。
[56] 福永武彥譯（2014），《現代語譯　日本書紀》，河出書房新社，pp.86-88。

拿回統治權，卻都被大國主神懷柔而失敗。於是天照大神派遣武神建御雷神前來告知大國主，大國主把決定權推給事代主、建御名方兩個兒子。在建御雷神的威脅下，事代主答應讓國而沉於海中，但是同樣以武勇聞名的建御名方則是決定與建御雷神一決勝負，當時雙方採取的就是角力的戰鬥方式。建御名方抓住建御雷神的手臂，建御雷神的手卻變成了冰柱。建御名方再次要抓住建御雷神，這次建御雷神的手直接變成利劍讓建御名方受傷。相反地建御雷神回抓住建御名方手臂，卻立刻就把他的手捏得粉碎。大敗的御見名方轉身逃命，建御雷神馬上跟著追殺。雙方追逐到今天的長野縣時建御名方才認輸求饒，承諾永遠躲在當地不出並將日本讓給天孫族。於是天孫族在出雲建立巨大的出雲大社讓大國主退隱，完成了從出雲族到天孫族的「讓國神話」。建御名方最後認輸落腳的地方，就是今天祭祀這位落敗武神的諏訪大社。大國主神於是向天孫族要求為其建造如須佐之男所說的「千木高達高天原的宮殿」，並答應隱身其中讓國，該宮殿即為今日的出雲大社。正如平安時代學者源為憲所著的《口遊》記載般，當時有所謂「雲太、東二、京三，謂大屋誦」

的說法。也就是建築物的大小為出雲大社最大、東大寺大佛殿其次、京都大極殿第三，[57]這種政權交替後的過去統治者神殿，大於當代最興盛宗教建築和王朝首腦居所的特殊現象，也是讓國神話實際存在（但詳細過程仍待考證）的佐證。

天孫降臨神話的背後意涵

受天照大神之命要統治地上的天之忍穗耳命，將使命讓給其子瓊瓊杵尊（《古事記》為「邇邇藝命」）。瓊瓊杵尊帶著天照大神之命，由稱為「五伴緒」、成為日後各貴族氏族始祖的五柱神明伴隨，從高天原到達世間，也就是所謂的「天孫降臨」。天孫離開高天原時從天照大神接過以神鏡為首的三種神器做為日後天皇交接信物，也就是「寶鏡奉齋之神勅」，而天照大神對自己子孫將永遠統治豐饒日本的宣言，就是日後國粹主義者強調的「天壤無窮之神勅」。天孫在猿田彥神（國津神，與五伴緒的天宇受賣神結為夫婦，日後

[57] 宮元建次（2016），《日本建築の見方》，学芸出版社，p.47。

庚申信仰與天狗傳承的前身）的帶路下，成為新的地上世界統治者。隨後大山祇神（前述須佐之男之妻祖父）將女兒木花之佐久夜毘賣、石長比賣嫁給天孫，但天孫喜好美貌的木花之佐久夜毘賣，而將相貌醜陋的姐姐石長比賣送還給大山祇神。憤怒的大山祇神說明木花之佐久夜毘賣象徵天皇家華麗而受到祝福的人生，但石長比賣則是象徵不老不死的壽命。天孫的決定讓天皇家從神明之身，變成世代統治日本但如同凡人一般壽命有限的存在。木花之佐久夜毘賣嫁來一夜後即有身孕，因此遭天孫懷疑並非自己骨肉。受疑的木花之佐久夜比賣在產房引火，發誓若為天孫骨肉才會平安生產。木花之佐久夜比賣果然平安無事產下火照命（海幸彥）、火須勢理命、火遠理命（山幸彥）三個兒子，也被視為安產、育兒的守護神。

海幸彥和山幸彥，分別從事漁業和狩獵業為生。某日山幸彥向海幸彥提議互換道具進行彼此的生業，卻毫無收穫還遺失了兄長的釣鉤。山幸彥用自己的劍打造成許多釣鉤要歸還兄長，海幸彥卻不接受並且要求山幸彥找回原物。山幸彥在鹽椎神的幫助下到達海神宮（綿津見神、ワタツミ，海神的日文古語擬聲漢字），與海神之女豐玉毘賣邂逅並結婚。三年之後，海神幫助山幸彥在大魚體內找到釣鉤，並給予潮盈珠、潮干珠兩樣寶物，讓其帶著豐玉毘賣上陸回家，用咒術和寶物打敗兄長使其稱臣。稱臣的兄長海幸彥，就是至平安時代為止仍被視為異民族的九州隼人族始祖。回到陸上的山幸彥，與豐玉毘賣生下兒子鵜葺草葺不合命，卻因偷窺豐玉毘賣生產時恢復成海怪原型的樣子，而讓豐玉毘賣留下妹妹玉依毘賣照顧幼子，自己回到海底世界。鵜葺草葺不合命長大後與玉依毘賣結婚，生下的就是初代天皇神武天皇。《古事記》從開頭到神武天皇誕生為止的記錄稱為「神代」，而瓊瓊杵尊、山幸彥（火遠理命）、鵜葺草葺不合命則被稱為「日向三代」，在高天原和天孫降臨傳說所在地的南九州有許多以之為祭神的神社與陵墓。[58]

神武天皇展開東征之後，在大和之地因為身為天照大神子孫卻朝向太陽而戰，神武天

[58] 茂木貞純、加藤健司（2015），《神社検定公式テキスト②神話のおへそ》Kindle 版，扶桑社，pp.1010-1027、p.8103。

皇之兄五瀨命因此戰死。在繞路從熊野進擊時，得到了建御雷神平定地上世界時所用的太刀，也就是今日供奉於石上神宮的布都御魂（ふつのみたま），並且在天照大神使者、後來也成為日本足球協會標章的八咫烏帶路之下獲得勝利。八咫烏同時也是熊野信仰中用來起誓的「牛王寶印」誓紙上圖騰，熊野日後也成為歷史上有名的神佛習合大本營，被視為特別的靈場和顯現於世間的極樂淨土所在。神武天皇即位並與大物主之女結婚，這裏也再次暗示天津神與國津神進一步融合。神武天皇之後，較為重要的神道信仰相關記載，就是垂仁天皇因「畏於神威」而將神鏡供奉於伊勢神宮，另外就是日本武尊的活躍。第十二代景行天皇皇子的小碓命生性勇猛，在殺害皇兄之後被景行天皇派往征討西方部族獲得「日本武尊」的稱號，日後又平定出雲、關東等地。並在尾張國（今日愛知縣）與國造之女美夜受比賣相戀而結婚，最後卻因討伐伊吹山神誤犯神威而英年早逝。日本武尊佩帶的三種神器中的神劍，因此留給其妻而供奉於當地的熱田神宮至今。也就是說依照神話傳承，天皇宮中的三種神器只有勾玉是原來本體，其他兩件則是複製品的「形代」，神鏡供奉於伊勢神宮、神劍則在熱田神宮。

從高天原被放逐的須佐之男，殺死八岐大蛇而平定了人世成為統治者。後來的大國主也同樣完成各種試煉並娶須佐之男其女為妻，繼承了這種英雄神的性格。日後大國主接受了天津神的要求，將人世統治權交給天孫族，這給予了繼承天孫族血脈的天皇家統治日本的合理化理論基礎。天孫瓊瓊杵尊之子山幸彥、海幸彥之間的爭執與海神間的姻親關係，也說明了農耕民為中心的大和王權得以統治山民和漁民的神話根據。[59]天照大神以下的神明稱為天津神，而須佐之男以下的神明稱為國津神。在日本各地的當地古老神社，許多祭祀主神都是大國主神，這些神社可能都是過去「國魂信仰」，也就是當地有力部族的地方性守護神日後轉化而成。例如東京府中市過去被列為武藏國一之宮（武藏地方最高神社）的大國魂神社，主神大國魂大神就被視為是大國主神。大國主的國土開拓神話正反映出其各地有力部族開拓山林、建設部落的歷史，爾後所謂的讓國神話，也暗示了各地有力部族

[59] 末木文美士（2016），《日本宗教史》，岩波書店，pp.19-20。

臣服於大和王權的過程，身為過去的統治者卻遍布日本各地的大國主信仰，可說是過去部落時代殘存至今的信仰痕跡。⑥⓪

當地本土性格強烈的國津神雖然日後被迫將統治權交給天津神，但天照大神與須佐之男本為姐弟，所以是系出同源的高天原神族。從這個角度看，不難看出記紀神話背後的意識形態意圖。不論參照日本各地傳承或是考古學上的發現，大致都可以得到日本民族是多個系統的集合體，就連號稱萬世一系的天皇家，在第廿六代的繼體天皇前後是否為完全不相干的兩個血族系統，至今在學界都還多有論爭。記紀神話裏的和平讓國，意在歌頌日本的和平傳統，而天照大神與須佐之男的血緣關係，則是強調過去的各地領袖雖然屈服於後來出現的強勢天孫族，但本來都同出高天原神明後代，只是天孫族較具有血統優越性。山幸彥和海幸彥的兄弟關係，也可被視為整合日本不同族群的神話。

⑥⓪武光誠（2012），《諏訪大社と武田信玄》，青春出版社，pp.28-32。

就現實政治層面，天照大神為什麼不是傳位其子而是隔代的「天孫降臨」，也與記紀神話的成立時期有關。《古事記》與《日本書紀》成立前不久，大和朝廷發生了天武天皇與其兄弟、也就是上一代天智天皇之子大友皇子爭奪皇位的壬申之亂。天武天皇贏得這場大型內亂後即位，並由其子孫繼承皇統。但天武天皇去世後不久，其子草壁皇子也隨之病死，因此由其妻暫時即位成為持統天皇，以圖日後順利將皇位交給草壁皇子之子、當時年僅七歲的輕皇子。輕皇子在十五歲後順利即位成為文武天皇，但治世僅十年就在二十五歲過世。因此草壁皇子之妻、也就是文武天皇之母只好即位為元明天皇做為中繼，以求日後順利將皇位交給其孫、也就是日後的聖武天皇。亦即在天武天皇去世之後，大和朝廷出現了兩次祖母傳位予孫的皇位交替。天孫降臨神話正反應了這種祖母傳孫，且欲強化其正當性的性格。而須佐之男身為天照大神的弟弟，但卻行為無道亦會遭到放逐，並且其子孫必須將統治權交回給天孫族的神話，也正反應了天武系統排斥其兄天智天皇血統、就算以祖母傳孫也要保持皇位的背後意圖。學者梅原猛更注意到兩次祖母傳孫最後的得利者除了天武系統，也包括了皇位繼承者天武天皇的外祖父，也就是中臣氏的藤原不比等，故提出了天武天皇命其復誦《古事記》的舍人稗田阿禮，其實就是藤原不比等化名的大膽假設。[61]同時，天照大神真正成為天皇家的「皇祖神」，其實也是在天武、持統天皇時期前後。原因是天武方面為了在內亂中戰勝，拉攏伊勢當地的豪族，因而祭祀其當地神明為皇祖神。這也說明了為什麼在此之前伊勢神宮並未被特別整建，且不在大和朝廷當地而是在有一段距離外的伊勢祭祀皇祖神，並非如《日本書紀》所說「因畏其神威而不安住於同地」。[62]

值得注意的是，除上述的各地國魂信仰之外，像神社數量排名第六的諏訪信仰，其實也顯露出同樣的痕跡。建御名方神慘敗於建御雷神之手的故事，不只不見於諏訪當地傳承，在影響神道發展深遠的重要歷史書《神皇正統記》，也只提到建御名方神「不從而逃」，沒有如《古事記》般的慘敗事蹟。[63]若參照天武、持統期前後，天皇家才開始認定伊勢神宮為其皇祖神，而記紀神話又成立於同時期，且以鹿島神宮、春日大社為代表的建御雷神

㊀ 梅原猛（2012），《日本人の「あの世」觀》，中央公論新社，pp.211-215。
㊁ 末木文美士（2016），《日本宗教史》，岩波書店，pp.24-27。
㊂ 岩佐正（2015），《神皇正統記》，岩波書店，pp.35-36。

又是藤原不比等的中臣氏代表神明等點來看，可以推斷出天皇家信仰重心由與各地豪族相同的國魂信仰轉為天照大神的伊勢神宮，並藉此強調天皇家高貴於各地豪族、甚至連其臣下的藤原氏都高於地方勢力的神話整理過程。

三、受到外來刺激的神道思想化

神道的起源與分類

關於神道的成立時期，主要有四個學說：

1. 七世紀後半的天武．持統天皇時期的律令官社制度時期：當時《神祇令》被制定，確立了國家的祭祀體系，開始大嘗祭和伊勢式年遷宮。同時期的國家歷史書《日本書紀》亦出現「神道」一語。這個學說雖為目前主流，但亦有這個時期祭祀體制尚未完全完備的指摘和質疑。

2. 平安初期成立說：由高取正男提倡，以朝廷的禁忌意識和神佛隔離的意識做為神道的自我意識形成，並注目扎根於地域社會的神道。㊹
3. 十一至十二世紀的院政期成立說：由井上寬司提倡，認為神道成立於二十二社奉幣與諸國一宮制成立、中世天皇神話與神國意識滲透到地域社會的時期。井上寬司的學說受到黑田俊雄顯密體制論（後述）的影響，但同時也批判了黑田學說太過忽視神道的存在，將神道的成立視為與顯密體制的成立同時期。
4. 十五世紀的吉田神道成立說：由黑田俊雄提倡，認為在顯密體制崩潰後，原本寄生於顯密佛教中的神祇才得以獨立，催生了日後的吉田神道。㊺

對於神道成立於何時，其實學界說法很多，從中世後期到彌生時期起源說都有。之所以會出現多種說法，在於對「神道」的具體定義不同。但不管是哪一種說法，其重點都放在神道信仰的祭祀與實際社會組織結構的關連性。無論是以民眾代表的地域社會、或以天

㊹ 高取正男（1979），《神道の成立》，平凡社，pp.20-24。
㊺ 岡田莊司（2017），《日本神道史》，吉川弘文館，pp.14-17。

皇為中心的朝廷視角，神道將天皇視為最高的祭祀權擁有者這點都無可否定，這也是天皇的權威來源。因此，一方面日本神話成為正當化天皇權威的基礎理論，而以天皇為首的祭祀體系也必須與神話配合進行建構。岡田莊司運用考古學成果考證的《日本神道史》以建築、遺跡及出土文化進行的神道起源研究，亦提供了文獻與傳承之外的另一個研究視角。

正如前述，做為日本固有信仰的原始神道沒有教祖、亦沒有統一之教義。雖然許多神祇出自於記紀神話，但如八幡、稻荷、天神等信仰主神並未出現於記紀神話之中。在面對來自當時文化先進國傳來的佛教思想時，沒有教義和思想性的神道出現了相對劣等感和存續的危機；也因此，受到佛教刺激的神道出現了思想化、體系化的現象。體系化的神道流派大致分成下列幾個分類：

1. 兩部神道（りょうぶしんとう）：與密教強烈連結，將伊勢神宮的內、外宮分別視為密

教中的胎藏界、金剛界曼荼羅，以本地垂迹思想做為基礎。誕生於平安時代末期。

2. 山王神道：以天台宗為基礎的神佛習合神道，成為天台宗總本山所在比叡山地主神的日吉神社之理論基礎。後來發展成「山王一實神道」，被做為德川家康死後祭祀的日光東照宮之神道理論基礎。

3. 伊勢神道：由伊勢神宮外宮的社家（掌握神宮事務之家族）度會氏（わたらいうじ）發展出來、成立於鎌倉時代的神道，受到密教及陰陽五行說、老莊思想之影響。但與兩部神道不同的是，採取以神為主以佛為輔的「反本地垂迹」說，意圖扭轉外宮與內宮之上下地位。

4. 唯一神道：又稱吉田神道，由神官吉田兼俱所創設。採納了儒教、佛教、道教、陰陽道等要素，同樣採反本地垂迹說之立場。

5. 儒家神道：在江戶時代由於幕府統治的現實需求，而大幅吸收儒家要素、重視世間人倫的神道。以儒學者藤原惺窩及提倡垂加神道的山崎闇齋等人為代表。

6. 復古神道：出現於國學興盛的江戶時代中後期，主張排除儒、佛、道等外來要素，追求純粹的大和魂神道信仰，以本居宣長、平田篤胤等人為代表。㊻

神佛習合的神道

正如《延喜式》的神名帳背後潛藏的大和朝廷對於權威的掌握、凝聚信仰共同體的用意般，神道受到佛教刺激而開始質變的背景，其實也多少被政治因素影響。佛教公傳以來，佛教做為當時由高文明地區傳來的先進思想及普世價值，受到貴族及天皇家歡迎並以公務員待遇供養僧侶，還推動如東大寺大佛的國家級建設事業。但這種限定於上流階層的佛教受容也造成了奈良佛教與貴族間的緊密結合，甚至形成足以干涉政治的勢力（詳見後述之「門跡」制度）。且奈良佛教六宗等教義艱深並以「論」為主的形態，也讓奈良佛教的學術色彩強過以「信」為主的宗教特徵。對於這些缺失改革的答案，就是平安時代以最澄（さ

㊻ 島田裕巳（2009），《無宗教こそ日本人の宗教である》，角川書店，p.64。

いちょう）的天台宗及空海（くうかい）的真言宗。這兩個佛教宗派除了形成日後日本佛教的基礎外，也讓當時只具有原始信仰形態的神道開始思考擁有思想和理論體系的必要。

在天台宗和真言宗的刺激下，出現了「山王神道」和「兩部神道」兩種具有教義的神道思想。這兩種神道理論以神為佛化身的本地垂迹說為基礎，山王神道將最澄開山時比照中國天台山國清寺的守護神地主山王元弼真君，供奉為比叡山守護神的山王權現視為大山咋神，但同時也是釋迦牟尼佛的垂迹而以此發展其神道理論。山王神道以比叡山麓的坂本日吉大社為中心，以八王子山為神體，其下的大宮、二宮、聖真子社合稱為「山王三聖」。其中大宮從大和三輪大神神社勸請而來，二宮則是原本當地的地主神，聖真子則是取自《法華經》中繼承佛法者的典故，分別代表比叡山的西塔、東塔及橫川三個區域。平安時代中期再加上八王子、客人、十禪師、三宮，形成山王七社。山王七社後來又各自發展出上、中、下社，合稱為山王二十一社。大宮、二宮、聖真子所對應的神佛分別是大國主命跟釋迦如來、大山咋神與藥師如來、八幡神和阿彌陀如來。[67]有趣的是大宮、二宮和聖真子的出現，其實也對應了延曆寺裏西塔、東塔和橫川三個勢力的消長和競合。到了江戶前期山王神道被僧侶發展為山王一實神道，德川家康在死後也循山王一實神道的儀式，被崇為「東照大權現」。

相對於天台色彩濃厚的山王神道，兩部神道則是將真言宗的兩部曼荼羅世界觀套入伊勢神宮的內宮與外宮，將內宮的天照大神視為胎藏界大日如來，外宮的豐受大神則是金剛界大日如來，並以佛教思想解釋記紀神話。由於兩部神道的教義多採自真言宗，故其神道體系具有濃厚的密教色彩。山王神道和兩部神道因為利用佛教思想來體系化神道諸神及世界觀，從今天來看或許給人神道屈居於佛教之下之感。但若考慮佛教為當時全世界（印度、中國、朝鮮、日本）的共通思想，就能理解山王神道和兩部神道的本地垂迹理論並非被佛教所吸收，而是利用這種「日本的神道其實和世界通行的佛教共通」的解釋，一方面強調

[67] 末木文美士（2016），《日本宗教史》，岩波書店，pp.91-92。

拭去原始神道的非先進性，另一方面則是強化神道本身的主體性，避免如大梵天王、帝釋天王等印度教諸神般，真的被佛教吸收成為其一部分而完全失去原本獨特性的狀況。

如果被稱為「神社神道」而無明顯教義的各大神社，是地方共同體的祭祀中心和朝廷掌握政教權威的集合，那麼後來出現的各種具有教義之神道流派，也不免某種程度上反射出當時的時局情勢。在平安時代出現立基於佛教本地垂迹說的兩部神道、山王神道，正顯示出當時神道對於佛教絕對優勢下的振興，也正好脫胎於平安時代新興的天台與真言兩宗的教義。

反本地垂迹——「日本優先」的神道風潮

兩部神道以曼荼羅解釋神道思想的同時，伊勢神宮也同時努力不被佛教所吞食。《沙石集》中第六天魔王降世要妨礙佛法弘揚日本時，天照大神使用策略向其說道「我不言三寶之名，亦不近佛法」，讓其安心回到自己世界。伊勢神宮稱佛寺為「瓦葺」（因寺院才用瓦片蓋屋頂），稱僧侶為「髮長」地忌諱佛法，其實是為了保障佛法的隔離政策。伊勢方面藉由這種說法一邊保持自己的自立性，一邊融入神佛習合的世俗體系中。㊳鎌倉時代在經過蒙古入侵的兩次元寇之後，開始確立「日本為神國」的認同與自信。雖然原始形態不具教義的神道仍需借用佛教思想，但神道出現了不再只將日本自認為佛法世界中的偏遠小國，而是以神之國自許、佛法反而是為了與世界共通而展現出的方便之姿，以神為本以佛為迹的「反本地垂迹說」。由伊勢神宮外宮的神宮度會氏所發展的伊勢神道，就是其中代表。伊勢神道以《天照坐伊勢二所皇太神宮御鎮座次第記》、《伊勢二所皇太神御鎮座

㊳ 無住 (1283)，《沙石集》Kindle 版，舍利会，pp.10-11。

傳記》、《豐受皇太神御鎮座本紀》、《造伊勢二所太神宮寶基本紀》、《倭姬命世記》等號稱成書於平安時代，但其實為鎌倉時代所著偽書的「神道五部書」做為經典，以神佛隔離為重心開始摸索神佛之間的主客互換。[69]度會氏的伊勢神道除了強調神國及天皇家的神聖性，更將伊勢神宮外宮供養內宮天照大神食物的豐受大神，視為記紀神話中最早出現的神明國常立尊，其欲提升外宮地位與內宮抗衡、甚至超越的意圖非常明顯。但度會氏在天皇家一分為二的南北朝時代因為支持南朝，所以在北朝系統再次統一朝廷後勢力急速衰退，其地位由世代負責祭祀占卜業務的卜部家（吉田家）創始的吉田神道所繼承。

吉田神道同樣強調神國與天皇家的聖性，但其教義不只融合神道與佛教，更加入當時先進國中國的最新思想儒學與陰陽道之元素，打造了今日神道信仰的雛型。另外，在南北朝期間，為了比強調較受武士支持的北朝更具統治正統性，南朝重要武將北畠親房著作《神皇正統記》一書，該書雖為史書體裁但內容強調宋學的正朔與君臣分際，以及天

[69] 末木文美士（2016），《日本宗教史》，岩波書店，pp.106-107。

皇家（據有三種神器的南朝方）的神國繼承者正當性，在神道思想的自我確立上具有一定影響力。吉田神道創始者吉田兼俱把自己的神道理念整理為《唯一神道名法要集》，將神道分成本跡緣起神道（各神社各自的緣起譚）、兩部習合神道（神佛習合神道）、元本宗源神道（吉田自己主張超越前兩者、追求根源的神道），將國常立尊做為中心的「大元尊神」企圖統合神道體系，主張「日本為種，震旦（中國）為枝葉，在天竺花開結果」的神道優越性。⑳

儒家神道與復古神道——神道的重新「日本化」

經過了將軍統治力薄弱、後期幾乎全是戰亂期的室町時代後，日本被德川家統一進入安定的江戶時代。三英傑中的織田信長，在耶穌會教士的紀錄中就有希望自己被當成神崇拜的企圖。秀吉則是明白要求自己死後得到「新八幡」的神號，希望能在統一東亞之後，

⑳ 末木文美士（2016），《日本宗教史》，岩波書店，pp.112-113。

獲得與皇祖神天照大神與八幡神同樣的地位。最後朝廷只以吉田神道的方式將其封為豐國大明神，豐國神社也在豐臣家滅亡之後被撤除，要等到明治時代才得以復興。家康死後由主張封為明神的吉田神道和佛教勢力，以及封為權現的天台宗僧侶天海進行爭論。最後鑑於秀吉的明神「失敗例」，而將開創幕府的「神君」德川家康在僧侶天海的主導下，以山王一實神道的儀式封為「東照大權現」。比照比叡山與京都的關係，在江戶創建東叡山寬永寺，構築替代京都的新首都，以及將軍這個與天皇相抗衡的權威。⑺

但是在武士從職業戰鬥者轉型成為公務員，服從與和平成為最高價值的時代，神道亦出現了順應時代需求的變化。神道教義的變化主要出現於對佛教相關元素的持續排斥，和加強講述現世倫理的儒學內容之吸收。這種風潮在從僧侶還俗後破折佛教、轉向儒學的藤原惺窩的弟子林羅山，成為德川家康政治顧問之後更為明顯，更出現吉川神道、垂加神道等儒學色彩極強的神道教義。但垂加神道的創始者山崎闇齋雖然吸收了大量宋學的大義名

⑺ 末木文美士（2016），《日本宗教史》，岩波書店，pp.138-139。

分、華夷之辨等思想，但同時也基於日本天皇家為天照大神子孫的絕對聖性，反對儒學中的易姓革命之說。著作《心學五倫書》的熊澤蕃山則是以「天道」為中心，主張在以相當於朱子學中「理」的天道存在下，五倫、五常得以成立，而人的意志則是朱子學中的「心」。以此為基礎，後來日本才成立了將太陽稱為「天道樣」的太陽信仰。[72]在這個時代，神道開始融合了記紀神話和儒學的名分秩序論，成為安定社會的信仰力量之一。

經過上述的演化之後，日本神道在融合外來元素的同時，強化了其內實及獨特性。也因此在江戶時代中期、日本人的自我認同已經完全確立之後，出現所謂「復古神道」的風潮。也就是追求最原始的神道本源，盡力排除佛教、儒教、甚至漢文化的影響元素。賀茂真淵、本居宣長、平田篤胤等國學者（日本學）在進行語彙、風俗考證的同時，也完成復古神道的體系化，這種以天皇家為日本最高存在、排除外國侵略及汙染的「日本優先」思想，恰好與儒學中的「尊王攘夷」重合，讓復古神道成為日後幕末期維新志士們的精神源

[72] 末木文美士（2016），《日本宗教史》，岩波書店，pp.148-149。

流之一。

明治至今日的神道

明治維新之後為了凝聚國家向心力，開始有了把神道提升到國教的各種措施。包括明治元年的《神佛分離令》，明治二年的設置神祇官，明治五年的大教院、教導職的設立等。實行這些措施的必要性，在於當時神道做為日本的最高精神指標，對外必須抵抗基督教的滲透，對內則必須排除佛教長久以來的影響力。

布教組織的薄弱，直接反應在神道與佛教各宗派並立於對等地位之際。佛教淨土真宗、日蓮宗等既成宗派擁有信徒組織並擁有自宗之獨特教義，使其於擴展信徒數量、與其他宗派區別化時具有強大優勢。這也促成了提高神道地位過程中「分派」的需求，成為教派神道出現的背景。另一方面，明治政府在確認政教分離原則和國民信教自由的同時，也確立了「祭政一致」的體制，由以天皇為首的明治政府主導宮內祭祀及各大神社的神職指派權。這種把神道視為「儀式」而非「宗教」的做法，一方面避免迫害國民信仰自由的惡名，一方面確保了所有國民不分信仰宗教都必須參加以天皇崇拜為代表的各種神道儀式，這就是國家神道的基本形式。在經過如《教育敕語》的崇拜等天皇神話對國民的強制手段後，國家神道成為融合國體論，和重視忠、孝等儒教倫理色彩強烈的國民共通道德規範。但國家神道對神道本身並不只有正面影響，像是由神社局管理神社之後，開始進行當局方便管理的神社統合合祀運動，就算柳田國男與南方熊楠等著名學者強力反對，許多各地小神社仍被迫裁撤，除了造成神道本身宗教活動受國家限制外，也造成許多民俗學及地方歷史文化的嚴重損失。[73]

另一方面，獲得獨立宗教地位的教派神道通常被稱為「神道十三派」，其中又可分為

[73] 末木文美士（2016），《日本宗教史》，岩波書店，pp.187-188。

五種系統：

1.復古神道系：原本就以重要神社為中心的舊有信仰集團，如公設機關大教院轉型的神道大教、以伊勢神宮為中心的神宮教（日後離脫教派神道系統）、出雲大社的出雲大社教及神理教。

2.山岳信仰系：富士山信仰的實行教、扶桑教，御岳信仰的御嶽教。

3.儒教系：受到江戶時代以降的儒學強烈影響的教派，如神道大成教、神道修成派。

4.禊系：禊教與從其分支出來的神習教。

5.純教祖系：以創始者的個人宗教體驗為重心、獨創性較強的教派。有黑住教、天理教及金光教。

除了上述教派之外，過去受到鎮壓的大本教也在二戰後加入了教派神道連合會。為了抗衡佛教與基督教這兩種分別來自本土和外來、具有成文教義及強固教派組織，而出現的教派神道，其實從其教派組成就可看出神道信仰的特性。除了原本神社本身就具有絕對影響力的神宮教和出雲大社教之外，如實行教、扶桑教等教派就融入強烈的原始山岳信仰和神佛習合的混合元素，儒教系則是前述神道受到儒教影響的產物。而黑住教、天理教、金光教等基本世界觀構築於神道信仰及傳承，但多少加入了教祖本人獨特的新創宗教觀、世界觀，具有較強烈的新興宗教色彩。

二戰後日本被盟軍占領，其間GHQ認定國家神道為日本軍國化的重要精神核心，因此發布了解體靖國神社代表的國家神道體制之「神道指令」，切斷政府與神社間的直接連繫，讓所有神社成為純粹的民間宗教團體。而後以伊勢神宮為最高位的民間宗教法人「神道本廳」成立，下括了約八萬間的日本各地大小神社。神社本廳除了管理下屬各神社，亦發給神職人員階位以認定其於神社本廳所屬之神社擔任神職之資格。雖然其他獨立的教派神道亦有獨自之神職培養途徑，但因神社本廳所屬神社數量眾多，其培訓資格具有一定之公信力及通用性，故以國學院大學、皇學館大學為首的各神職養成機構，實質上成為神職人員最大的產出來源。

四、神佛習合與人神信仰

在日本留學期間，嚴島神社一直是我最喜愛的旅遊景點之一。除了著名的海上鳥居之外，以小島本身做為御神體的神奈備信仰，和悠久歷史所堆疊的各種文化元素也讓我著迷。特別是從社殿本身到神社館藏的各種重要文化財，總是讓留學時的我在造訪後有種身心重獲洗滌之感。館藏之中特別又以國寶《平家納經》最為出名，在特別展出時我也特地從關東一路坐夜行巴士前往朝聖。但是在看完展覽之後，我的心裏卻浮出了一個單純的疑問：「為什麼明明是神道信仰的嚴島神社，平家一族向神明祈願時卻是奉納佛教的《法華經》等經典？」

對外國人來說，嚴島神社宛如龍宮城重現的海上社殿，再加上境內的五重塔、多寶塔的建築，可以說是日本風情的代表。但仔細想想，這幾乎就像在歐洲看到清真寺與教堂共存於一地，信徒們先向阿拉禮拜完之後，繼續向天主禱告祈福般的風景。這種由嚴島神社壯麗的兩部鳥居所代表的神佛習合現象，正是日本文化的代表元素之一。

正如前述所說，被視為日本固有信仰的神道，其實不管物質或是教義都已經不是「純日本」，而是加入了許多佛教、陰陽道要素的複合存在。尤其是面對過去亞洲世界做為共通思想的佛教，初期神道就顯露出其非系統性、地域侷限性的問題。神佛習合主要的思考如下：

1. 神是徬徨世間的存在，需要佛的救濟。

2. 神明為守護佛法的存在。
3. 在佛教影響下產生新的神明。
4. 神明其實是佛為了救濟眾生而改變姿態現世的存在。

1跟2的思考從奈良時代開始存在，3跟4則是從平安時代開始發展。這種思考其實也可見於中國，並非日本特有的思考。[74]像是在台灣的民間信仰，也可以看到像是觀音佛祖與媽祖的搭配、關聖帝君被視為佛教護法神的現象。在奈良時代，開始出現若以佛教的開悟與解脫為前提，則神明反而是因其不死的生命，而必須永遠處於無法開悟的永恆苦痛存在的思想。像是氣比神社的祭神托夢給藤原武智麻呂，說明自己因前世之業而生為神明，雖修行佛道但仍難以解脫，之後並顯現神通給藤原做為證明使其為神建立寺院。伊勢的多度大神也透過託宣表明「因為重罪緣而受神道之報」，希望能修行佛法，同時期的鹿島神宮祭神也發出同樣的託宣。八世紀末的賀茂神社大神也發出歸依（きえ）佛道的願望。[75]

---

[74] 末木文美士（2016），《日本宗教史》，岩波書店，pp.40-42。
[75] 義江彰夫（2015），《神仏習合》，岩波書店，pp.11-12。

九世紀初時，若狹比古神社的社傳則是記載養老年間天災人禍頻傳，名為赤磨的入山修行者遇到化身為人的若狹比古大神。大神告訴赤磨其身為不死卻無法解脫的神身，雖修行佛道仍無法得救，所以才降下災禍給人們。在赤磨建立道場、為大神進行修行後，災難和人民死亡就此停止。

伊勢神宮和鹿島神宮，也在同時代都已建立了神宮寺。這種將身為神明視為一種無法解脫之不幸的思考稱為「神身離脫」，原因是以佛教的世界觀來看，日本的神明屬於六道的天界。雖然其福報及神通遠勝於人類，但仍未脫六道輪迴之苦。尤其是若狹比古神社的祭神，更是用日本神道傳統的神明是降福人類、同時也可能危害人群的「祟り」（作祟）的方式，直接在緣起譚中向人們顯示其為求解脫，不惜製造災害以求解脫這種境界遠低於佛菩薩的形象。同時緣起譚中也傳達讀經修行可以消除災害的思想，種種記載都顯示出面對神道時佛教所占的優越性。⑯

⑯ 伊藤聡（2017），《神道とは何か》，中央公論新社，pp.37-39。

到了十世紀中葉，平將門在關東發起叛亂自稱「新皇」時，其即位儀式就已使用八幡大菩薩和菅原朝臣（道真）的名義來強調自己的正當性。八幡大菩薩被視為是第十五代應神天皇，做為天皇家的重要祖神同時，也是護持東大寺興建事業的佛法守護神。菅原道真代表的天神信仰，也是御靈信仰與佛教元素混合而生。平將門在強調自己做為桓武天皇五世孫、做為新皇登基正當性所使用的兩大神明，都是神佛習合後的產物。⑰到了南北朝時代，記載各地神社緣起的神道重要文獻《神道集》已經由佛教教團執筆，其中記載了許多異於記紀神話、佛教色彩極重的緣起譚。像是書中以御建名方為主神的《諏訪大神緣起譚》，其中甲賀三郎的故事除了反應諏訪大社原始的龍神信仰影響之外，大量引用中國與印度的佛法典故，構成完全與記紀神話不同的神話體系。⑱也就是說，神道信仰到了中世之後，神佛習合已經占據其教義的極大比例及影響。

⑰ 義江彰夫（2015），《神仏習合》，岩波書店，pp.3-5。
⑱ 貴志正造訳（1967），《神道集》，平凡社，pp.238-286。

神宮寺與役小角——神下佛上的時代

正如上述，從奈良時代的神身離脫思想成型後，各大重要神社開始出現建立神宮寺的現象。但神佛習合不只停留於方便從大陸接受最新思想的朝廷及貴族層面，也在各地豪族的推動下，開始廣泛影響日本全體。如前述般大和王權成為各地有力豪族的頂點，靠的就是由上而下的祭祀權威性。但是律令制由神祇官在祈年祭、月次祭等祭典時，向各地神社發幣帛的官社制度，在奈良時代末期就已難以維持，地方的官社開始由當地國司進行奉幣，出現官幣社（中央奉幣）與國幣社（由地方國司奉幣）的區別。爾後又選定各地有名神社、後來轉義成「明神」的名神神社，最後隨著中央祭祀制度的形骸化，神祇官奉幣的僅侷限於京都周邊重要神社和天皇家與貴族重要祖神的二十二社。另一方面在地方則是按照其重要性，形成國司負責祭祀的一之宮、二之宮，以及將神明集中於國衙（地方首府）以方便國司祭拜的總社制度。[79]例如前述的大國魂神社就位於過去武藏國的國衙府中，並合祭武

[79] 伊藤聡（2017），《神道とは何か》，中央公論新社，pp.67-69。

藏國一之宮至六之宮的神明於境內。隨著以天皇為頂點的祭祀體系弱化，各地的一之宮、二之宮或總社成為各地的凝聚中心，形成氏神、氏子等以信仰為基底的共同體概念。

但除了共同體的繁榮、豐收、作戰勝利以外，個人的資本財富累積、個人意識的興起也讓屬於個人問題的解脫、開悟等成為重要課題。⑧當時佛教的優越性，也讓地方的神道信仰變化成神佛習合形態，帶有提升當地文化水準的意義。在這個前提下，建立神宮寺等神佛習合現象大量出現於日本各地。設立於神社境內、用神前讀經來解救神明的神宮寺一開始由私度僧建立，但在民眾、地方豪族的支持下漸漸獲得官方承認。⑧八一七年由朝廷發布的《太政官符》，就明記了諸國祝部（はうりべ）開始不前往神祇官領取祈年、月次、新嘗祭幣帛的現象，並規定若常犯則解任當地祝部。⑧這明示了神宮寺的出現已經讓以朝廷為頂點的祭祀權威體制出現動搖，迫使朝廷積極吸收不同於正統奈良佛教、從民間興起的神佛習合產物，也就是各地神宮寺的必要。初始附屬於神社的神宮寺由稱為「別當（べ

⑧ 義江彰夫（2015），《神仏習合》，岩波書店，pp.74-75。
⑧ 義江彰夫（2015），《神仏習合》，岩波書店，pp.17-19。
⑧ 義江彰夫（2015），《神仏習合》，岩波書店，pp.40-41。

っとう）」的住持僧侶管理，但在上述的背景之下，不少神宮寺日後影響力遠大於神社本身，造成社寺立場逆轉、宮司必須聽命於寺院別當的現象。這種在佛教優勢下所產生的現象，也是造成日後明治時代廢佛毀釋的暴行遠因。

除了神宮寺的建立之外，修驗道的發生也是神佛習合初期的重要推動因素。修驗道起源於日本傳統的山岳信仰，將登山苦行視為從地獄到極樂的死亡重生過程，將山岳靈場比定為佛教中的六道世界，並摻雜了神道信仰元素。日本的密教信仰由空海集其大成，但正如空海在私度僧時代所進行的修行一般，經由各種管道零星傳入日本的雜密（非系統化的密教信仰），早已某種程度滲透民間，並以修驗道的開祖役小角做為代表。

役小角在《日本靈異記》中修行《孔雀王呪經》使役鬼神，並用以壓制神道神明一言主神的故事，顯示了初期神佛習合中的佛教優越性。[83]除了開創葛城山靈場的役小角，開

[83] 原田敏明、高橋貢訳（2001），《日本霊異記》，平凡社，pp.55-53。

創白山的泰澄、箱根山的滿願也是修驗道的重要人物。修驗道的入山修行不免與過去神奈備的神道聖地禁制思考衝突，神下佛上的神佛習合思考正好提供了解決這個矛盾的理論基礎。正如役小角的故事般，只要信奉普遍真理的佛法，則連人和神間的上下關係都得以逆轉。㉞同時藉由神身離脫或是如八幡神般成為護法善神等解釋，日本限定的神道得以在佛教席捲日本時，獲得一定的地位確保而免於滅頂於「普世價值」之中。

八幡神、稻荷神、大洗磯前神社等習合現象

在東亞佛教的世界觀中，佛教起源於印度傳到中國，再經由朝鮮半島傳到日本。也就是說不管是傳教的先後或是實際的物理位置，日本都處於佛法中的邊陲之地。也因此生於邊境化外之地的神明，其不死之身被視為需要解救的罪業。神身離脫說雖然讓神道和佛教結合，但日久之後亦難保弱勢的日本本土神道神明，不會像佛教明王、諸天等過去印度土

㉞ 伊藤聡（2017），《神道とは何か》，中央公論新社，pp.43-45。

俗信仰般，被佛教吸收同化而消失無形。

針對這種邊陲情結，日本出現了「本地垂迹說」這種革命性的思想。「本地」意指真實，「垂迹」則指權宜顯現的姿態。本地垂迹說的概要就是正因為日本地處邊陲，所以人民是因為前世的重大罪業才轉世為佛法悟性不高的日本人，崇拜尚未脫離六道輪迴的八百萬神。不過佛既然是慈悲、濟度眾生的存在，那就算是悟性不高的日本人，佛也會用其可以領悟的方式將其導向解脫之道。也就是在佛法程度較低的日本，佛菩薩化身為日本人熟悉的天界神明，讓這些人民雖然行的是崇拜神明的低程度信仰，但因為「垂迹」為神明形態的「本地」其實是佛菩薩，所以崇拜神明的人民亦得以證道。這種說法不但成功將日本人對於佛法的自卑感翻轉為悟道的機會，從來只是六道天部的八百萬神明，也藉由指定其「本地」而得到和佛菩薩同等的地位。

本地垂迹說的演進中，密教占了極重要的地位。強調咒術性的神秘主義，給予神佛習合極大的發揮空間。私度僧出身的空海在進入佛教正規體系前就已修行雜密，對民間佛教具相當程度親近及理解。因此在與舊奈良佛教勢力親善、從嵯峨天皇獲得高野山開山之命、組成真言教團之後，各地的神宮寺就開始進入真言宗的掌握之下。像是著名的多度神宮寺一開始被編入延曆寺別院，但隔年就斷絕關係，在十年後成為真言宗東寺別院到《神佛分離令》頒布為止。[85]神道的代表伊勢神宮一開始採取對佛教敬而遠之的隔離態度，但在佛教掛帥的社會風潮中，也出現了將內宮、外宮比定為密教兩界曼荼羅的兩部神道。

隨著修驗道的出現與流行，神佛習合成為日本信仰的主流。無論是記紀神話以來的神明，或是如稻荷神般出自渡來人秦氏氏神的土著神明，都因為時代潮流而帶有強烈的神佛習合色彩。像是大洗磯前神社的緣起譚，描述的就是兩個貌似僧侶的怪石出現於大洗海岸，經由託宣告知民眾為大國主神及其協力者少彥名命——或者應該說原本就是國魂信仰的該

[85] 義江彰夫（2015），《神仏習合》，岩波書店，pp.51-54。

神社，為了符合開拓三神神話而創造出的緣起譚。在佛教興盛的時代，貌似僧侶的怪石奉為神明，除了提升神社的文化地位，也更符合少彥名命來自海外、帶來異國先進知識幫助建設國土的設定。而僧侶來自東方海上，也和東方琉璃光淨土的主宰藥師菩薩（正確應為如來，菩薩為神社緣起記載）連結而成為祭神本地，日後也被朝廷正式認定為「藥師菩薩明神」。

做為豐作之神的稻荷明神，在民俗學的田調中發現日本各地多有將其祭祀為屋敷神的習俗。加上民間信仰春秋兩祭的信仰基礎，就建立於春天二月、秋天的十月或十一月，山神會和田神交換——山神下山來成為田神，舊的田神則回山成為山神。柳田國男就大膽假設，因為狐狸春秋交際時同樣會從山地下山到鄉里尋找食物的習性，讓人們認為狐狸是和山神、田神一起行動的神明使者。而山神、田神正好也與日本祖靈平時會在山上他界，春秋、お盆等時節會回到鄉里的傳承相同，故久而久之就被視為同一存在，這也是稻荷廣為民間奉為屋敷神，並且以狐狸為神使的理由。[86]

因為其神使為狐狸，而與坐騎為狐狸、食人肉但被調伏為密教守護神之一的荼吉尼天習合。各地稻荷神社的御朱印與神紋多採用的寶珠圖案，就源自荼吉尼天的手中法器。荼吉尼在真言密教中位於胎藏界曼荼羅的外金剛部院南方閻魔天的左側，為全身赤色、赤髮、右手持人腳左手持人臂啃食的造型。狐狸在民俗信仰中被認為是具有靈力的妖物，因稻荷神的起源地之一稻荷山有狐狸出沒而與之結合成為其神使。這些形象總合起來讓起源於土俗信仰的稻荷神與荼吉尼天習合，並形成了日本特有的荼吉尼密法。因此一直到明治初期為止，神道相關人士都相當排斥稻荷信仰，認為其佛教色彩太過濃厚。[87]

但藥師菩薩明神和稻荷明神的事例，都還是原本的信仰形態再加上佛教的習合色彩。神社統計數第一名的八幡神則是以「八幡大菩薩」廣為人知，從信仰草創期就以佛教文化

[86] 直江広治（1983），《稻荷信仰》，雄山閣，pp.113-124。
[87] 近藤喜博（2006），《稻荷信仰》，塙書房，pp.173-178。

為基盤形成。根據十四世紀時的宇佐神宮緣起書《八幡宇佐宮御託宣集》，也就是八幡神的託宣神意記錄史料。關於其出身的敘述有下列紀錄：

五七一年「天童と現れ言はく。辛国城に始めて八流の幡と天降りて、我は日本の神と成れり。一切衆生、左も右も心に任せたり。釈迦菩薩の化身なり」（現為天童，始於辛國城為八流之幡從天而降，我成為日本之神。一切眾生左右皆從於心，釋迦菩薩之化身也）

八七七年「大分宮神託す。我日本国を持んが為に、大明神と示現す。本体は是れ釈迦如来の変身にして、自在王菩薩是れなり」（大分宮神託。我為持日本國，示現為大明神。本體是釋迦如來之變身，是自在王菩薩也）

天平年間「筥崎の神託に云く。我は釈迦の変身の法体、我が母は弥陀の変身の女体、我弟は観音の変身の俗体なり」（箱崎神託有云，我為釋迦變身之法體，我母為彌陀變身之女體，我弟為觀音變身之俗體也）

七〇一年「八幡大菩薩済度の為に唐土に向ひ、又帰り来る。北辰の神最初に天降り、小倉山に現れ坐ます」（八幡大菩薩為濟度而向唐土，又歸來。北辰之神最初從天而降，坐現於小倉山）

七四八年「神託す。古吾は震旦国の霊神なり。今は日域鎮守の大神なり。吾は昔は第十六代の帝皇なり。今は百王守護の誓神なり」（神託。古吾為中國靈神。今為鎮守日本之大神也。吾昔為第十六代之帝皇也。今為百王守護之誓神）

然後在書中一段未記載年分、但是在朝廷的天文博士占卜出「鎮西大神由唐土歸向日本國之心」的紀錄中，有說某個七歲小孩突然附身而離地七尺，講出「汝應知，吾在唐國為大毘盧遮那佛的化身，在日本國名為大日、普賢、吉祥。在宇佐神宮有我第一弟子釋迦如來、第二弟子多寶如來入定於大分宮，第三弟子為八幡大菩薩」的話語（七歲の男子、地を去ること七尺にして託宣す。「汝は知るや。我は唐国には大毘盧遮那仏の化身な

り。日本国には、大日・普賢・吉祥と云ふなり。宇佐宮は、吾が第一の弟子にして釈迦如来、第二の弟子は、大分宮に入定して在り。多宝如来なり。第三の弟子は、八幡大菩薩なり」）。[88]

八幡神起源於九州的宇佐地方，由於當地與朝鮮半島密切交流的歷史，當地的土俗信仰很早就與被認為是百濟歸化的「豐國奇巫」結合，成為八幡神的原型。被稱為「豐國法師」的百濟系僧侶，也在佛教公傳之前就於宇佐當地傳播佛教元素。[89]在大和朝廷陷入崇佛論爭時，外來色彩強烈的八幡神就在宇佐當地，以強勢的私度僧集團擴大影響力。在東大寺落成前後，八幡神就以佛教守護神的身分獲得朝廷的承認，並且明確認識八幡神就是應神天皇——與朝鮮關係密切的北九州，以三韓征伐傳說中的應神天皇、其母神功皇后、其妃做為「八幡三神」，得到了皇祖神的地位。附屬於東大寺的八幡宮，八幡神的神像就已經是僧侶造型。到了日後的道鏡讓位事件，稱德天皇因為八幡神的神託而無法將皇位讓

---

[88] 吉田真樹等（2014），《「八幡宇佐宮御託宣集」託宣・示現年表》，山口大学，pp.1-59。

[89] 中野幡能（2010），《八幡信仰》，塙書房，pp.72-80。

給僧侶道鏡，以至死後皇位再次流入天智系統手中，更顯示出八幡神做為皇祖神的權威。

進入平安時代之後，八幡神開始被稱為「八幡大菩薩」。因為道鏡事件而重回天皇位置的天智系統子孫桓武天皇所創立的平安京，對於八幡大菩薩的信仰更為深厚，從宇佐分靈到京都的石清水八幡宮，自白河天皇以後八幡大菩薩獲得了皇室僅次於伊勢神宮的皇祖神地位。也因為前述的應神天皇和三韓征伐的傳說，八幡大菩薩同時也成為了國家守護神，在面對朝鮮的要地福岡筥崎，設立了元寇時期祈願「敵國降伏」的筥崎宮（はこざきぐう）。後來武士政權興起，因為將軍家源氏自認為皇族出身，所以同樣崇敬皇祖神八幡大菩薩，而在鎌倉幕府成立後於當地建立鶴岡八幡宮。再加上日後蒙古襲來的元寇時期，福岡一帶的北九州正好成為兩軍攻防的激戰地，因此八幡信仰也就此深入武士階層並超越地域限制，讓寫著「八幡大菩薩」字樣的旗幟在戰場上經常可見。

新羅明神

八幡神
(八幡大菩薩)

　　最澄的天台宗和空海的真言宗開創平安時代佛教新局面時，神佛習合就已進入相當緊密的階段。正如前述，土俗信仰、固有信仰與佛教結合的現象，於中國亦有所見而非日本特有。最澄在進入比叡山開創延曆寺時，就仿效中國天台山祭祀「山王弼真君」為地主神的典故，勸請了當地的日吉神社亦稱之「山王」做為延曆寺的守護神。空海進入高野山開山，也有被狩場明神帶領進入丹生明神之土地，隨後創立金剛峯寺的傳承。空海獲得東寺做為鎮護國家道場時，也有稻荷神化為老翁與空海相約要一起精進佛法，日後真的前往東寺赴約的傳承。⑨⓪八幡神也有最澄前往八幡宮說法並授予其袈裟，和空海入唐時向八幡神祈禱，進入東寺時便勸請八幡神使其永久守護帝都的傳承。⑨①最澄的徒孫圓珍也在入唐回國時遭遇名為新羅明神的守護神，而將其供奉於日後從延曆寺分裂出來的園城寺做為地主神。

因為當時中國是先進文化的中心，所以最澄效仿天台山勸請山王的做法，也可說是一種藉由「致敬」方式，營造同樣典故於日本的文化活動。比叡山和高野山將原本當地土俗信仰神明納入其體系的做法，對寺院來說是促進與當地的連結與獲得居民更多的崇敬。對於土俗信仰而言，納入當時被認為是較為高等的佛教體系之中，也是提升地位的雙贏手法。在這種需求下，神佛習合在日本大為流行，也是日後出現修驗道這種日本原創信仰形態的精神源流。神佛習合成為日本的一般信仰形態，正如日後源氏的源義家因為在八幡宮元服所以稱為「八幡太郎」，源義光因為在新羅明神前元服所以稱為「新羅三郎」，而後兩人

⑨⓪ 近藤喜博（2006），《稻荷信仰》，塙書房，pp.170-172。
⑨① 中野幡能（2010），《八幡信仰》，塙書房，p.136。

分別成為源氏將軍家和甲斐武田家之祖般，這種信仰形態在權力從皇室貴族轉換到武士階層後，仍然被持續繼承到日後明治時代的《神佛分離令》為止。

人神信仰與御靈信仰

以自然力量和民族交涉過程為主幹的日本神話，提供了神道比定（ひてい）信仰對象時的基本元素。但隨著文明進展和時代累積，日本也出現了以特定人物為信仰對象的人神信仰，像是前述豐臣秀吉的豐國大明神、德川家康的東照大權現，或是織田信長的建勳神社等等。但最早出現、影響也最大的人神信仰，是前述神社數排名第三的天神信仰，也就是以學問之神菅原道真為祭神的天滿宮信仰。天神信仰同時也是御靈信仰的代表，所謂御靈信仰就是將含恨而死的怨靈經過恢復名譽、祭祀為神等方式平息怨靈的作祟，將其轉化為守護人民的「御靈」這種信仰形態。除了天神信仰，前述即位為新皇之際提出天神神話為其正當性背書、但日後兵敗身死成為怨靈，又被祭祀為神田明神的平將門，和以祇園祭聞名的八坂神社都是御靈信仰的代表。御靈信仰的形成，也和神佛習合息息相關。

御靈信仰與單純怨靈信仰不同之處，在於御靈信仰中當事者生前的能力、血統階級越強越大，則成為御靈時其神威及靈驗也越強大這點。所以並不是所有含恨或心有怨念的怨靈，死後都會被視為御靈。「御靈」兩字本身也可念作「みたま」（mitama），也就是對靈的尊稱。神道原本就有神明會護佑人民，但也可能降災的「祟り」概念。因此御靈信仰不能單純視為怨靈信仰，而應將其視為人死後成為具有強大威力的靈體。含恨及怨念只是其作祟的理由，而不是御靈形成的主因。御靈信仰初見於記載為京都民間舉行的御靈會法要，主要法會的推動者則是密教僧侶。具體內容為為御靈讀經，並舉行遊行、相撲、歌舞等活動，被稱為「御靈」的，則是無辜死去的桓武天皇皇太弟早良親王、因皇位之爭而冤死的伊予親王等因政爭而死的大人物。[92]

---

[92] 義江彰夫（2015），《神仏習合》，岩波書店，pp.90-98。

對於當時的各種災難及不安，人們容易將其歸因於神靈的降災。舉行御靈會的人們用「御靈」這個原本中性的尊稱來稱呼政爭敗死的冤死者——因為若稱之為「怨靈」就是直指朝廷的不是和失政，藉由密教儀式希望調解這些冤死者的憤怒與怨恨。但這種活動背後本身就有對朝廷的反動——因為勝者為王的宮廷鬥爭，才產生了這些敗者為寇的怨靈。而在天皇身為祭祀體系頂點的日本傳統價值觀裏，身為天照大神子孫的天皇家，就算怨靈們多有正當性都無法與之抗衡。所以在日本傳統思考裏的「冤死者會降災降禍」，而且怨靈們其實也和天皇家或貴族們同樣生前身為貴人，但死後卻在傳統價值觀裏無法抵抗天皇家權威——或說就算以天皇家的權威都無法阻止其作祟的御靈們，只好融入外來、但是做為當時世界較為優越的普世價值佛教、特別是咒術色彩濃厚的密教，將御靈們提升為淨化後得以護佑人民的天神等存在，就是御靈信仰的本質，也是天神信仰、祇園信仰等占神道重要比例的信仰元素與神佛習合關係密切的原因。

菅原道真因為天賦的文才和努力，超越了身分之壁成為右大臣。卻因為藤原家的中傷而蒙冤被貶為大宰權帥（九州行政副長官），落魄地死在當地。死後由於參與陷害道真的藤原氏等人紛紛死亡，又發生太子死亡、清涼殿落雷造成死傷，最後連醍醐天皇也死去等事，讓認為一連串不幸都是道真怨靈所為的朝廷，終於在恢復道真名譽之後，於其死後四十四年正式將其祭祀於北野天滿宮成為今日的學問之神。在《北野天滿宮緣起》中，記載道真在死後拜訪生前學佛的導師尊意，並說：「我得到了梵天、帝釋天的允許，所以神佛也不能阻止我。我要進入王城作祟以解我心頭怨恨，因為您法力高超，朝廷一定會命您調伏制止我。可是我們生前有師徒深厚情誼，希望您可以拒絕朝廷命令。」但是尊意回答：「師徒之情不只短短一世而已，就算我會被弄瞎我也會拒絕。但是普天之下皆為王土，如果命令我到第三次的時候，我也無法拒絕了。」聽完臉色蒼白的道真，吃下尊意給的石榴之後吐出石榴子消失；已變成雷神的道真吐出的石榴子，燒掉了尊意房間的窗戶。93

93 義江彰夫（2015），《神仏習合》，岩波書店，pp.89-90。

另外在真言僧同時也是修驗者的日藏所著《日藏夢記》，和《扶桑略記》的〈道賢上人冥途記〉中，原名道賢的日藏在修行的瀕死體驗中被金峯山的藏王菩薩帶到太政威德天，也就是菅原道真的宮殿與其見面。道真告訴道賢原本自己要用神威消滅國土以解怨恨，但是因為密教的感召而怨恨大減。不過已經無法阻止自己眷屬的十六萬八千惡神作惡降禍，所以賜名道賢為日藏，並要其宣導人民廣為奉拜天神（道真）以減災禍。而後日藏又到地獄遊歷，遇到了因為害死道真，和臣下受地獄之苦的醍醐天皇。醍醐天皇傳達希望現任天皇和攝政建立卒都婆以減其罪，日藏又在滿德法主天（宇多法皇、醍醐天皇之父）處確定清涼殿落雷是道真的第三使者火雷火氣毒王所為、醍醐天皇受苦是道真意志所致等事後，回到陽世。[94]

從以上兩個傳承來看，就知道御靈信仰的怨靈淨化過程，除了本人的名譽回復，佛教的介入占了極大的比重。不管是道真作祟前與尊意關於佛教的對話，或是《日藏夢記》裏

[94] 義江彰夫（2015），《神仏習合》，岩波書店，pp.108-111。

的記載，都明示了道真是因為受到密教的感化才從神威強大的御靈轉化成天神。更值得注意的，是《日藏夢記》裏已是完全的密教曼荼羅世界，甚至已經是日本化、修驗道化後集合地獄與天界於同一座山系裏的特有世界觀。民俗學者櫻井德太郎在解析御靈信仰時，特別提到民俗信仰裏的他界觀已經受到佛教很大程度的侵入。[95]因為神道傳統的他界觀是荒蕪、無秩序，也沒有所謂死後正義的存在。也就是說天神信仰雖然被歸類為神道，但其成立和緣起就已立足於神靈會降福也會降災的傳統神道觀念，再加上佛教優越於神道傳統的文化元素和世界觀。

更值得注意的，是傳統他界觀無法解決的問題，經由佛教這種普世價值而化解的這種現象，也出現在筆者的台灣田野事例。筆者田野事例中因冤死而獲得黑令旗得以回陽世復仇，導致神明無法阻擋其作祟，最後只好藉由濟公活佛的《般若心經》將其制止，並出面使其化解怨念、得以解決的過程，與天神的演化過程中佛教較傳統信仰較為優越、但卻又

[95] 柴田実編（1984），《御霊信仰》，雄山閣，pp.6-12。

與傳統信仰結合變形成為另一種全新他界觀等有許多類似之處。⑯佛教做為東亞優勢文化，再經過中國向各地傳播後對各地文化產生什麼影響，這也是筆者今後需要更深入解析探討的課題。

另一方面，神社數量第七位、各地廣為信仰的祇園信仰，更是由神佛習合發源後，日後才被比定為日本神話中須佐之男的外來神明。在《神佛分離令》發布而改名前，祇園信仰的中心八坂神社被稱為「祇園感神院」，著名的祇園祭則是稱為「祇園御靈會」。根據祇園社的灌頂祭文，八坂神社祭神為來自波羅提國的牛頭天王。又名武塔天神的牛頭天王在出外求婚、並生育八王子之後的歸途向蘇民將來、巨旦將來兩兄弟借宿，富有的巨旦拒絕牛頭天王，而貧窮的蘇民則款待之。牛頭天王於是賜給蘇民將來「蘇民將來子孫也」的厄除粽，命其掛於家門以求避災。牛頭天王回國後立刻讓八王子們降下災厄，讓巨旦將來家系全部死絕，而蘇民將來子孫則因護符而得以倖存。⑰

---

⑯ 蔡亦竹（2019），《蔡桑說怪》，圓神文化，pp.254-266。
⑰ 柴田実編（1984），《御霊信仰》，雄山閣，pp.130-136。

「八王子」一詞在神道中或指天照大神與須佐之男天安河之誓所產的五男三女神，或指牛頭天王的八王子（第一相光天王、第二魔王天王、第三俱魔羅天王、第四德達神天王、第五羅侍天王、第六達尼漢天王、第七侍神折王子、第八宅神攝王王），[98]甚至成為東京都內有名的地名由來。因為牛頭天王的降災性格，讓民眾期待其對於其他怨靈、御靈的鎮壓能力，於是原本在神泉苑舉行的御靈會，轉到祇園舉行成為了祇園御靈會。希望能藉由牛頭天王強大的神威，防止疾病等災禍發生。由於其傳承中英雄與破壞者兼具的性格，也讓其日後與日本神話中同樣性格的須佐之男習合成為同一存在。也因此天安河之誓所產的八位神明，也和牛頭天王的八王子因為數字同為「八」而其父也為同一存在而習合。日後神佛習合更進一步，原本就被認為是祇園精舍守護神的牛頭天王，在經過從疾病神轉成守護神、與須佐之男習合後反而成了對抗疾病的存在，因此其本地被視為同樣具有治病神力的藥師如來，是神佛習合中極為特殊的再生產現象。

---

⑱ 柴田実編（1984），《御霊信仰》，雄山閣，pp.150-152。

明治維新之前的日本，其信仰樣態正如上述為複雜的神佛習合樣態。除了神道、佛教各宗的直接關係者之外，做為信仰者的一般民眾認識就只有「神佛」而已。神佛習合不止影響了神道教義、佛教與在地的結合，更滲透到民間信仰造成祖先祭祀和他界觀的各種轉化，以及修驗道這種新信仰的誕生。後述內容將針對佛教、修驗道及民間信仰等部分再做詳述。

第二章 日本佛教

在還沒踏進學術領域、甚至還沒開始瞭解日本時，日本漫畫就已經是我們那一代青少年的主要娛樂之一，其中一部青年漫畫《孔雀王》就讓我留下極深的印象。《孔雀王》的故事主要描述日本驅魔聖地裏高野的密教僧侶們，如何用密教眾神的力量和意圖控制世界的邪惡妖魔們對抗的故事。這部作品之所以讓我震驚的原因，是因為故事裏的真言宗背景，乃是台灣一般極為少見的東密教派，其崇拜神像、經文、甚至世界觀，都與一般台灣人認識的所謂佛教大不相同。後來出現的另一部漫畫《明王傳》則以大日如來的「教令輪身」不動明王等為主角，主角的父親更是穿著怪裏怪氣的服裝，後來在日本攻讀民俗學之後才發現那是日本特有信仰修驗道裏的山伏打扮。那時候是我第一次感受到原來佛教在日本可能有另一個樣貌，也算是開啟對日本佛教好奇心的開始。

《孔雀王》流行的八〇年代，在日本曾經掀起一陣宗教漫畫的熱潮。今日雖然宗教漫畫熱早已退燒多年，但另一部以日本高僧最澄、空海為主角的《阿吽》再次引起日本社會的話題。縱觀日本社會及歷史，雖然神道是日本的固有信仰，但傳入日本超過千年的佛教，早就成為日本人精神底流的重要元素之一，也在日本演化出與漢傳佛教截然不同的樣貌。在這章裏，將對日本佛教的歷史、教義及周邊、對社會文化影響等做一簡單整理。

一、日本佛教的獨特性

「學」的奈良佛教

五五二年佛教經由朝鮮半島傳入日本，由於是以百濟國聖明王贈送佛像給日本天皇的正式官方方式進行，因此佛教的傳入又稱為「佛教公傳」。在學界亦有將佛教傳入認定於五三八年的學說（詳見頁一八八），但佛教傳入日本是從貴族及知識階層開始這點是確定的。因此日本佛教的初期代表人物聖德太子，及以奈良為據點的南都六宗都具有強烈的「鎮護國家」色彩，亦即當時的佛教是以來自大陸的先進思想體系，並且伴隨著周邊的建築、造型藝術、文字經典等先進技術，一同輸入日本的一種先進總合文化。

南都六宗指奈良佛教的六個主要佛教宗派，分別是三論宗、成實宗、法相宗、俱舍宗、華嚴宗、律宗。南都六宗的特色在於比起記載釋迦原始言行的「經」，更重視後世僧侶針對各種修行方式及事象進行思考和解析的「論」。因此比起後世的平安佛教、鎌倉佛教，南都六宗的教義較為艱深且偏重於哲學思考，但這並不代表南都六宗在本質上優於後世佛教。如果就佛教要素的「信」（信仰心）、「行」（行動實踐）、「學」（教義知識）來看，則奈良佛教偏重於「學」的部分，平安佛教則是對於「信」的強化，以大眾為主要傳播對象的鎌倉佛教則注重於「行」的實踐。

奈良佛教偏重教義學說的特性，來自其身為官方傳入日本之先進文化的背景。也因此奈良佛教早期積極於導入來自中國的正統戒律，並由官方指定之寺院進行剃度和授戒儀式，通過者方具有正式僧侶資格，並且在出家後由國家授薪供養。經歷五次渡海失敗，還在旅程間失明，最後才在高齡晚年成功赴日的律宗始祖中國高僧鑑真，就是在這種時代需求下來到日本。這是為了與因民間交流而直接間接受中國、朝鮮影響，自行出家（自誓授戒）的私度僧有所區分，除了確保朝廷掌握佛教這種先進文化的正統性之外，也防止私度僧以佛教信仰為幌子，在民間私下進行各種祈禱儀式甚至詐騙。從這點來看，雖然奈良佛教如前述其影響多及於朝廷的貴族知識階級，但當時對於佛教這種先進文化的渴求，其實普遍於不分貴賤的日本各階層。

另一點需要注目的，就是自聖德太子與物部氏（もののべうじ）間的「崇佛論爭」開始，來自大陸，尚未充分內化的佛教就被多神信仰的日本人視為「蕃神」，亦即來自外國的神明。雖然崇佛論爭是否真有其事在學界還有爭論，⑲但自從佛教公傳到奈良時代為止，佛教一直存在著外來性。就算聖武天皇建立東大寺，並且宣言自己是「三寶之奴」，

⑲ 末木文美士（2016），《日本宗教史》，岩波書店，pp.34-35。

但其本質仍然是希望藉由信仰來自大陸這個當時世界中心地的先進宗教，達成國泰民安的目的。而與其他國家交流已相當頻繁的日本，也藉由奈良佛教這種共通於當時所知世界的先進文化，一方面對外宣示日本不再是身處邊陲的落後國家，一方面也藉此對內強化朝廷的優越性，對各地的土豪與地方勢力樹立權威和統治正當性。以佛教這種新的強勢先進文化，重新強化原本有些式微動搖傾向、以神道祭祀建立的中央與地方豪族間的上下關係。

「信」的平安佛教

奈良佛教正如前述雖然學術和官方色彩極強，無論是平民祈求平安富貴或是貴族祈禱國泰民安，對於佛教的期待都是有實際效用的「現世利益」大於解脫和開悟的精神需求。加上佛教在當時具有的優勢文化特性，讓奈良佛教在傳達大陸先進文化的同時，也急速地以貴族為中心的世俗化。像是掌握朝廷政治的藤原氏，用影響力讓原本只是自家私寺的興福寺接受大量的朝廷補助，而日漸成為奈良佛教的重鎮之一。奈良時代末期讓公地公民政策崩潰的私有地「莊園」的出現，更加速了興福寺、東大寺等大寺院的權門化。⑩

由於興福寺和東大寺各近似藤原氏和天皇家的「家寺」，所以藤原氏貴族和歷代天皇常以信仰理由寄贈莊園領地給這些寺院。而莊園的「不輸不入權」（因為名義為無生產性的別莊用地，所以不必交稅也可以不讓官員進入）導致朝廷可收稅的領地減少，只好向僅剩的公領（こうりょう）課徵更重的稅賦，讓不堪負荷的地主只好將土地送給貴族皇族做為莊園，自居「管理者」從收穫中抽成，以逃離重稅的惡性循環形成，也讓奈良的各大寺院收取到許多莊園領地。為了管理和利用這些土地，寺院開始有了附屬於其莊園內謀生的民眾，甚至開始擁有保護收成和獲利的武裝力量。擁有了這些世俗實力之後，奈良各大寺院也開始對朝廷政治擁有不可小看的影響力和拘束力。

⑩ 黒田俊雄（2016），《寺社勢力——もう一つの中世社会》，岩波書店，pp.51-54。

在經過皇室內鬥後即位的桓武天皇，為了擺脫奈良佛教的影響力而實行遷都。在遷都到長岡京不久後，原本被桓武天皇立為接班人的同母弟早良親王就因冤罪絕食自殺，早良親王原本就在東大寺出家擔任高位，是在兄長桓武天皇即位後才還俗重返朝政，從這點也可以看出奈良時代末期佛教勢力與世俗權力的癒著（ゆちゃく）程度。

遷都長岡京十年後，桓武天皇再次遷都平安京，正式開始了平安時代。因為奈良時代的經驗，平安京初期只有西寺和東寺兩座官方寺院，[101]但人們對於佛教的信仰並未消失。也在這個時期，日本出現了空海和最澄這兩個影響日後日本佛教深遠的兩大重要人物。

奈良佛教正如前述，其教義偏重於哲學思考的「論」。但一般人對於佛教希求的，卻是做為崇拜和信仰對象的佛和足以讓人安居於世的佛法，也就是所謂的「現世利益」。空海和最澄的出世，正是人們這兩種期望的體現。同為從中國吸收佛法回到日本的兩人，受

[101] 三浦俊良（2013），《東寺の謎》，祥伝社，p.16。

到桓武天皇賞賜的最澄成為遣唐使的「還學生」（在中國期間較短，領取公費，以吸收中國文化後儘速回國為前提），而經過一番努力才成為遣唐使一員的空海，則是待遇較差、滯外時間較長的「留學生」。兩人同樣在短期間遊歷中國，回國後，際遇卻因為桓武天皇的過世而開始逆轉。

日本對於可用各種咒術讓信眾達成心願、戰勝仇敵，同時也是當時中國流行的密教需求極大，最澄卻是為了追求以《法華經》做為最高經典、強調「止觀」等內省哲學的天台宗奧義而前往中國。雖然最澄也瞭解這個時代走向，在回國前緊急學習了少許密教佛法，但在質量上都難敵在長安獲得中國高僧惠果真傳的空海。空海真言宗的「真言」意即真正的語言，也就是經文和佛號必須以原始的梵文誦念、書寫才具有意義，真正的佛法也無法透過文字而需師徒的直接傳授才能領會，這些讓真言宗充滿受到民眾歡迎的神秘色彩和咒術性格。相對於真言宗的「密教」，強調以經典為根基而修行的天台宗屬於「顯教」。雖然當時奈良舊佛教和最澄都努力導入密教元素，但原本就以改革舊佛教為核心的最澄和奈良佛教一直處於對立狀態，而個人色彩強烈、善於處世又多才多藝的空海則和奈良佛教關係良好。同為顯教的奈良佛教一直掌握著前述認證正式出家的「大乘戒壇」，要到最澄的最晚年，天台宗才獲准設立大乘戒壇的資格。

雖然兩人有上述的方向性差異，但佛教的日本化可說是起源於平安時代的這兩位巨人。首先不論顯密之分，兩人的信仰中心都脫離了過去奈良佛教的「論」，而是以天台宗的《法華經》、真言宗的《大日經》等經典為最高聖典。經指的就是佛的直接言行紀錄，因此平安佛教脫離了高僧們的論述，直接以佛的教誨做為信仰根基。最澄的大乘戒壇設立讓日本特有的獨自戒律觀成型，不再侷限於和中國、朝鮮等地同一標準的奈良佛教戒律。另一方面空海繼承的唐密系統，日後在中國反而式微，讓日本的東密（東寺密教，天台宗系統密教則稱為台密）成為唯一流傳至今的漢字圈密教。最澄創立的天台宗延曆寺，更成為日本進一步本土化的鎌倉新佛教，除了時宗的一遍上人外所有創始教祖的出身地，可說是日本佛教的孕育聖地。

「行」的鎌倉佛教

空海的真言宗滿足了人們對於咒術、祈禱的需求，也和既存的南都佛教進行一定的融合。但最澄的天台宗則是從過去佛教遠離人民、日漸墮落而形骸化的反思而生。但諷刺的是，在比叡山站穩腳步、日漸成為新的日本佛教聖地同時，過去讓最澄苦惱的世俗化現象，也開始出現在真言宗和天台宗這兩個平安佛教的代表身上。

從奈良時代，皇族和貴族間就常出現讓次男、三男進入佛門修行的現象。這種做法除了貴族、皇族可以讓沒機會繼承本家的男子有其他出路，一方面減少本家負擔，又可防止因為分割繼承造成的家族勢力細分零散化。從寺院角度來看，讓權貴子弟進入自己門下，日後讓其擔任重要職位的話，也能提高自己寺院權威，並和當權者建立良好關係。而且萬一權貴本家的長男發生意外早逝等危機時，出家的子弟仍可還俗繼承本家，從寺院來看就是昔日同修成為新的當權者，所以這種做法一直受到權貴和寺院雙方的歡迎。當天台宗成為新的佛教大勢力之後，這種做法也開始出現在平安佛教的大小寺院，後來更演進為所謂的「門跡」制度。

所謂門跡制度即是皇族或貴人讓自己的次男、三男等子弟進入某間特定寺院，修行後日後擔任住持，讓該寺院形成歷代住持皆出自某氏族成員的慣例。門跡原本指佛教的門人、法統，但世俗化的門跡制度直接成為了真正的貴族血脈。像在二〇一三年因為賣空日經指數期貨市場六億日幣而聲名大噪的青蓮院門跡，就是起源於比叡山，從平安時代末期起由親王（天皇之子）和攝關家、將軍家子弟擔任住持的著名門跡寺院。

最澄所感嘆的世俗化，在平安時代不只沒有消失，反而還進一步常態甚至慣例化。另一方面，由於平安時代的健兒制（國軍組織）廢止，讓各大勢力僅能倚靠武士這種私兵來保護安全。就連身處朝廷頂點的上皇、天皇，都必須自組效忠於個人的「北面武士（ほくめんのぶし）」。北面武士最大的功用，就是防止寺院神社的「強訴（ごうそ）」。所謂強訴就是寺院神社在與朝廷意見相左時，請出神轎等向朝廷示威的手段。當然要進行這種示威，也代表了寺院擁有一定的動員實力和武力。當時的比叡山延曆寺，已經是經常進行強訴的巨大寺院。

時代進入學者黑田俊雄所提倡的「顯密體制」，密教的高野山和東寺，以及顯教的比叡山延曆寺，正式成為可以和朝廷權威匹敵的權門。[102]日後居然連最澄創立的天台宗都分裂成延曆寺和園城寺（三井寺），兩派間還訴諸暴力互相攻殺。對於園城寺向朝廷提出大乘戒壇的請求，延曆寺則是像過去奈良佛教對天台宗所做的一樣向朝廷施壓阻礙。過去為

[102] 黒田俊雄（2018），《寺社勢力——もう一つの中世社会》，岩波書店，pp.183-192。

了抗衡奈良佛教世俗權力化的平安佛教，完全成為新的世俗權力並熱衷於鬥爭，對一般平民的救濟則是甚少關心。

在這種時代背景下，出現了鎌倉佛教的新宗派。這些宗派的教祖正如前述，幾乎都在比叡山修行後才開創新宗派。鎌倉佛教以武士及平民等非貴族階層為對象，同時也以平安時代比叡山裏的各種顯教元素做為基礎更加深化並發揚光大，主要可分以下系統：

1. 淨土系統：以阿彌陀佛的往生淨土為主要信仰，有法然的淨土宗、親鸞的淨土真宗、一遍的時宗。其中法然和親鸞出身自比叡山，一遍亦受到天台宗的本覺思想影響。
2. 法華系統：對天台宗以《法華經》為最高聖典卻日後摻雜念佛、禪、密教等元素不滿，而主張回歸基本教義的教派。以日蓮的日蓮宗為代表。
3. 禪宗系統：以參禪和冥想達成開悟的境界，主要有榮西的臨濟宗和道元的曹洞宗。兩人

鎌倉新佛教教派宗祖與時代對照示意圖

平安時代 794年～1185年	幕府將軍	執權
鎌倉時代 1185年～1333年	源賴朝	
	源賴家	
	源實朝	北條時政 北條義時
	藤原賴經	北條泰時
	藤原賴嗣	北條經時 北條時賴
	宗尊親王	北條長時 北條政村
	惟康親王	北條時宗 北條貞時

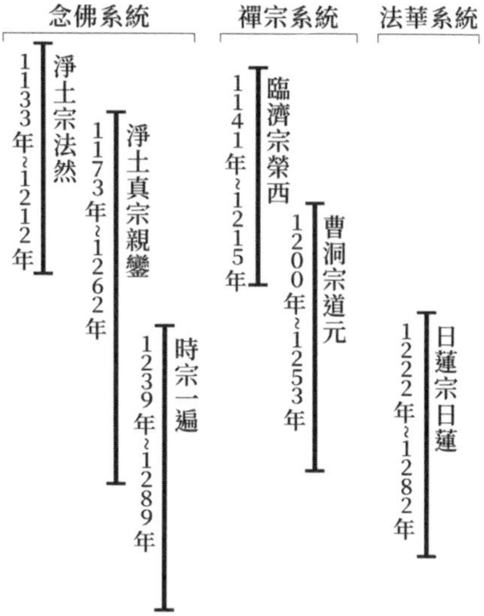

也都出身比叡山，臨濟宗獲得許多武士階級的信徒，曹洞宗則是以永平寺為總本山，獲得許多庶民的信仰。

如果奈良佛教到平安佛教，是從教義學識到虔誠信仰的原點回歸，那麼從平安佛教到鎌倉佛教，就是從虔誠信仰到付諸行動的更進一步原點回歸。與其談論艱深教義，不如誠心信仰。與其嘴巴講的誠心信仰，不如真的付諸行動。既然是以一般人民做為傳教對象，鎌倉佛教的修行方式幾乎都是簡單明快，淨土系強調誦念「南無阿彌陀佛」的「稱名念佛」，或是配上舞蹈的踊念佛，踊念佛後來更演變成日本中元時節的盆舞。強調法華信仰的日蓮宗雖以《法華經》為信仰根本，但並不閱讀多達二十八品的全文，而是誦念少部分節錄，大部分的修行都是誦念「南無妙法蓮華經」的「唱題」。禪宗更是除了公案思索之外，就是注重日常磨鍊和「只管打坐」的單純明快修行方式。

鎌倉時代的生產技術讓人民必須將大部分時間花在謀生工作上，幾乎沒有多餘的學習和閒暇時間。而難稱普及的教育程度和識字率，也讓一般大眾無法、更沒有時間閱讀長篇佛經內容。於是只要相信阿彌陀佛的本願，並且稱念佛號就能往生極樂，唱念《法華經》的題目宣言自己是《法華經》信徒就可以得到信仰的功德（「南無」即為相信、歸依之意），信徒連詳細瞭解阿彌陀佛的背景，或是《法華經》的經文內容都不必，需要的只是易於實踐的行動修行而已。

鎌倉佛教因為這種方向轉換，讓佛教在日本在地化並且真正深入民間。而能夠達成這種方向轉換，「末法思想」和「本覺思想」的日本佛教兩大特色為其最重要的理論基礎。

末法思想及本覺思想，日本宗教戰爭的終焉

真言宗在空海一代就幾乎完成其體系，最澄的天台宗則留下許多仍可加強的空間，不過也因此得以在日後誕生台密及鎌倉佛教的新出現宗派，讓最澄成為對日後日本佛教影響極大的巨人。

其中，最澄的末法思想及天台宗的本覺思想更是孕育出鎌倉佛教，讓日本佛教在地化的最大因素。末法思想從大乘佛教的「正法」（釋迦在世正確傳播佛法）、「像法」（佛法僅存形式）、「末法」（正確的佛法消滅無存）的時代分割而生，日本也因為最澄的

《末法燈明記》（亦有偽書之說）的影響，認為平安時代中期即開始進入末法時代。既然釋迦所傳的佛法已無法讓人開悟得救，所以人們開始對往生西方極樂世界的淨土信仰產生關心。這個理論基礎也給予傳播各種新形態修行方式的鎌倉佛教，獲得信徒、改革過去舊佛弊害的正當性。

另一個最澄天台宗的特色本覺思想，更是讓鎌倉佛教得以入世並且在地化的最大契機。所謂本覺思想指的就是一切眾生原本就具有成佛的潛質，而非奈良佛教各派所主張的五性各別論（眾生有與生俱來的優劣之別，成佛的難度不同）。雖然本覺思想早在《大乘起信論》、《金剛三昧經》等經典中，但在強調「十界互具」的天台宗思想裏占了極大比重，也是天台宗與奈良佛教間最大的教義爭點之一。雖然上述的末法思想給予鎌倉佛教提倡新教義、各將禪宗、淨土、法華信仰特化成為新的獨立宗派，但必須經過嚴格而專門的修行、也不是任何人都能成佛的既成觀念，因為本覺思想才得以真正開始變化。

鎌倉佛教因為上述以庶民為救濟對象的特性，其修行法門相較於奈良佛教極為簡明易懂。但若以本覺思想做為信仰前提，那麼就算唱念「南無妙法蓮華經」的信徒不曾看過《法華經》全文也不懂其教義內容，「南無阿彌陀佛」的念佛門徒不曾看過《淨土三部經》，只要誠心信仰修行的話就可導出原本就自具的佛性而成佛。因為對末法之世的恐懼而希求新的救濟，又因本覺思想讓鎌倉佛教的各種簡易修行，得以成立於無餘力鑽研深奧經典的民眾，這兩個特色讓佛教在日本獲得了真正飛躍性的發展。

鎌倉佛教成長壯大之後，也出現過去奈良佛教、平安佛教的世俗化現象。例如日蓮初期雖因攻擊其他宗派而受到對方所屬信眾的暴力攻擊，但日後在京都獲得大規模信眾之後也曾攻擊並燒毀淨土真宗的山科本願寺，而後又遭比叡山延曆寺的僧兵屠殺。親鸞創始的淨土真宗初期也曾受到比叡山的暴力攻擊，但日後信徒卻在日本各地發動一揆（暴動）還曾經奪下加賀國（今日本石川縣南部）一地的支配權，成為織田信長統一天下過程間的一大阻礙。鎌倉時代末期開始的長期政治不安定，讓上述宗教勢力肥大化並擁有自保武力的趨勢只增不減。因此乍見之下對宗教不甚狂熱、也不曾因信仰訴諸武力的日本，在中世時期其實不乏宗教戰爭的案例，且發動者大多為佛教組織。

最後淨土真宗的武裝勢力在織田信長幾乎屠殺的征討後，被迫與其和談，退出其根據地石山本願寺（大阪）。日後遷移到京都的本願寺又讓豐臣秀吉介入其繼承人之爭，秀吉死後德川家康再次介入其內鬥，讓本願寺分裂為東西兩座寺院，消滅了淨土真宗做為反抗勢力的可能性。

在江戶初期由天主教徒發起、死傷數萬的島原之亂被平定之後，宗教戰爭完全從日本絕跡。從順於當權者的佛教團體，更因為江戶幕府對天主教的宗教禁令而發起的寺請制度，完全成為世俗權力機構的一員。寺請制度意指日本所有人民都必須所屬於自己居住地的某一佛教寺院，以證明自己並非違禁的天主教徒。若不所屬於特定寺院，則不只該人物本人死去時無法舉辦葬禮儀式，且其祖先不能舉辦供養法事，更因為寺請制度與「人別改」的戶籍制度連動，所以該人物可能失去戶籍而淪為「無宿（むしゅく）」的賤民階級。

因為這種特殊制度，讓兩百多年間的江戶時代佛教宗派雖然得以獲得固定信徒和收入來源，但也禁止自由傳教和任意轉換所屬寺院。這讓失去活力的日本佛教一度被嘲為「葬式佛教」，卻也因此讓日本人許多家庭雖然沒有堅定信仰，但因寺請制度的歷史所以數百年來都讓相同寺院舉辦葬禮、法事的各家庭擁有所謂的「宗旨」，這也是日本佛教的一大特色。

葬式佛教與新興宗教的搖籃

寺請制度讓寺院成為幕府政權掌握人口動向之後，促成了葬式佛教這種流於形式的信仰流弊。葬式佛教這種形態的主要推手，則是道元開宗的曹洞宗。為了補足宗祖道元訂立的《永平清規》，曹洞宗中興之祖「太祖」紹謹訂立了《瑩山清規》。《瑩山清規》受到中國《禪苑清規》的強烈影響，《禪苑清規》對於已開悟的高僧採用「尊宿葬儀法」，修行中的雲水（うんすい）則採用「亡僧葬儀法」。《瑩山清規》則是將後者應用於在家信者的葬儀，也就是將死者剃髮後讓其出家，並賜予戒律及戒名讓其以僧侶身分下葬的儀式。

雖然死後出家這種做法並不見於傳統佛教，但是在重視在家信徒重於出家僧侶的傳統下，這種做法被大眾接受並且成為傳統。原本與死亡無甚交集的佛教，因為淨土教流行而讓「轉生淨土」成為重要課題，使佛教開始介入死亡儀式。曹洞宗以僧侶規格為信徒辦理葬式，也讓佛教開始進行祖先供養、追善等法要，進而影響其他宗派。⑩³就算是基本教義強烈的日蓮正宗，其葬式也採用這種模式，只授予「法名」而無剃髮儀式，但儀式後死者即成為「法華行者」的身分而下葬。

另一方面，日蓮信仰由於其特殊的傳教型態，讓其成為許多新興宗教的發展基礎；其中曾為日本巨大宗教團體創價學會的母體、而後與之反目的日蓮正宗也是其中之一。鎌倉時代以法華經信仰為基礎開宗的法華宗，在第二代弟子日興時脫離舊教團，正式分裂出來成立新教派，在江戶時代前因總本山大石寺位於富士山麓而稱為「富士門流」。近年以創價學會為主體的公明黨也成為日本政權攻防戰的關鍵少數，用和最大勢力政黨合作的方式取得了多年的「準執政黨」地位。這個特殊的現象和近年同為新興宗教的「幸福之科學」也進軍政壇，讓一向以企業、經濟及金融為報導主題、擁有百年歷史的經濟雜誌《週刊ダイヤモンド》於二〇〇九年以〈新宗教——巨大ビジネスの全貌〉為題，刊出一連串的調

---

⑩³ 島田裕巳（2012），《浄土真宗はなぜ日本でいちばん多いのか》，幻冬舎，pp.177-179。

查報導，引發社會強烈關注。

在這個以出版社獨自向各宗教團體製作調查的報告中，[104]日蓮正宗的信者數為五十萬人，占所有宗教團體的第三十名。除了日蓮正宗，日蓮系統的宗教團體更有第三名的創價學會（八二七萬人）、第六名的立正佼成會（四二八萬人）、第八名的日蓮宗（舊法華宗系統，三八五萬人）、第十名的靈友會（一五七萬人）、第十四名的顯正會（一三五萬）、第二十名的妙智會教團（九十五萬人）、第二十六名的法華宗本門流（五十六萬人）。[105]也就是說，日本佛教若以宗派來看，以淨土信仰為宗旨的淨土真宗本願寺派、大谷派，以及淨土宗加起來雖有約一千三百萬信眾，但若以廣義的日蓮信仰而言（不考慮細部經典及教義解釋），則日蓮系宗教的信眾數則絕不少於淨土系甚至可能更多。

根據平成二十七年（二〇一六）版《宗教年鑑》統計，日蓮系宗教團體的寺院數為六，

[104] 該雜誌出版社ダイヤモンド社採取獨自調查的理由是，雖然日本有由政府文部省文化廳宗務課所發行的《宗教年鑑》，但是各教派縱使有提出財務報告等義務，但若該團體拒絕的話，文化廳就不能公開數據，故無法判斷出各宗教以財務為首的實際狀況。因此該雜誌使用獨自的調查方式（電話及傳真，調查數281）進行調查。

九一一所，信徒數為一千兩百萬人左右，[106]其中日蓮宗信徒數為三四八萬，日蓮正宗信徒數為六十萬左右，[107]大致與《週刊ダイヤモンド》所做調查相同，關於創價學會部分，《宗教年鑑》僅登錄基本資料，並無傳教所及信徒數量記載。值得注目的是法華系統裏的創價學會、立正佼成會、靈友會、顯正會和妙智會，都屬於創立年代相對不久的新興宗教系統，他們的共同點就是都唱念「南無妙法蓮華經」這種被稱為「題目」的經文。

但正如日蓮正宗主張的「末法時代的釋尊已成迹門（權宜之說）佛法代表」而引伸出來的「日蓮本佛論」一般，日蓮系的法華信仰藏有許多從原始佛教展開新教義的可能性。除此之外，脫胎自醍醐寺系統密教的真如苑，從觀音信仰脫胎、但也保持山岳信仰元素因此與醍醐寺關係密切的阿含宗，甚至從阿含宗分離出來、更強化神秘主義，在日本犯下大罪的奧姆真理教，都是二戰前後出現的佛教系新興宗教團體。

---

[105] 新宗教特別取材班（2009），〈新宗教、巨大ビジネスの全貌〉，《週刊ダイヤモンド》9：12，pp.76-80。
[106] 日本文部省文化廳（2016），《宗教年鑑　平成廿七年版》，ヤマノ印刷株式会社，pp.50-51。
[107] 日本文部省文化廳（2016），《宗教年鑑　平成廿七年版》，ヤマノ印刷株式会社，pp.74-75。

二、名為佛教的普世價值

佛教公傳及聖德太子的日本佛教

一般認為日本佛教始自西元五五二年，也就是欽明天皇十三年的「佛教公傳」。佛教公傳之意為佛教經由朝鮮半島百濟國的聖明王，正式以官方途徑將佛像及經典傳給日本天皇家的佛教導入。正如欽明天皇初見佛像所說的「佛之相貌端嚴」一樣，當時佛教代表的是由先進文明國家傳來的光輝產物。[108]

但佛教公傳的說法初見於日本官方史書《日本書紀》，在學界亦有佛教始於西元五三八年的論調。五三八年說源自天平十九年（七四七）的文獻《元興寺白藍緣起併流記資財帳》，兩種說法的論爭起自於欽明天皇時期的政治混亂，以致於官方史書的人為竄改，以及古代朝鮮史關於百濟王即位時間的諸文獻，本身就有十四年的差異。[109]由於五五二年

[108] 清水正之（2014），《日本思想全史》，筑摩書房，p.65。
[109] 末木文美士（2015 b），《日本仏教史》，新潮社，pp.19-20。

之前日本早有大量來自大陸的渡來人移居並導入各種技術，所以在「佛教公傳」之前，日本沒有任何渡來人進行私人規模的佛教信仰是難以想像之事。若以這個角度思考，則佛教真正傳入日本的正確年代不但難以考證，也不具太大學術意義。

西元五八七年，日本發生丁未之亂。丁未之亂在一般說法是因為日本發生許多重大天災，導致了崇拜佛教與否的論爭。排斥佛教信仰的物部氏主張就是因為接受了佛教的「蕃神」（外來神），而讓日本固有八百萬神憤怒導致天災，與主張崇佛的蘇我氏發生大型內戰，最終內戰由崇佛的蘇我氏在同樣篤信佛教的聖德太子協助下消滅物部氏，讓佛教從此在日本大為興盛。

不過當時的兩大部族在政治利害的立場上，會發生內鬥是理所當然之事，也就是說崇佛與否不一定是最大的爭點或是起因。在歷史學研究上對於這點也沒有確定的定論。但可以確定的是將佛稱為「蕃神」，代表當時的日本人將佛視作與固有的「神」同樣地位，是一種外來的「客人神」。正如日本傳統神明同時具有賜福和降災於人的性格般，崇佛論爭或許是將日本固有神明觀套入佛教，差別只在佛是賜福或是降災的神明而已。⑩

佛教在日本演化為如同大陸般的最高價值，歸功於篤敬佛教的聖德太子各種奇異傳說。從奈良法隆寺和大阪四天王寺為代表的聖德太子崇拜，可以看出日本初期佛教尚未有精細宗派分別而逐漸深化於當地的信仰樣態。因為若針對聖德太子本身的思想及宗教觀，只能從太子死後製作的紀念物《天壽國繡帳》上所寫的「世間虛假，唯佛是真」，及太子遺留給其子山背大兄王的遺言「諸惡莫作，諸善奉行」，來推敲當時的一般日本佛教觀。⑪

但不管是以上言論，或是聖德太子訂定的《十七條憲法》裏第二條的「篤敬三寶，三寶者佛法僧也」，都僅為佛教思想中的一般論，無法明確看出聖德太子的佛教論述。傳說

⑩ 末木文美士（2015 b），《日本仏教史》，新潮社，pp.20-21。
⑪ 末木文美士（2015 b），《日本仏教史》，新潮社，pp.35-36。

中為聖德太子親筆的《三經義疏》（針對《法華經》、《勝鬘經》及《維摩經》的注釋），雖然注釋內容極具深度，但在是否為太子本人著作上仍有爭議，而且在中國也發現年代更久遠、內容也許多重覆的古文獻。[112]另一方面學者梅原猛採聖德太子本人著作論，並認為聖德太子重視《法華經》、《勝鬘經》，除了重視大乘思想，也包含了《勝鬘經》內容為勝鬘夫人講述，利於讓當時推古天皇（女帝）接受的實際理由。[113]但就算是太子參考中國既有經注書而著成《三經義疏》，亦代表了太子做為當時日本第一等知識人對大陸佛教的受容程度。《十七條憲法》「篤敬三寶……」之後，接續的是「則四生之終歸、萬國之禁宗」，[114]也就是說在日本與中國互通國書、開始具有國際觀意識的時代，做為先進國家傳入、包括造像藝術、建築、書畫等技術的總合體系佛教，在聖德太子看來就是萬國共通、後進國日本必須加速導入以與他國比肩的普世價值，這也是聖德太子崇敬佛教，除了宗教信仰之外的理由。

[112] 末木文美士（2015 b），《日本仏教史》，新潮社，pp.38-44。
[113] 梅原猛（2005），《最澄と空海》，小学館，p.32。
[114] 第二條原文：二曰、篤敬三寶。々々者佛法僧也。則四生之終歸，萬國之禁宗。何世何人，非貴是法。人鮮尤惡。能教從之。其不歸三寶、何以直枉。

但史實並不代表宗教信仰上的意義。聖德太子的超人傳說和在弘揚佛教上的地位，經由各種說話集和民間傳承被神化為對聖德太子本身的信仰。後世淨土真宗的開宗者親鸞就對聖德太子極為崇敬，所以至今許多淨土真宗的寺院中都設有太子堂。⑪親鸞在京都傳說為太子創立的六角堂參籠閉關接受到太子指示，並在日後也聽見太子旨意因而公然娶妻，還在八十三歲高齡著作《皇太子聖德奉讚》的故事亦廣為人知。⑯《天壽國繡帳》的「天壽國」，也被學者指出與阿彌陀淨土的世界觀有一定關連。但正因為聖德太子生於日本佛教的黎明期，所以不只淨土真宗，而是受到大多數日本後世分支出的各佛教宗派廣泛崇敬。太子在《三經義疏》中所傳達的俗世在家重視思想，也成為日後日本佛教的重大特色之一。

鎮護國家與學術研究的奈良佛教

由聖武天皇造立的東大寺大佛，可說是奈良佛教的代表。公稱自己為「三寶之奴」，

⑮ 清水正之（2014），《日本思想全史》，筑摩書房，p.76。
⑯ 末木文美士（2015 b），《日本仏教史》，新潮社，p.34。

將佛教列入國家體制的聖武天皇，日後也在大佛前接受渡來高僧鑑真授大乘梵網戒。但是東大寺的大佛之所以可以落成，卻得靠原本只是一介私度僧、也就是「聖」（後述）般存在的行基。奈良時代是佛教做為鎮護國家的思想、以及學術研究材料的時代，但同時也是民間佛教能量開始發揮其力量，孕育出日後平安、甚至鎌倉佛教母胎的時代。

奈良時代的佛教成為統合國家、調合舊氏族與中央政權勢力的中心存在，但做為其代表的東大寺大佛，卻也因為其龐大的花費讓國家財政吃緊。大佛完成的天平十五年（七四三年），同時也是墾田永年私財法公布、日本自飛鳥時代一直以中國為典範而想要建立的公地公民制律令國家制度開始全面崩潰的一年。一般被學術研究視為美術及文化成就極高，但在宗教史上卻只限定於國家權力，未滲透至人民階層的奈良佛教，其實不僅是一般宗教研究上所稱的學術佛教，而是在日本史上一個重要的轉折點。

奈良佛教之所以被稱為學術佛教的原因，在於當時的佛教以研究的經論區分，可以大致分為主要六個宗派。所以相對於北方的京都，日後的舊首都奈良被稱為南都，奈良時代興盛的佛教則被稱為「南都六宗」。

俱舍宗、成實宗、三論宗：俱舍宗與成實宗的理論基礎來自部派佛教（小乘佛教），俱舍宗的經典是由玄奘翻譯的唯識學派《俱舍論》，與法相宗關係密切。成實宗以《成實論》做為經典，也是講述「空」的三論宗的基礎學派。⑪三論宗以龍樹（西元一五〇—二五〇年間的印度僧侶）思想的「空」為中心，日後雖然式微，但其部分教說也被天台宗等其他教派吸收。⑱值得注意的是，三論宗的龍樹同時也被日後平安佛教的真言宗視為「付法八祖」裏的第三祖。

以上的三個宗派雖被列入南都六宗，但日後都式微而未形成具影響力的宗派勢力。下

⑪末木文美士（2015 b），《日本仏教史》，新潮社，p.53。
⑱末木文美士（2015 b），《日本仏教史》，新潮社，pp.55-56。

列的三個宗派則是在日後維持一定影響力。

華嚴宗：以東大寺為代表的華嚴宗，根本經典為《華嚴經》，講述由微小的存在就可以看出宇宙全貌的「一即多、多即一」佛教世界觀。其信仰中心就是東大寺大佛的毘盧遮那（意為「光明遍照」）佛。毘盧遮那佛不同於釋迦牟尼佛等真實人格，而是宇宙真理總合化身的「法身佛」，也被視為與日後真言宗崇拜的本尊大日如來為同一存在，這也是日後創立真言宗的空海，得以和華嚴宗等奈良佛教宗派交流並關係良好的原因之一。

法相宗：以藤原氏的氏寺興福寺為中心，京都著名寺院清水寺亦為法相宗寺院（日後獨立為北法相宗）。法相宗以玄奘講述的唯識思想為中心，主張「五性各別」——人分為菩薩定性、緣覺定性、聲聞定性、不定性、無種性等五種。也就是成佛需要無止境的歲月和努力達成，依照人的先天特質，有些人在此生註定只能成為菩薩、緣覺、聲聞等存在，有些人則是尚未確定（不定性），有些人則是再怎麼樣都無法開悟（無種性）。[119]在本覺思想（後述）日後成為主流的日本佛教中，法相宗的五性各別說屬於較特殊的教說。

律宗：以研究僧侶戒律為主的宗派。因為其性質，成為最早被傳入日本的教說，但真正大成要等到由中國渡來的唐僧鑑真到來。鑑真在日本遣唐使僧侶的懇求下，經過五次的渡航失敗又在途中遇上失明的苦難，終於來日進入朝廷為其設立的唐招提寺，並且將當時中國的正統戒律傳到日本。鑑真也是具有豐富天台宗知識的學僧，給了日後同樣重視戒律與天台教學的天台宗開祖最澄極大的影響。[120]日後雖然因為大乘戒壇（後述）的地位被天台宗取代而式微，卻因為其重視戒律的精神而對禪宗產生影響，並與真言宗教義相互結合而產生了真言律宗。

除了強烈的學術色彩，奈良佛教也更強化聖德太子時代以來的國家色彩。

[119] 末木文美士（2015 b），《日本仏教史》，新潮社，pp.101-102。
[120] 末木文美士（2015 b），《日本仏教史》，新潮社，p.58。

平安佛教的兩大天才——天台宗的最澄與真言宗的空海

生涯遷都兩次、並且創立平安京（今日的京都）的桓武天皇，其實在日本佛教史中也占了極重要的地位。桓武天皇一開始就是因為激烈的皇族內部鬥爭，而意外地在中晚年登位。也因為如此，桓武天皇在早年把已經出家的親弟弟召回還俗為早良親王、並立為皇太子。為了擺脫奈良佛教對朝政的干涉，桓武把各大寺院留在奈良，要把首都搬到長岡京，但這個措施想當然爾受到與佛教關係密切的早良親王強力反對。就在長岡京建造規劃時，負責監工的大臣藤原種繼被暗殺。早良親王因此被認為與奈良佛教關係人士共同參與陰謀，而被剝奪皇太子位並流放到淡路島。在流放途中，早良親王堅持自己無罪並且絕食悲憤而死。新都長岡京也使用不滿十年，就因為占卜出長岡京的各種天災人禍肇因於早良親王怨靈作祟，而讓桓武再次遷都到參考中國風水思想的平安京。

以遠離舊有佛教勢力為前提建設的平安京，一開始整座都城裏只有東寺、西寺兩座官營寺院。東寺後來被桓武天皇之子嵯峨天皇交給真言宗宗祖空海而保存至今，西寺則是早已消亡。對桓武天皇而言，奈良佛教不只代表舊勢力對於朝政的干涉牽制，也摻雜了與親弟早良親王間的恩怨情仇。在這個背景下，對奈良佛教的腐化反感、希望把當時日本少見的天台法華宗發揚光大的最澄，則是在桓武天皇的支持下得以赴唐學習，開設了日本佛教的「根本道場」比叡山延曆寺。

今日日本的佛教基礎，幾乎由空海和最澄兩人打下。原因在於日後的鎌倉新佛教祖師幾乎全出身自最澄創建的比叡山，而空海的密教思想則直接間接影響了南都六宗等的華嚴宗、律宗等宗派。空海是真言宗開宗始祖，最澄則是天台宗開山。兩人在日本文化史上的地位正如其尊稱「弘法大師」和「傳教大師」一樣，空海將當時唐朝咒術色彩極重的密教完整帶入日本並加以宣揚，最澄則是將當時在中國已有式微之勢的天台宗引進日本，在

「四宗兼學」（圓、禪、戒、密，或天台、念佛、禪、密等兩種說法）的立場下，以天台法門做為中心，樹立了當時日本的新佛教中心。

最澄在世時忙於與諸勢力的調整與舊佛教的論爭，而未能發展出獨特的教義見解。「傳教」一詞也顯示最澄將當時的佛教教義從中國廣泛導入卻未有餘力專精深化，留下了日後各法門教義發展空間之現象。後來佛教日本化的代表、也就是鎌倉新佛教的諸宗派祖師亦多出身於最澄所創立的比叡山延曆寺。相對地，空海則是在長安時代正式相繼了密教高僧惠果的法統，雖然身為日本人卻成為漢傳密教的繼承者、得到惠果親封「遍照金剛」的稱號後回到日本，並獨自發展出密教中，金剛界曼荼羅與胎藏界曼荼羅（智與理）融合的獨特宗教世界觀。

空海導入密教這種可以藉由咒術和行法實現俗世願望的新佛法，可說是改變日本佛教的歷史。到奈良時代為止的佛法都只具儀式，不被認為有改變現實的能力。但密教是以對神秘力量、靈力的信仰為核心，進行改變現實的儀禮修法。所以不只真言宗的空海，就連天台宗的最澄和其徒眾的圓仁、圓珍都必須前往中國學習修法，將密教經典及法具、曼荼羅等引進日本。[121]以天台宗為宗旨的最澄，也被迫在回國前短暫學習密教以應對時代需求，天台宗日後更發展出獨自的密教系統稱為「台密」，空海系統的密教則以東寺為名被稱為「東密」。

做為一個中國系歸化人的後代，最澄俗名三津首廣野，七六七年出生於琵琶湖旁的近江國。在僧侶等於國家公務員的當時，於十二歲剃度進入近江的國分寺，並且在十九歲就進入東大寺受了具足戒，在專業路上一帆風順。但是就在同年七月，最澄進入比叡山獨自修行，可說是放棄了在宗教界榮華高升的機會。當時最澄講述自己思想的《願文》如下：

---

[121] 島田裕巳（2009），《無宗教こそ日本人の宗教である》，角川書店，p.47。

悠悠三界，純苦無安也。擾々四生。唯患不樂也。（中略）於是。愚中極愚。狂中極狂。塵禿有情。底下最澄。上違於諸佛。中背於皇法。下闕於孝禮。謹隨迷狂之心。發三二之願。以無所得而為方便。為無上第一義。發金剛不壞不退心願。

（中略）

我自未得六根相似位以還不出假。其一。

自未得照理心以還不才藝。其二。

自未得具足淨戒以還不預檀主法會。其三。

自未得般若心以還不著世間人事緣務。除相似位。其四。

三際中間。所修功德。獨不受己身。普回施有識。悉皆令得無上菩提。其五。[122]

[122] 岩波書店編（1974），《日本思想大系 4：最澄》，岩波書店，pp.395-396。

從《願文》裏的內容，可以發現最澄對於真理追求、救渡痛苦世間眾生的熱忱，並用自己「愚中極愚、狂中極狂」、拋棄佛教界出世之道的自我省視，反射出當時奈良佛教的腐敗面貌。對於不過在山林裏修行的最澄，其名聲卻傳進了新即位的桓武天皇耳裏。最澄先是成為朝廷的內供奉十禪師，後來還被選為入唐求法的「還學生」，在一年之內就帶著龐大的法器和經典回國。八〇六年最澄從朝廷得到每年兩人的天台業年分度者，也就是得到一年兩位的新公費出家修行者名額。至此最澄正式得到和南都六宗同樣的待遇，也被視為最澄的日本天台宗正式開宗象徵。

日後的最澄一方面向比自己年輕的空海學習真言、悉曇（梵文）等相關知識，一方面也開始展開與舊佛教間的論爭。最後最澄和空海因為教義和弟子交流等問題斷絕往來，也和南都六宗等舊佛教正式決裂。最澄破棄了自己在東大寺所受的具足戒，頒布了《山家學生式》，樹立比叡山獨自的受戒和僧侶培養規則。最後終於在最澄過世後的第七天，天台宗得到朝廷頒布的設立大乘戒壇許可，日本佛教的「根本道場」比叡山就此成形。

比叡山之所以被稱為日本佛教根本道場，除了天台宗本身的影響力，更大的原因是後世出現的鎌倉新佛教諸開宗祖師，幾乎都出身自天台宗比叡山。時宗的一遍上人在天台宗繼教寺出家，曹洞宗的道元也是跟著天台座主公圓進入佛門，而日蓮、法然、親鸞等更都曾在比叡山修行過。除了上述《山家學生式》所代表的最澄教育精神，因時代背景而讓最澄以原始天台宗的法華經中心主義外，更加上禪、戒、念佛、真言等元素的「四宗兼學」方針，讓上述的新佛教祖師得以發掘、特化自己的信仰元素，進而發展出新宗派。也因為這樣，如果佛教草創期的代表人物聖德太子在日本具有絕大的象徵地位，那麼被尊稱為「傳教大師」的最澄，則是實質上日本佛教真正的絕對存在。

相對於最澄，空海呈現在日本的是另一種天才型的大師形象。出身於地方豪族的空海俗名佐伯真魚，自幼接受當時最高級的學術訓練，並在十八歲進入京都的國立大學機構深造。但空海卻在十九歲時放棄將來被保證的國家官僚之路，放棄學業成為潛身山林的私度僧。從二十四歲著作漢文解說佛、儒、道思想並強調佛教優越性的《三教指歸》，一直到三十一歲參加遣唐使入唐為止的在野時期，其生涯一直沒有完整的記錄。這段在山林田野修行的歲月，也讓後人得以穿鑿附會許多神蹟傳說，讓空海比起傳教大師最澄，在民眾心目中更多了一分神秘性。

《三教指歸》全文以華麗的漢文四六駢文體寫成，以兔角公與外甥蛭牙公子的觀點，和分別代表儒、道、佛三教的龜毛先生、虛亡隱士、假名乞兒的對話辯證出佛教的優越性。其中兔角、蛭牙、龜毛的典故出自《金光明最勝王經》的〈如來壽量品〉，兔角公則影射為空海的舅舅阿刀大足（あとのおおたり），假名乞兒的言論則是寄託了空海本身的思想和行動。[123]早期的學術訓練，讓空海除了佛教知識，也擁有優秀的漢文及書法能力，這點

[123] 福永光司（2003），《空海　三教指帰ほか》，中央公論新社，pp.15-17。

也加深了空海的超人形象，以致日後地位同樣重要的最澄雖然身為日本大多數佛教宗派的思想起點，其本身卻沒有成為受崇拜的對象，但空海卻如「南無大師遍照金剛」（遍照金剛為空海密號）的咒文所代表般，成為和佛菩薩同等的一般民眾景仰對象。

《願文》和《三教指歸》雖然同為最澄和空海遁世前的自我抒發文，但正好也顯現了兩人於性格及人生際遇上的相對性。兩人同樣以神童聞名，最澄在地方的國分寺得度，空海卻接受了朝廷中央的最高學府教育。日後同樣踏上遣唐使旅程時，最澄已經是受賜為守護天皇的「內供奉十禪師」之一、有翻譯隨行並且經費充裕的短期歸國「還學生」，空海卻是留學期間二十年、經費待遇也大為不如的「留學生」。回國後最澄立刻被朝廷徵召為重病的桓武天皇祈禱，並在桓武天皇的庇護下得以讓天台宗快速發展，相對地空海在提早回國之後還得為自己的「闕期罪」（違反國家訂立的時間規定）辯護，向朝廷提出自己所帶回的法具、經典一覽的《御請來目錄》，證明自己是為了弘揚自大唐學到的佛法提早回國而非刻意抗命，三年間無法進入京都。但最澄的幸運起於桓武天皇的賞識，也終於桓武天皇的離世。失去天皇庇護的最澄，開始進入與奈良佛教的論爭期。相反地桓武天皇死後繼位的平城天皇即位僅三年後退位，接任的嵯峨天皇即位不久空海入京，開始了空海的密教發展之路。

空海的真言宗之所以能夠發展，正如前述主要歸因時代對於密教這種祈禱佛教的需求。就連以天台為宗旨的最澄，在為桓武天皇祈禱時也不得不使用當時世人認為較有效用的密教儀式。最澄的天台宗獲得每年兩名的年分度者，也是一名「止觀業」（天台專攻）、一名「遮那業」（密教專攻）的名額。最澄與空海在回國後曾經保持良好交流，最澄甚至在弘仁三年（八一二年）在神護寺與弟子們一同接受空海的金剛界與胎藏界灌頂。但將密教視為佛教最高境界的空海，和以天台為最高宗旨，將密教視為傳教手段的最澄，終於在《理趣經釋》的借用問題上出現矛盾，而讓兩大佛教巨人的交流就此停止。[124]

---

[124] 梅原猛（2005），《最澄と空海》，小学館，pp.52-54。

空海的立體曼荼羅與真言密教的世界觀

真言宗的世界觀，建構於所謂的「曼荼羅」上。曼荼羅梵文意為「本質」，是以諸佛的組合排列呈現出宇宙構造的圖像，以形態定義被分成「四種曼荼羅」，分別為以佛像圖案組成的大曼荼羅、以諸佛持有的法具、刀劍、蓮華等代表的三昧耶曼荼羅、以代表諸佛的種子、真言（梵字）構成的法曼荼羅，第四種則是呈現佛菩薩姿態的塑像構成的羯磨曼荼羅。[125]

若以世界觀來看，則曼荼羅分為胎藏界曼荼羅及金剛界曼荼羅兩種。兩種曼荼羅同樣以大日如來為中心，但在構成及配置有所不同。胎藏界曼荼羅以《大日經》為依據，內含四一四個佛尊，象徵「生命之理」的世界。金剛界曼荼羅則是以《金剛頂經》為依據，內含一，四六一個佛尊，象徵「堅強智慧」的世界。[126]胎藏界展現出世界真實的道理，並如

---

[125] 小峰彌彥（2017），《図解　曼荼羅入門》，角川書店，pp.38-50。
[126] 三浦俊良（2002），《東寺の謎》，祥伝社，pp.160-162。

——野山宿坊中的空海畫像與兩部曼荼羅（左金剛、右胎藏）掛軸。

同女性慈愛孕育新生命般象徵大日如來開悟的原理，金剛界則是展現大日如來金剛不壞的開悟智慧。也因此胎藏界與金剛界互為表裏，產生「理智不二」及「金胎不二」的說法，被合稱為「兩部曼荼羅」。由於繪圖構成胎藏界將東方畫在上方，金剛界則是以西方為上，所以也被稱為「東曼荼羅」和「西曼荼羅」。[127]

---

[127] 小峰彌彥（2017），《図解　曼荼羅入門》，角川書店，pp.20-21。

東寺講堂的空海立體曼荼羅(羯磨曼荼羅)

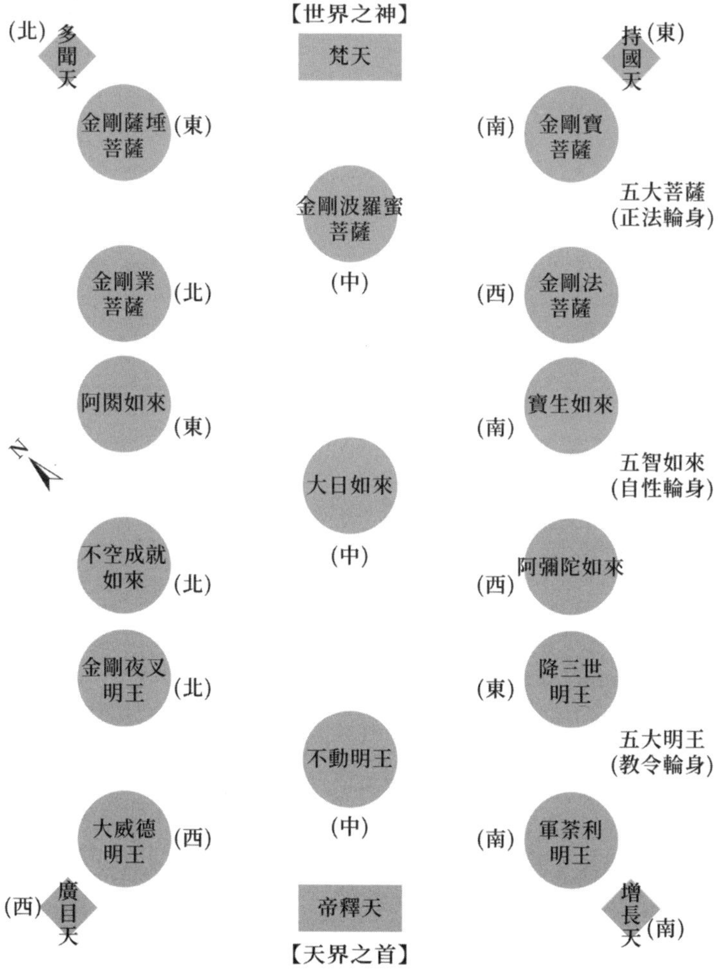

——東寺講堂內立體曼荼羅的佛像配置。

在中國接受惠果傳法灌頂、融合兩部曼荼羅世界觀的空海，受嵯峨天皇封為東寺管理者，在東寺境內建立講堂，並在講堂內設立以二十一尊佛像構成的羯磨曼荼羅。空海以講述鎮護國家、天下太平、七難除滅、濟世利民秘法的《仁王經》為基礎，選定了五大菩薩、五大明王、五方天（四大天王與天界首領帝釋天），從《金剛頂經》選定五智如來，再加上世界之神梵天後，完成東寺以佛像組成的立體曼荼羅。⑱

空海從長安攜回的「仁王經五方諸尊圖」在佛教的世界觀中，現實世界分為欲界、色界、無色界的三界。其中欲界為欲望的世界，由天、人、阿修羅、畜生、餓鬼、地獄的六道構成，代表東南西北四個方位守護佛法的四大天王和天界首領帝釋天，就是來自欲界的天道。色界則是脫離欲望但仍存在物質的世界，世界之主大梵天王就居住於色界，無色界則是純精神的禪定世界。在如來、菩薩、明王的四周守護的諸天，多為印度教等被佛教吸收的源自他教之護法神，⑲這種配置也彰顯出佛教的優越性。如來則是以密教的法身佛（自

⑱ 三浦俊良（2002），《東寺の謎》，祥伝社，p.163。
⑲ 小峰彌彥（2017），《図解　曼荼羅入門》，角川書店，pp.131-141。

宇宙形成以來就存在的真理化身）[130]的大日如來為中心，周圍配以分別代表東南西北方位及各種佛智慧的阿閦如來、寶生如來、阿彌陀如來、不空成就如來，統稱「五智如來」。

東寺羯磨曼荼羅五智如來與其特徵及結印

---

[130] 梅原猛（2016），《空海の思想について》，講談社，p.41。

因為菩薩象徵仍在修行途中釋尊形象，除了地藏菩薩等原本就是僧侶設定的造型外，菩薩佛像上一般都有華麗的裝飾，反應出釋尊出家前身為王子的高貴身分。但如來則是已開悟的存在，所以如來佛像上除了法衣，不會有任何華麗裝飾。但是大日如來則是例外存在，戴著寶冠及全身華麗的裝飾。據東寺方面解釋，這是大日如來為了向眾生說法，而走入人間與眾生共處的象徵，並且也強調密教藉由修行，讓人可以與大日如來合而為一的「即身成佛」教義。⑬

五智如來除大日如來外的另外四尊如來，在羯磨曼荼羅中造型差異不大，以其專屬的結印做為最大外貌區分方式。在密教中有「三輪身」的說法，做為佛存在中心的如來稱為「自性輪身」。而如來說法、救渡的象徵則稱為「正法輪身」、亦即菩薩，羯磨曼荼羅中配置的正法輪身，就是對應五智如來的五個親近菩薩，其位置擺設完全對應五智如來的方位。面對頑固者以憤怒相令其接受佛法的存在稱為「教令輪身」，也就是明王。五大明王

---

⑬ 三浦俊良（2002），《東寺の謎》，祥伝社，pp.181-185。

以大日如來的教令輪身不動明王為中心，與其對應的四個方位如來、菩薩的配置存在一個方位差，但與四大天王的方位配置對應。

羯磨曼荼羅裏出現的明王分別為：

1. 不動明王：代表中心的大日如來教令輪身。亦常見身邊伴有矜羯羅、制吒迦二童子的造型，手持斬斷煩惱的寶劍和羂索，被視為護摩儀式的火焰象徵。天台宗的台密及民間信仰的修驗道亦重視不動明王信仰，園城寺的黃不動、高野山的赤不動、青蓮院的青不動被合稱為日本三大不動。

2. 降三世明王：東方阿閦如來的教令輪身。名稱來自降伏欲色、色界、無色界的三界，或是過去、現在、未來的三世，或是貪、瞋、痴三毒。造型為三面八臂或四面八臂，以腳踩印度教的濕婆神與其妃烏摩為特徵，強調佛教對印度教的優越性。

3. 軍荼利明王：南方寶生如來的教令輪身。軍荼利的梵文之意為「蛇」或「甘露」，以一面八臂或四面四臂為造型特徵。

4.大威德明王：西方阿彌陀如來的教令輪身。在《胎藏圖像》中被畫在文殊院，但在空海的胎藏曼荼羅中則位於持明院，身騎象徵死亡、閻魔大王的水牛為造型特徵。

5.金剛夜叉明王：北方不空成就如來的教令輪身。吞食一切惡穢欲望，一般以三面六臂像為造型特徵。

東寺羯磨曼荼羅五大明王

(西)大威德明王

(北)金剛夜叉明王

(中)不動明王

(南)軍荼利明王

(東)降三世明王

除了羯磨曼荼羅的五大明王，日本佛教常見的明王尊還有：

1. 愛染明王：將人類的愛欲等欲望直接升華為求道的佛心，將佛經中的「煩惱即菩提」具像化的明王。特徵為頭戴獅子寶冠及手持弓矢，弓矢朝上的「天弓愛染明王」極為著名。

2. 烏樞沙摩明王：又被稱為不淨金剛、穢積金剛、火頭金剛，被視為火神和清淨汙穢的廁所之神，在台密中取代金剛夜叉明王做為北方的教令輪身。

3. 太元帥明王：以鎮護國家為主要目的的「太元帥御修法」本尊，以六面八臂像為主流。

4. 孔雀明王：將孔雀吃毒蛇、毒草的習性神格化的明王，通常造型以孔雀為座騎，在日本的雜密（正統密教尚未傳入）時代就廣受信仰，修驗道的始祖役行者亦以修行《孔雀明王法》著名。[132]

---

[132] 真鍋俊照（2004），《日本仏像事典》，吉川弘文館，pp.236-257。

——孔雀明王圖。

真言宗的即身成佛理論，基本上由六大、四曼、三密結合而成。在《即身成佛義》中，空海認為四種法身及三種世間由地、水、火、風、空的佛教中五種世間組成元素再加上「識」的六大構成。三種世間指的則是由佛、菩薩、緣覺、聲聞組成的智正覺世間、一般的眾生世間、由物質組成的器世間。四曼指的即為上述的四種曼荼羅，具體描繪出佛世界的形象，而三密則是身密、口密、心密的三種加持，「加」指的是佛智慧加諸於眾生，「持」則是眾生持有、保持佛法。[133]而從凡人到達即身成佛階段的信仰體系，空海則是在《秘密曼荼羅十住心論》中羅列如下：

第一住心　異生羝羊心　只知道進食與性的原始本能。

第二住心　愚童持齋心　像不聰明的孩子持戒的狀態。

第三住心　嬰童無畏心　開始出現追求宗教的心。但只是一時的狀態。

第四住心　唯蘊無我心　只相信五蘊而不相信自我的存在。相當於小乘中的聲聞。

[133] 加藤精一編（2013），《空海「即身成佛義」》，角川書店，pp.147-158。

第五住心　拔業因種心　理解因緣的道理，除去罪業的狀態。相當於小乘中的緣覺。

第六住心　他緣大乘心　開始將佛法傳達給他者。相當於法相宗。

第七住心　覺心不生心　理解一切存在不生不滅的道理。相當於三論宗。

第八住心　一道無為心　站在唯一絕對的立場，超越因緣無常的世界。相當於天台宗。

第九住心　極無自性心　顯教的最高階段，領悟一切存在無自性的道理。相當於華嚴宗。

第十住心　秘密莊嚴心　最高的覺悟階段，相當於密教。[134]

空海的《十住心論》除了說明密教對於人類悟性的開發階段理論，亦內含對於他宗的教相判釋——也就是信仰佛教時對諸多經典研讀比較後作出判斷、決定自身根本聖典的內容。第一至第三住心意指佛教出現前的世界，第四、五住心則是指出大乘佛教相對於小乘佛教的優越性。第六、七住心的法相、三論，則是強調密教相對於過去重經論的奈

[134] 宮坂宥勝（2003），《空海》，筑摩書房，pp.67-75。

良佛教，密教更具系統性及實踐性。做為密教的第一人者，空海當然將密教列為最高的開悟境界。但將華嚴宗排在第九階段，其實也反應出空海與舊奈良佛教的良好關係（當時華嚴宗的東大寺擁有認證出家者資格的大乘戒壇）。而天台宗被排在更劣於華嚴宗的第八住心，其實也顯示當時對於密教祈禱加持的強烈需求，以及空海個人對於密教遠優於天台教學的自信。這也是空海與最澄會因為借經事件而決裂的理由之一。

真言宗的分裂

被視為在一代天才完成的真言密教，在空海入定後，雖然高野山相信空海仍然存命，為救世而苦思入定，現今仍然每天由維那（僧侶）一天送進兩次菜飯供其食用，但高野山長期被東寺長者壓制，甚至有長期荒蕪形同廢山的時期。正如以《法華經》為宗旨的天台宗比叡山強調四宗兼學所以發展出台密一般，高野山也被別所聖（べっしょひじり，在高野山附近自蓋簡易廂房修行的私度僧）、念佛遊行者等滲透，再加上不專精佛法、但能負責雜務和維安，日後演變為僧兵的「大眾」勢力也進入高野山。這些被稱為「高野聖」，在高野山地位不高，卻負責實際向民眾勸進（募捐）和高野山納骨業務的中下層僧侶，成為密教改革者覺鑁（かくばん）的支持力量。

覺鑁先是吸收摻入念佛信仰的別所聖教義，又在同為真言宗的仁和寺、醍醐寺修業後，得到鳥羽上皇等貴人的歸依，創立了傳法院和念佛色彩濃厚的密嚴院（今日的苅萱堂）。以「聖」這種外來集團為後盾的覺鑁成功成為高野山座主，成功擺脫東寺的掌握。但這卻引起舊有勢力的反撲，覺鑁在兩年後失去座主之位隱居，並在不久後傳法院與舊勢力發生武力衝突，覺鑁方落敗率領七百徒眾前往根來另起爐灶，成為日後新義真言宗的起源。[135]當時的戰鬥也留下了金剛峯寺大眾追殺覺鑁至密嚴院，卻發現原本只有一尊的不動明王變成兩尊，覺得其中一尊是覺鑁假扮的大眾們用錐刺向兩尊明王膝蓋，兩尊明王卻一起流出

---

[135] 五来重（2016），《高野聖》Kindle 版，株式会社 KADOKAWA，pp.1638-1756、p.5951。

血，讓大眾們驚嚇落荒而逃的「錐鑽不動」的傳說。

覺鑁雖然以非正統的「聖」為支持基盤，但當時他反抗的真言宗僧侶其實形骸化、腐敗現象相當嚴重。覺鑁所著的《五輪九字明秘密釋》其序就明言「顯教釋尊之外有彌陀。密藏大日即彌陀極樂教主。當知十方淨土皆是一佛化土。一切如來悉是大日。毘盧彌陀同體異名。極樂密嚴名異一處」，表明其認為大日如來即為阿彌陀如來、密嚴院亦為其念佛道場的教義主張。⑬⁶覺鑁於東大寺受戒，這也沿續了空海時代以來真言宗不同於天台宗，從開宗以來與奈良舊佛教關係良好的傳統。這個特色也被日後鎌倉時代舊佛教復興運動中的叡尊、忍性所繼承，因此叡尊和忍性雖然出身奈良佛教的律宗，卻能與真言宗互相結合，創立真言律宗。

但在平安中後期民眾對於死後往生淨土的關心，讓覺鑁在與別所聖的交流中融合念佛

---

⑬⁶ 五来重（2016），《高野聖》Kindle 版，株式会社 KADOKAWA，pp.1765-1888、p.5951。

——高野山宿坊一乘院內的阿彌陀聖眾來迎圖模寫作品。

信仰，創造出「密嚴即極樂」的新義真言宗。覺鑁離開高野山後傳法院和密嚴院仍然殘留於當地，這也讓念佛元素進入高野山這個密教的大本營。今日高野山靈寶館的館藏國寶「阿彌陀聖眾來迎圖」，就是這個歷史軌跡的例證。覺鑁一派在離開高野山之後建立的根來寺，日後發展為寺領龐大的寺院，並擁有以鐵砲著名的僧兵軍團「根來眾（ねごろしゅう）」。根來眾日後因參與德川家與豐臣秀吉的作戰而遭到秀吉討伐，根來寺僧往高野山和奈良四散。一直要到關原之戰後，才得以在京都的智積院由高野山派的僧侶復興（真言宗智山派），當時逃往奈良長谷寺的僧侶們則是重建真言宗豐山派，成為新義真言宗的兩大派別。

天台宗的發展與本覺、末法思想

正如最澄在空海回國之後，因為《御請來目錄》的龐大法具、經典及空海本身浩瀚的密教知識，讓年長七歲的最澄願意以弟子之禮接受空海的密教灌頂一般，主張法華一乘的最澄從一開始就知道自己在密教部分教學的不足。再加上，上述當時對於密教咒術上的需求，讓最澄死後的比叡山開始對於密教強化攝取。最澄的弟子、也是第三代天台座主的圓仁在八三八年入唐，求得了統合兩部曼荼羅的蘇悉地法，在台密中結合了金胎二部，並將入唐經歷寫成《入唐求法巡禮行記》，而此書也是故美國駐日大使賴世和（Edwin Oldfather Reischauer）的主要研究對象。

圓仁除了將顯教和密教視為本質一致但修法不同的「理同事別」外，更從中國五台山帶入了念佛聲明（しょうみょう、將佛經配上音律的誦念方式），形成比叡山內的念佛風氣，進而形成日後淨土教的母胎。之後的第五代座主圓珍也入唐帶回更多的密教經典及教義，並且提出在顯教和密教的定義上更肯定密教優越性的「理同事勝」。最後在天台宗僧安然的手上，台密終於得以大成。[137]值得注意的是，日後圓仁、圓珍兩位讓天台宗密教化的座主門下開始鬥爭，圓珍派門徒離開比叡山，在園城寺（三井寺）形成據點，讓天台宗形成「山門派」（比叡山）與「寺門派」（三井寺）。寺門派也因為圓珍大師的密教傾向，讓三井寺得以和山岳修行的民間信仰修驗道結合，成為修驗道本山派的總本山（日後移轉到其門下的聖護院）。相對於山門派的四宗兼學，寺門派則是形成「顯、密、修驗」三足並立的特色。

但安然也以其著作《斟定草木成佛私記》，確立了天台本覺論的論述。因為神道影響

---

[137] 末木文美士（2015 b），《日本仏教史》，新潮社，pp.120-121。

而認為大自然充滿八百萬神的日本，受容佛教之際也吸收中國佛教中的「真如」思想（眾生原來就具有的佛性），[138]並且日後在天台宗更加衍生出「草木國土悉皆成佛」這種原始天台教學中未出現的有情、無情皆能成佛的理論。日本佛教除了天台宗，三論宗、華嚴宗也承認草木成佛的可能性。[139]真言宗的空海也在論述中多次強調「真如」、「本覺」，這些思想元素在天台宗圓仁、圓珍的密教化時代被吸收，於安然時代發展出天台本覺論的原型。[140]日本前首相中曾根康弘在一九八六年的施政演說中就曾引用「山川草木悉皆成佛」一語，並在當時成為了流行語。[141]本覺思想與其延伸出來的草木成佛觀，除了日本獨特自然觀的催化外，也和天台宗的根本聖典在日本的解讀有關。

《法華經》的前半被稱為「迹門」，後半稱為「本門」。前半講述三乘（菩薩、緣覺、聲聞）同歸唯一的佛乘，而後半則是釋明佛陀是早在久遠之前就已成佛的存在（久遠實成論）。在中國的天台宗認為迹門和本門同樣重要，但日本則認為本門價值遠高於迹門內容，

[138] 多田厚隆等（1973），《天台本覚論》，岩波書店，pp.483-504。
[139] 末木文美士（2015），《草木成仏の思想　安然と日本の自然観》Kindle 版，株式会社サンガ，pp.538-610、p.3391。
[140] 多田厚隆等（1973），《天台本覚論》，岩波書店，pp.504-512。

這也影響日後出身天台的日蓮思想。同樣被日本天台宗重視的還有一念三千的觀心法門，也就是觀想的一念之中其實內含了三千大千世界所有道理的思想。這些演化成日本天台宗的獨特教判觀，就是從爾前（法華經前的佛經）↓迹門↓本門↓觀心為最高境界的「四重興廢」思想。⑭

以上述為前提，會得到最終的最高法門就藏於修行者內心，只待修行去發掘原本佛性的結論。如果再加上「煩惱即菩提」、「一念三千」的理論，最終則會得到凡夫所感受到的現實世界狀態和感受，其實就等於已開悟佛性的飛躍結果。天台本覺論讓佛教思想與一般俗人的生活急速接近，也降低所謂「成佛」的預想難度，成為日後大部分鎌倉新佛教宗派的思想主胎。但這種理論的飛躍，同時也容易造成「既然凡夫是已經開悟的存在，那麼世人就可以不必修行而造惡無妨」的曲解，讓本覺思想一度在歷史上遭受嚴厲批判，甚至成為日後對日本佛教整體的偏見。

⑭ 末木文美士（2015），《草木成仏の思想　安然と日本の自然観》Kindle 版，株式会社サンガ，pp.123-158、p.3391。
⑭ 末木文美士（2015 b），《日本仏教史》，新潮社，pp.183-186。

另外一個影響日本佛教深遠的元素，就是所謂末法思想。在佛教裏有所謂「正法」、「像法」、「末法」的三時說，正法指釋尊的佛法被正確傳承的時代，像法指教義和修行仍具形式但人已難以開悟的時代，末法則指教義空具形式、真正的佛法完全消亡的時代。[143]而在日本的末法思想展開，則是以被傳為最澄所著的《末法燈明記》為代表。日本一般相信末法時代開始於永承七年（一〇五二年），這種說法來自於俗說的「正法千年、像法千年、末法一萬年」的計算方式。因為末法思想的影響，讓部分僧侶正當化自己的惡俗行為，也讓民眾認為修行已徒勞無功、對於過去的佛法不抱希望。在這種背景下，讓天台宗本山比叡山內除了密教化之外，也出現了以源信的《往生要集》為代表的阿彌陀佛淨土信仰。末法思想的「過去釋尊教義已無效用」思考，也讓佛教出現了新的解釋空間，讓天台宗內對於法華信仰邊緣化不滿的日蓮有了創立法華宗的契機，同時也形成鎌倉新佛教所有教派的理論基礎。

[143] 末木文美士（2015 b），《日本仏教史》，新潮社，pp.133-135。

平安佛教的特徵與時代意義

平安佛教除了一般日本教科書所提到的「貴族佛教」——由朝廷主導、以「鎮護國家」做為第一要義的佛教，將主要救濟對象由國家整體轉移到個人，但也僅限於知識階級和貴族階級外，其實也包含了幾個重要意義：

1.佛教從「理論」進入以經典為重心的「信仰」階段

自佛教公傳時代開始，佛教傳入日本之前在印度、大陸就已經歷經綿密的論證過程。正如聖德太子著《三經義疏》的典故，當時的上層知識分子，在吸收來自中國的先進文明之際，也一同把這些在大陸累積的佛教哲學做為「文化」導入，這也形成日本佛教在草創期就同時出現原始經典與論證哲學，但是這些論證哲學多為外來元素的特性。奈良佛教充分繼承這個要素，在各宗派裏除了華嚴宗，大多以解釋、演述原始佛經的「論」做為宗旨。

平安佛教的真言宗、天台宗雖然同為外來輸入產物，但兩宗都直接以《大日經》、《法華經》做為根本聖典，並且將做為高度文化結晶的佛教轉化成真正做為「信仰」的佛教——就算僅限於知識人與貴族，但當時流行的密教（真言宗與一部分的天台密教）因為強烈的祈禱佛教性格，讓佛教成為可以直接救濟個人、完成個人願望及解決痛苦的宗教。日本一般學界認為鎌倉新佛教是佛教日本化的開端，如果考量真言宗出現的空海個人崇拜、也就是「大師信仰」，和天台宗日後發展出來的天台本覺論，那麼平安時代就已出現佛教日本化的初期樣貌。末法思想的興盛，更讓日本佛教出現本質上的變化。

2. 山岳信仰的復興

中國自古亦有山岳信仰，而原始佛教亦有遠離人群的隱居修行傳統。但是做為先進文明傳入日本的佛教，在奈良時代形成的都是位於首都重要位置的巨大寺院。日本自古以來山岳就被視為產土神的居住地和死者靈魂的回歸處，在日本人的他界觀裏占了重要地位。

不論是早期入山修行、日後建立比叡山延曆寺的最澄，或是後期在高野山建立真言宗法城的空海，以「山」做為修行道場，並且與日本固有信仰結合，讓山神成為佛教寺院守護神的現象出現（比叡山的山王權現和高野山的狩場明神），這點不但形成了日本佛教的日後特色，更是日本獨特信仰修驗道的形成母胎。

3. 一乘信仰與本覺思想的重要性

最澄與奈良佛教的最大爭點，就在於是否接受《法華經》的「一乘（いちじょう）思想」。早在聖德太子的《法華義疏》中，就出現強烈的在家重視思想。[144]在家重視一直是日後日本佛教的特色，繼承這個思想的，就是出現於平安時代的最澄。主張一切眾生皆可成佛的《法華經》，在經過與南都佛教的長久論戰後取得朝廷公認、設立取代東大寺的大乘戒壇，讓一乘思想成為日本佛教主流，得以讓日後出現的天台本覺論成為鎌倉新佛教的土壤。另一方面真言宗主張藉由修行方式與佛菩薩合而為一的即身成佛思想，也對日本佛

---

[144] 末木文美士（2015 b），《日本仏教史》，新潮社，pp.40-42。

教造成了重大影響。

4. 寺社勢力的興起

以門跡制度為代表的寺院住持繼承權門化雖確立於平安時代末期，但寺院間如民間組織般以「恩義」或「權威」為前提的互相服屬、支援現象已經出現。[145]平安時代出現真言、天台兩大宗派，尤其天台幾乎是最澄為了對抗過去奈良佛教而生的宗派。就結果論而言，具有咒術性的真言密教統合了所有包括奈良佛教的宗派，甚至天台宗日後也出現台密。[146]另一方面天台本覺論也和真言宗的即身成佛神秘主義暗合。[147]平安佛教的兩大宗派形成了包括所有佛教勢力的「顯密體制」，在真言和天台不再像奈良佛教寄生於貴族支援，開始擁有具行政能力的教團之後，佛教一方面凌駕固有的神道，另一方面形成與王權足以相抗衡的獨自勢力。以神佛習合摸索信仰存續的神社方面也加入其體制，形成日後寺社勢力在政局中舉足輕重、並具有實際經濟和武裝實力的現象。

---

[145] 黒田俊雄（2016），《寺社勢力——もう一つの中世社会》，岩波書店，pp.56-76。

[146] 黒田俊雄（2018），《黒田俊雄著作集　第二巻　顕密体制論》，法藏館，pp.60-64。

5. 文化上的影響

以東大寺、興福寺等巨大寺院為代表的奈良佛教，當然在日本的文化史上占有重要地位。但奈良時代的日本佛教以國家為主體，主要目的在於鎮護國家和彰顯日本做為當時東亞世界其中一員的文化程度，甚至為了成立大乘戒壇而不辭勞苦將高僧從中國請來。但進入平安時代後，京都主要寺院都是皇族顯貴的私寺，在遣唐使中止、日本進入國風文化期後，佛教開始發展出獨自特色。像是藤原氏將阿彌陀淨土重現於世的國寶平等院鳳凰堂，就是最好的例子。[148]密教日後在本場中國反而因多次的滅佛運動而式微，但淨土、密教等造型及建築、造園藝術卻從平安時代的京都為起點，與上述的門跡制度等貴族文化相結合，發展出獨特的美學及無數的文化財，並成為日後鎌倉佛教的精神土壤。

---

[147] 黒田俊雄（2016），《寺社勢力——もう一つの中世社会》，岩波書店，pp.76-77。

[148] 島田裕巳（2009），《無宗教こそ日本人の宗教である》，角川書店，p.49。

三、鎌倉新佛教後的佛教日本化

包括司馬遼太郎等作家學者，都認為現今我們所認識到的日本「傳統」元素，大多誕生於戰亂期極長的室町時代。包括以書院造（しょいんづくり）為代表的日本式家屋、庭園、能樂等傳統藝能的集大成、花道、茶道等，都集中在這個時代。這些傳統元素的思想源流，許多都來自上一個時代、也就是鎌倉時代的基礎。鎌倉時代也是首次日本遭遇外國侵略、萌芽日本共同體意識的時代。鎌倉時代也在佛教史上產生重大的變化，就是佛教在日本產生更強的在地化風潮。與以漢傳佛教為最高準則的奈良、平安佛教相比，日本佛教在鎌倉時代開始擁有更高的獨特性與主體性。在日本學界，這些宗派被統稱為「鎌倉新佛教」。

鎌倉新佛教顧名思義，就是產生於鎌倉時代的日本佛教宗派。但以嚴格的時代區分來看，其實許多宗派成立於更早的平安末期源平相爭時代。在貴族政治沒落、擔任實際生產和軍事任務的武士抬頭的時代風潮下產生的這些宗派，也和當時的政治演變一樣，不再將救濟的對象限定於國家本身或是貴族等知識階級，而是轉向武士或農民、商人等大眾階級尋求支持層。除了因為其內省元素和簡單明快的修行法門，而廣受武士階級歡迎的禪宗系統臨濟宗、曹洞宗，更有以念佛信仰為基礎，發展成為群眾運動的時宗。時宗的非教團主義和教義的親和力，更與「聖」這種以信仰謀生的流浪民間宗教者結合，成為一種特殊的日本宗教民俗起源。

另外，淨土宗教祖法然、真宗的教祖親鸞和日蓮系統的教祖日蓮，更可說是鐮倉新佛教中的三位重要人物，也是佛教真正「日本化」的思想重鎮。受到最澄帶入日本的天台思想薰陶，法然、親鸞和日蓮提倡的教義演化為帶有強烈本覺思想的日蓮系統與日本淨土系統宗教。⑭如果以具有明確「宗旨」（日文指家族的傳統信仰之意）的信徒數，則淨土真

⑭ 清水正之（2014），《日本思想全史》，筑摩書房，pp.84-86。

宗的大谷、本願寺派合計擁有一千三百萬人的信徒，是日本最大的宗教信仰團體。

正如上述，鎌倉新佛教的開宗祖師們，全都出身於平安時代最澄創立的比叡山延曆寺。隨著政治實權從貴族轉換到武士手上，鎌倉時代變成各大勢力、也就是「權門勢家」等用實力爭奪莊園領地的時代。同時由於「門跡」制度，亦即由非嫡子的皇族、貴族進入佛門擔任特定寺院住職的現象盛行，傳教大師最澄創立的比叡山從第十九代座主尋禪（藤原師通之子）之後，歷代座主由權貴子弟、甚至法親王（出家皇子）擔任成為常態。這打造了比叡山與權貴良好的政教關係，並且擁有大量的寺領莊園。而為了守護這些莊園領地和收取年貢，比叡山等寺院開始擁有僧兵這種專屬武力。比叡山雖然急速世俗化，但是同時也是當時佛教及建築、醫學、農業土木、曆學等技術的最高學府。關白藤原忠通之子、擁有高度佛學知識並為著名史料《愚管抄》作者的第六十二代天台座主慈圓，正是這個時代現象的集合代表。⑮⓪

⑮⓪ 佐藤弘夫（2014），《鎌倉仏教》，筑摩書房，pp.26-33。

這種佛教團體擁有強大世俗力量的時代特徵，就是所謂的「顯密體制」。而支持顯密體制的精神力量，就是日本佛教自最澄以來的本覺思想。本覺一語出自中國的《大乘起信論》，指開悟的境界原本就藏於凡人眾生的內心深處。⑮但若思考轉變，認為現實中的存在就已經是所謂的「本覺」，那麼就很容易陷入現實肯定的修行無用論。這也是從當時就被批判至今的鐮倉佛教特色，但這個思考符合日本中世的時代特性，也促成下述的鐮倉新佛教大為興盛的結果。像是脫離大寺院修行、或是在市井中以民眾為傳教、勸募對象的「聖」，就是這種現實肯定下的產物，這也促進鐮倉時代以民眾為救濟主體的佛教改革。⑯

法然的淨土宗、親鸞的淨土真宗、一遍的時宗

淨土信仰的開拓者法然身為地方豪族之子，九歲喪父出家，並在十三歲進入比叡山，

⑮ 宗密（1696），《大乘起信論疏》，山口忠右衛門刊，AMAZON 電子書籍国会図書館デジタル版，pp.81-90。
⑯ 末木文美士（2016），《日本宗教史》，岩波書店，pp.71-73。

⑬十五歲受大乘戒。師事源光、皇圓等高僧鑽研天台教學，於十八歲時進入西塔（さいとう）黑谷的叡空門下一直到四十三歲離開比叡山為止。叡空所在的青龍寺位於西塔地區的邊陲之地，是被稱為「聖」（ひじり，詳細後述）的僧侶遁世場所。因此法然的這個舉動被視為是一種「二次出家」，也就是出家後逃離同樣如上述般成為世俗爭奪之所的寺院中心地而潛心向佛的行為。⑭在接觸到天台淨土信仰宗師源信及中國淨土信仰高僧善導的思想後，法然確立了以稱名念佛、亦即口稱佛號為中心的淨土信仰，並在四十三歲離開比叡山。

法然重視稱名念佛的理論根據相當簡單明快，於其《選擇本願念佛集》中法然主張稱名念佛是最簡單的法門，若以造像起塔為至善，則貧賤者難以得救。若以智慧、多聞、持戒為至善，則愚蠢、寡聞、破戒者都無法得救。但世間以貧賤愚蠢寡聞破戒者多，這就違反了阿彌陀佛解救眾生的本願。因此放棄造像起塔等諸行，專修稱名念佛才符合阿彌陀如來的博愛本願。⑮法然思想的成立，主要著眼於當時汲汲於生存本身，無時間、金錢餘裕

---

⑬ 佐藤弘夫（2014），《鎌倉仏教》，筑摩書房，pp.24-25，但根據醍醐寺本的《法然上人伝記》，法然出家與其父之死無直接關係。
⑭ 佐藤弘夫（2014），《鎌倉仏教》，筑摩書房，pp.34-35。
⑮ 佐藤弘夫（2014），《鎌倉仏教》，筑摩書房，pp.43-45。

追求法門的大眾，因此以阿彌陀佛要讓眾生皆盡成佛的本願出發，得到了稱名念佛這種最簡單的法門，才是唯一得救修行方式的結論。

正如前述內容，念佛信仰並非起源於法然，早在源信時代就有天台僧侶對念佛寄予強烈關心，民間宗教者「聖」也起了極大讓念佛流傳於坊間的功能。但是法然是第一個出身山門正統而唯一主張淨土信仰的學僧，這點也引起舊佛教勢力的反彈，讓法然日後遭受許多迫害。除了當權者實際的流罪處罰，法然也受到舊佛教勢力的強烈反彈。法相宗的貞慶、華嚴宗的明惠分別著作了《興福寺奏狀》和《摧邪輪》，批判法然貶低聖道門（以自我修行為成佛途徑的法門），並且帶起造惡無礙（惡人也會受阿彌陀如來解救所以作惡無妨）的風潮。⑮⑥

師從法然的親鸞，更將只求阿彌陀佛解救、放棄一切修業的「他力本願」發展到極緻，

⑮⑥ 鎌田茂雄，田中久夫注（1971），《鎌倉舊佛教》，岩波書店，pp.312-389。

公然娶妻生子，自號「愚禿」。對於這種戒律的絕對否定，律宗的叡尊強調戒律的重要，並以西大寺為據點從事社會救濟，其弟子忍性同樣在關東救濟民眾，讓律宗在關東獲得極大支持。一方面同樣師出天台宗的日蓮，也批判法然專修念佛、無視天台宗以《法華經》為聖典的原點。[157]但日蓮對於《法華經》的堅持，讓其發展出誦念「南無妙法蓮華經」的法華經題目即具功德的「唱題」修行方式。這點與法然誦念南無阿彌陀佛即有功德的「稱名念佛」有相似之處，而日蓮的修行方式讓「お題目」這種把歸依對象從佛菩薩轉化為經典本身、並且誦念經典書名本身即有功德的思考，成為其他國家佛教未見的強烈特色之一。

親鸞做為法然的門徒，除了更強化阿彌陀佛的本願他力信仰，也更加堅定人本就是充滿惡性存在的思考。認為人應該坦承面對自己就是邪惡存在，一心禮讚阿彌陀的本願就可往生極樂。因此淨土真宗不強調祖先的追善供養概念，親鸞本人更是自稱「愚禿」、「非僧非俗」且門下「沒有弟子只有同朋」，娶妻生子後在流放地專心於傳教。這種接近一神

---

[157] 末木文美士（2016），《日本宗教史》，岩波書店，pp.75-77。

教信仰及原罪思想的信仰形態，在日後由弟子所著的《歎異抄》中更為明顯。書中「善人尚能往生，何況惡人乎」的「惡人正機說」，可說是親鸞思想的最大特色。[158]

就念佛信仰角度來看，佛教各宗派可以分成只依靠阿彌陀本願的「淨土門」和依靠自己修行的「聖道門」。就親鸞而言，人類都是帶著惡存在的生活，所謂的善人就是想藉由自己的努力向善，而不依靠阿彌陀的慈悲本願。惡人則是深知自己是罪惡深重、無可救藥的存在，因此才會一心只祈求阿彌陀本願的救濟，亦即「惡自知其惡則為善」的理論，所以才會得到「善人都能往生了那惡人一定更能」的結論。因此，在前述的「造惡無礙」危險性背後，其實惡人正機說潛藏了巨大的自我省思哲學命題。這也是日後東本願派輩出清澤滿之、曉烏敏等哲學者，並影響到哲學大家田邊元「懺悔道」的原因。

由於親鸞的娶妻生子，讓其血脈得繼承本願寺法脈。本願寺雖然經歷一段很長的寺勢

[158] 梅原猛注（2016），《歎異抄》，講談社，pp.28-32。

比親鸞其他門徒系統式微的蕭條歲月，但在第八世蓮如繼承後，藉由其天才的布教手法，將原本淪落為青蓮院末寺的本願寺寺勢不斷擴大，就算被比叡山延曆寺指定為佛敵並加之迫害，仍然打下了日後實力匹敵戰國大名的本願寺實力基礎。到了第十二世顯如時，本願寺除了獲得唯一法相、天台、真言宗之外的門跡寺院地位，被視為貴族身分外，淨土真宗更以石山本願寺（今大阪）為據點，聯合諸大名與織田信長對抗，其戰鬥持續十年才由朝廷仲介講和，淨土真宗退出本願寺。在顯如死後，秀吉介入其繼承者之爭支持顯如三男准如繼位，原本的長男教如則因為過去主張與信長抗戰到底等原因而被迫隱居。秀吉死後則是輪到家康支持教如在本願寺東方另立新寺院，從此本願寺分為西（淨土真宗本願寺派）和東（淨土真宗大谷派）。

由於本願寺兩派都是親鸞血脈直傳，所以教內法主擁有絕對權威和權力。因此西本願寺在二十二代法主大谷光瑞派遣西域探検隊等而因財務問題引退後，就開始進行宗務改革限制大谷宗家的權力。而同樣法主具有絕對權力的東本願寺，卻是在繼承戰前宗內哲學思潮、在戰後開始思考信徒個人定位、宗內民主化改革時，引來保守派的不滿，分裂出淨土真宗東本願寺派（總本山東京本願寺，在茨城縣建立了世界最高立銅佛像牛久大佛）、淨土真宗大谷本願寺派（總本山東山淨苑東本願寺）、真宗東派（總本山嵯峨本願寺）三個新宗派。

——做為高僧佛像，同時也是真宗信徒崇拜對象的親鸞上人木像。

淨土真宗本願寺強烈的法主權威，正在於當代法主繼承了親鸞的血統。因此本願寺系統除了對阿彌陀的絕對信仰，亦對於位於比阿彌陀堂更大的御影堂內安放木像的宗祖親鸞聖人，採取絕對歸依的態度，宗內的「報恩講」等重要法會、甚至法主更替的「法統繼承式」也是在御影堂舉行，顯示強烈的御影堂為「本願寺一族祭廟」色彩。

若以淨土真宗全體計算，則該宗信徒為全日本人數最多者。而不進行祖先供養的該宗信徒，也常被稱為「門徒物知らず」（門徒為淨土真宗信徒的專有稱呼，意指門徒不知世事），除了對阿彌陀佛和親鸞聖人的崇拜之外，不信占卜也不測吉凶，不在意禁忌和好兆頭。但念佛信仰滲透到民間信仰後，產生了像六齋念佛、念佛舞等具有信仰意義的民俗藝能活動後，也有許多淨土真宗信徒瞞著宗門偷偷參加。除了參加地區民俗活動的一體感、觀賞藝能的娛樂效果外，其實背後也有真宗教義不重視、但卻是一般民眾希求的祖先追善供養等意義在。

——「歌念佛」的流浪表演者。（引用自清水晴風（2015），《世渡風俗図絵上巻（1～4巻）：江戸から明治の屋台・的屋商売人の歴史》。）

正如前述，念佛信仰從平安時代開始片段進入日本。其形態從瞑想為主的觀想念佛漸轉成口念佛號的稱名念佛，從空也的遊行念佛開始，念佛信仰就以「聖」這種流浪的民間宗教者為主體在庶民社會間流行。這也是真言宗的覺鑁得以摻雜念佛信仰的「聖」為後援力量，而一度成為高野山長者的起源。之後良忍宣揚「一人之念佛融通於萬人之念佛」概念並創立融通念佛宗，以記錄結緣者姓名並遊歷各地進行勸進（募捐）的宗教活動。這除了啟發日後的法然走向專修念佛的徹底稱名念佛修行外，也讓念佛更加深入民間與庶民活動融合。到了時宗的一遍之後，念佛信仰展開另一種新的形態。

地方豪族出身的一遍雖然在天台宗的寺院出家，但從未在延曆寺修行過，是鎌倉新佛教宗祖中唯一沒有比叡山學習經驗者。一遍經歷過兩次出家，還俗後娶妻生子再次出家後開始四處傳教的「遊行」。一遍傳教的方式稱為所謂的「御賦算」，是將上面寫有「南無阿彌陀佛」的符紙交給遇到的人來結緣。在經過某次僧侶拒絕接受一遍御賦算，而讓一遍陷入苦惱進入熊野本宮參籠（閉關）時，被視為阿彌陀佛化身的熊野權現告知其「不選其信不信，不嫌其淨不淨，應予其符」後，一遍在御賦算加上「決定往生六十萬人」，繼續遊行御賦算。六十萬人意指一切眾生，也就是只要唱頌阿彌陀佛號，所有眾生將來都得以往生阿彌陀淨土之意。時宗的宗派名，據時宗總本山遊行寺的說法則是因為中國淨土宗師善導命令僧侶按時輪班念佛，並將之稱之為「時眾」，故追隨一遍一同遊行的信眾們也以此自稱因而得名。由於一遍的傳教活動採取不停留於固定寺院、不設據點的遊行方式，且一遍在臨終時將所有書籍及紀錄邊唱念佛號邊燒毀，稱「窮一代聖教即成南無阿彌陀佛」，故一般認為一遍並無開宗立派之念，時宗教團的形成為後世弟子組織而成。

一遍遊行的寺社不限宗派，甚至包括許多神佛習合色彩濃厚的神社。再加上遊行這種繼承「聖」的民間宗教者性格的傳教方式，讓一遍得到當時庶民的強烈支持。遊行唱念佛號，歌頌阿彌陀佛讓一切眾生往生極樂偉大的狂熱情緒，後來形成時眾「踊念佛」這種用樂器伴奏，加上舞蹈動作念佛遊行的特殊形式。踊念佛後來影響了日本各地以中元節盆踊り為代表的民俗藝能，以念佛舞等方式流傳下來。雖然時宗的教勢日後遠不及淨土宗、淨土真宗等教團，但對於民俗的影響可說較其他淨土宗派更為深遠。

——京都四條的時宗開祖一遍上人念佛賦算遺跡。

禪宗——榮西的臨濟宗與道元的曹洞宗

鎌倉新佛教的禪宗系統由榮西的臨濟宗和道元的曹洞宗做為代表。相較於鎌倉新佛教其他教派的本土化發展，禪宗則是持續接受來自中國的影響。尤其是臨濟宗更在江戶時代發展出以渡來僧人隱元為宗祖的黃檗宗，黃檗宗過去稱為「臨濟正宗」強調自身來自中國的正統性，在江戶時代寺請制度所有人民皆需有所屬寺院的規定下，成為長崎等地與日本通商的中國人的宗旨。在中國形成的布袋和尚與彌勒信仰結合的彌勒佛崇拜，也成為黃檗宗與其他宗派不同的特色之一。

禪宗雖被定義為鎌倉新佛教之一，但日本禪宗的引進早在奈良時代的道昭開始，平安時代最澄入唐後，亦引進了禪宗流派之一的牛頭禪，成為天台宗延曆寺兼修的佛法之一。爾後禪思想亦經過許多片段管道流入日本，但一直要等到榮西系統化將禪宗導入後，才讓禪宗在日本正式確立。[159]

榮西雖然在天台宗延曆寺得度，但在修行過程中也受到密教影響。生涯前往中國（入宋）兩次，第二次入宋時榮西提出想要前往佛教發源地印度的申請但未被許可，在中國深造禪宗教義後回到日本。從九州開始傳教的榮西，同時也導入當時中國為去除坐禪時睡意而興盛的飲茶習慣，並著有強調飲茶益處的《喫茶養生記》。但是強調坐禪修行方式的榮西臨濟宗，仍然受到以鎮護國家為主旨、與貴族階級緊密結合的舊佛教勢力打壓。

由於榮西第一次入宋時的目的不僅於學習禪宗，而是天台、密教、戒律等的佛教總合學習，是因為中國當時正流行禪宗而受感化，榮西本身對於舊佛教並未採取敵對和全面對決的態度。為了與舊佛教勢力融合，榮西自己也受了真言宗的印可。但為了禪宗的發展，榮西日後前往武士之都鎌倉，希望可以爭取到武士這種與傳統貴族利益相左的新興權貴階

[159] 竹村牧男（2015），《日本仏教　思想のあゆみ》，講談社，p.263。

級的支持。禪宗強調自省和簡單明快的修行方式，獲得以戰鬥為天職、必須經常有死亡覺悟的武士認同，榮西在鎌倉建立壽福寺，並在將軍源賴家的支持下於京都建立建仁寺。

因為這樣的背景，榮西的臨濟宗雖然以禪宗為主，但修行內容仍包含禪、天台、密等兼修特色。在重視個人救濟的鎌倉新佛教中，榮西的著作《興禪護國論》也為了爭取當權者的支持而帶著鎮護國家的色彩。在鎌倉初期形成的榮西臨濟宗，與日後出現的日蓮宗雖然同樣帶著以佛教輔佐國家的理念，但面對種種舊佛教的弊端，日蓮宗採取的是全面對決的態度；反動勢力仍然強固時期出現的臨濟宗，則是採取與舊勢力妥協融合的方針，在武士階層獲得廣大支持。

鎌倉幕府因為榮西的努力而開始接受禪宗的同時，因為禪宗強烈的中國直接輸入特色，再加上當時政權需要禪僧與中國交流溝通的需求，鎌倉也出現以蘭溪道隆、無學祖元等中國僧侶直接前來日本傳教的臨濟宗系統。蘭溪道隆受到幕府執權北條時賴的尊崇，無學祖元則是受繼任執權北條時宗之命，建立追悼元寇之役雙方死傷者的圓覺寺，繼承其法統的夢窗疎石日後成為南禪寺的住持，並創立天龍寺和以「苔寺」聞名的西芳寺。這個系統的臨濟宗也有多宗兼學的特色，在日後成為聞名世界的日本禪文化基礎。

在中國的禪宗，有「五山十剎」的官寺制度。到了室町時代，京都和鎌倉模倣中國的五山制度，也各自成立了五大寺院做為文化活動的據點。這些寺院不只教授禪的教義，同時也導入當時中國成立的朱子學，並進行水墨畫、山水畫、漢詩漢文、造庭等文化活動，最後還成為孕育茶道文化的起源地。除此之外，五山制度成立的另一原因就在於日本門跡制度形成後，讓舊佛教的寺院高層與貴族子弟連結緊密。武士這種新興權貴階級興起後，需要另一個讓武士子弟出家的新體系。於是日本的五山制度就在幕府主導下形成，在室町幕府第三代將軍足利義滿的時代，南禪寺做為「別格本山」，京都五山為天龍寺、相國寺、東福寺、建仁寺、萬壽寺，鎌倉五山則為建長寺、圓覺寺、壽福寺、淨智寺、淨妙寺。⑯也因為同時具有榮西法統和中國渡來僧法統的歷史背景，臨濟宗在日本目前有臨濟宗與黃檗宗連合的「臨黃合議所」，臨濟宗內部亦有許多分派及各自的本山，為一鬆散的連合體。

曹洞宗的道元是貴族出身，父為久我通親（或為其子通具）母為藤原基房之女，在父母早逝後，十三歲於天台座主公圓下出家。後就學於榮西弟子明全並入宋，在宋國學到禪宗後回到日本建仁寺。進入具有多宗兼學建仁寺的道元，希望能夠實踐純粹禪的修行而離開該寺。著作《正法眼藏》以宣揚其純粹禪理念的道元，因為其主張在舊佛教眼中為偏頗的異端邪說而受到打壓。但因其出身高貴所以僅只於將其從京都追放，將傳教之地移到越前（今福井縣），建立禪道場永平寺。⑯永平寺一名取自佛教從印度傳入中國時的漢朝年號，其修行方式亦以嚴格及簡單明快聞名，甚至進入現代後還曾有以修行之名行施暴之實的指控。但道元的曹洞宗相對於榮西的臨濟宗，的確做為禪宗的純粹度較高，其「只管打坐」

⑯ 島田裕巳（2009），《無宗教こそ日本人の宗教である》，角川書店，p.52。
⑯ 竹村牧男（2015），《日本仏教　思想のあゆみ》，講談社，pp.279-280。

的修行方式也排除過去臨濟宗的天台、密教、戒律等兼學色彩。

但根據二〇一一年資料，曹洞宗寺院在日本有一四，六〇四座，其數量甚至超過便利商店7-11的一三，七一八店，同時也是日本佛教與葬禮關係密切的「葬式佛教」創始宗派。⑯就信徒數而言，日本最大的佛教宗派為淨土真宗。但若就日本家庭世代相傳的宗旨和寺院數來說，曹洞宗則是日本最大的佛教宗派。從與世隔絕的深山雪地坐禪道場，發展成與世俗最息息相關的宗派，正是因為道元代表著作的《正法眼藏》艱深難解，連日常生活都訂定嚴格詳細規定《永平清規》的道元純粹禪修行，在日後又因為弟子而轉向為兼修禪的關係。

永平寺的第三代住持徹通義介時代，寺內出現是否繼續道元的基本教義路線或是向世俗妥協的內爭。最後義介出走，永平寺日漸衰敗，甚至一度如同廢寺一般荒蕪。出走到加

---

⑯島田裕巳（2012），《浄土真宗はなぜ日本でいちばん多いのか》，幻冬舎，p.167。

賀的義介則為了教團的維持而開始有所妥協，義介的弟子瑩山紹瑾更導入為信徒祈禱、祭祀神明等儀式，這些措施得到世人的歡迎。紹瑾日後成為曹洞宗的中興之祖，也因此在曹洞宗將道元稱為「高祖」，紹瑾則被稱為「太祖」。曹洞宗的大本山也變成道元建立於越前的永平寺，與紹瑾建立於能登（今石川縣）、後遷至神奈川縣的總持寺兩大本山。

為補足道元的《永平清規》，紹瑾亦著有規定僧侶日常生活規則的《瑩山清規》。但《瑩山清規》中對於葬儀的規定，將還在修行階段的雲水僧葬儀也運用到在家信徒身上。這演化出日後日本在葬儀中對死者進行象徵性的剃髮儀式，並贈予其戒名法號讓死者以僧侶方式下葬，象徵其皈依佛門並成佛的獨特葬儀。其他宗派也效法曹洞宗的這種葬儀方式，讓日本佛教與葬儀開始密不可分，並形成歷史悠久的利益關係而讓許多人詬病。[163]

---

[163] 島田裕巳（2012），《浄土真宗はなぜ日本でいちばん多いのか》，幻冬舎，pp.175-177。

日蓮的法華信仰

因為重視《法華經》信仰，日蓮發展出來的教團又被稱為「法華宗」。日蓮出生於一二二二年的日本千葉縣南部（安房國），自稱為漁民之子。一二三三年入佛門並於五年後正式出家，一二四五年起分別在天台宗的延曆寺、三井寺兩大重鎮遊學，歷經數年的遊學之後，於一二五三年開始正式提倡「南無妙法蓮華經」的妙法信仰，並開始積極地弘法及傳教活動。一二六〇年向當時鎌倉幕府的實際最高權力者「執權」北條時賴提出《立正安國論》，內容主要為若日本不信仰正確的《法華經》信仰，則將面臨外國侵逼、國內內亂、天災人禍等大難最後導致亡國的言論。

日蓮所提倡的「四個格言」中對其他佛教宗派進行強烈批判（真言亡國、禪天魔、念佛無間、律國賊），導致其他宗派僧侶對日蓮展開包括襲擊、試圖殺害等反擊，並受到幕府的流放處分。這些迫害在日蓮信仰中稱為「法難」，因《法華經・勸持品第十三》中有「有諸無智人　惡口罵詈等　及加刀杖者　我等皆當忍……常在大眾中　欲毀我等故　向國王大臣　婆羅門居士　及餘比丘眾　誹謗說我惡　謂是邪見人……」等謁言，故受到他宗及政權的迫害反而成為《法華經》信徒信念正法的自我依據，形成法華宗系統獨特的法難思想。

在日蓮提出《立正安國論》之後，幕府想當然爾地並未採納日蓮意見而將法華宗立為國教。但在北條時賴死後便發生蒙古襲來的「元寇」，北條時賴的繼承人發動殺害異母兄北條時輔的內亂，天皇家也發生後深草上皇和龜山天皇的兩系統對立糾紛（日後南北朝亂世的遠因），讓日蓮更堅定自己的信仰無誤，而再度兩次向幕府投書建言，進行所謂的「國家諫曉（かんぎょう）」。晚年日蓮在山梨縣的身延山建立道場（今日日蓮宗總本山），於六十一歲時逝世於東京大田區池上本門寺（今日日蓮宗大本山）。

日蓮宗在鎌倉新佛教中是唯一以僧侶法號為宗旨名的流派，且相對於其他宗派的「南無阿彌陀佛」甚至真言宗的「南無大師遍照金剛」等，日蓮宗口持的並非佛菩薩名而是以經典名「妙法蓮華經」做為絕對信仰對象。反映在教義上則是對於日蓮的強烈崇拜和對其他宗派的排他性，繼承日興門流法脈的日蓮正宗更是相對於其他日蓮系宗派更為明顯。

日蓮受天台宗的影響極深，在對其他宗派展開強烈抨擊的生涯中，卻未對天台宗進行攻擊過。其「唱題」思想雖然乍聽之下充滿革命性，但若考量天台宗的「朝題目、夕念佛」的兼學修行方式，並且就天台教學中智顗也在《法華玄義》中將對法華題目的讚仰視為五重玄義，日本天台宗也在《五部血脈》的「法華題目」章中提到「夫尋一乘菩提之道，無如妙法蓮華經」的內容。所以日蓮的唱題修行方式，某種程度上繼承日本天台宗基於本覺思想（眾生本來就具有成佛資質）而發展出的法華禮讚信仰。⑯由於這樣的背景，法華宗信仰強調破折他宗教義的強硬傳教方式，稱之為「折伏」。並且重視佛法與王法（政治）

⑯ 花野充道（2007），《天台本覚思想と日蓮教学》，山喜房佛書林，pp.370-378。

間的關係，對於時局採取積極介入及建言的態度，這也是日後以創價學會為主體的政黨公明黨產生的理論基礎。法華宗系統之一的日蓮正宗所主張的「日蓮本佛論」，更是佛教在日本在地化、獨特化的一大佐證。

日蓮逝世後，被稱為「六老僧」的六位主要弟子因教義上的爭議（包括《法華經》二十八品中迹門、本門的優劣之爭，對他宗的包容和對應等），分裂出不同的系統。其中第三弟子日興因其他五老僧未善盡守護日蓮陵墓義務，以及其他五人對日蓮教義的曲解（日蓮正宗說法），而產生「五一相對」的矛盾，最後日興為了守護日蓮法統，離開身延山，在今日的靜岡縣富士宮市建立大石寺，展開了富士門流的法脈。所謂的「五一相對」是日蓮正宗成立的重要教義依據，其中內容為：

1. 五老僧認為日蓮的法門為天台宗，自稱為天台沙門。日興則認為天台法門為迹門（過去

法門），日蓮法門應為法華本門

2. 五老僧承認參拜伊勢神宮等神社。日興認為謗法國無善神，故神社內只有惡鬼。

3. 五老僧輕視以假名寫成的御書（日蓮親筆書信），甚至將之燒毀。

4. 五老僧認為抄經供養亦為修行，日興認為末法時代此種行為已無修行之效。

5. 五老僧造立釋尊佛像立為本尊。

6. 五老僧認為日蓮法門為天台宗，故承認在比叡山出家受戒，日興則以法華本門的立場不加承認。

7. 五老僧重視墓所所在之身延山，而日興重視「法脈是否正確流傳」而離開。

8. 五老僧視富士為偏遠之地，而日興將之視為「閻浮第一之地」。[165]

始自日興的富士門流，日後獨立稱為日蓮正宗。日蓮正宗除主張末法時代的釋尊已成迹門佛法代表而引伸出日蓮本佛論外，並堅持以文字書成的板曼荼羅以外（如圖），

[165] 日蓮正宗宗務院（2007），《日蓮正宗入門》，恒河沙有限公司，p.194。

——日蓮宗的板曼荼羅（妙本寺藏）。

不得侍奉其他佛像及造型物。雖然自日興時代就有把日蓮做為「人之本尊」、亦即宗祖的教義，但一般認為日蓮本佛論是由江戶時代的第廿六代法主日寬所確立。主要內容為日蓮出現於末法時代，已取代正法、像法時代的釋尊，成為「久遠元初之自受用報身」的本佛。⑯但要注意的是日蓮本佛論並非否定釋尊的存在，而是強調釋尊和日蓮同為久遠元初之自受用報身的本佛化身，但是釋尊是正法、像法時代的本佛，在過去佛法已經失去效用的末法時代，釋尊亦已成為佛的過去形象，日蓮才是「久遠元初」就已存在的本佛現在形象。

在這種原理主義的教義下，富士門流相較於其他修正主義的日蓮、法華系教派，信徒

⑯ 松岡幹夫（2006），《日蓮正宗の神話》，論創社，pp.159-164。

數一直無法擴大。但具有強烈入世色彩的日蓮信仰，卻成為許多新興宗教之母胎。一開始做為日蓮正宗信眾團體「講」而發足，日後與宗門分裂的創價學會亦被日本文化廳認定為戰後新興佛教團體之一。⑯⑦

但較早與世俗妥協容許參拜他宗寺社、造釋迦及其他善神像的日蓮宗——亦即日蓮正宗方面所稱的日興之外「五老僧」系統，主張法華經本門、迹門重要性一致，並堅持釋尊本佛論（日蓮僅為上行菩薩轉世）發展出其他五個門流。爾後日蓮系統分派的最大原因就在本迹勝劣、釋尊本佛兩大爭論上，因而出現法華宗、日蓮宗、日蓮本宗、顯本法華宗等支派。從另一個重要爭論點，亦即信奉法華信仰者是否可接受他宗布施及金錢往來上而產生的不受不施派（不與他宗有任何布施往來）。以日奥為開祖的不受不施派先是在安土桃山時代拒絕了所有宗派都被要求出席的千僧供養會，又在德川時代因為違背兼具住民管理的寺請制度，在江戶時代遭受長年迫害。

⑯⑦ 日本文部省文化廳（2016），《宗教年鑑　平成廿七年版》，ヤマノ印刷株式会社，pp.16-17。

四、江戶到近代的宗教政策——以富士門流為例

進入江戶時代之後，由於德川幕府目擊了戰國時代末期一向宗（淨土真宗）一揆的宗教戰爭頑強及慘烈，故在統一天下之後進行強力的宗教統制政策，並配合對天主教的禁教政策，實施以檀家制度來整理戶籍的「寺請制度」。幕府在要求各宗派提出「本末帳」（記載本寺、末寺間的隸屬關係）來制定各宗派的縱向統治構造後，並訂立「宗旨人別帳」的強制規定。⑯在這種宗教統制和戶籍管理雙重監視的制度下，當時日本民眾被禁止任意更改信仰。但以破邪顯正為宗旨的日蓮正宗並未因此放棄勸誘他宗信徒入信的「折伏」行為，也因此在江戶時代引發多次在各地遭禁教、信徒下獄、流放的法難。⑯

明治維新之後經過短暫的廢佛毀釋時代，雖然一直到戰前日本都以國家神道為中心，但其間富士門流於一九〇〇年獲得公稱為「日蓮宗富士派」的權利，一九一二年更被正式

⑯ 末木文美士（2015 b），《日本仏教史》，新潮社，pp.239-240。
⑯ 日蓮正宗宗務院（2007），《日蓮正宗入門》，恒河沙有限公司，pp.218-230。

認可「日蓮正宗」的宗名。爾後雖經歷一九三九年《宗教團體法》的宗派整合政策，日蓮正宗仍避過與日蓮宗合併的危機，得以獨自存續至今。在一九四〇年的《宗教團體法》實施之前，傳統將佛教分類為十三宗五十六派，其中並不包括南都六宗裏已式微的三論、成實、俱舍三個宗。在許可制的《宗教團體法》實施之後，宗教團體以「宗派」為單位，獨立出現法華宗、本化正宗、日蓮正宗三個日蓮系的新教派，律宗則分出了吸收空海「具足戒」教義的真言律宗，而法華宗、本化正宗、日蓮正宗會獨立於日蓮宗之外，則是因為日蓮宗內關於「本迹勝劣」、「不受不施」、「日蓮本佛論」等宗派內嚴重教義分歧所致。

本書的分類則著眼於古義、新義真言宗分支的時代意義及對日本各地方的滲透度，所以列入新義真言宗。且考量日蓮宗內的「日蓮本佛論」為日蓮系信仰中最嚴重的分歧，和聖德太子對於日本佛教的影響力，所以也列入日蓮正宗及聖德宗兩個誕生於近現代的教派。近代之後出現的佛教系新宗教，也大多教義脫胎自左圖中的傳統佛教教派。

日本佛教宗派概分

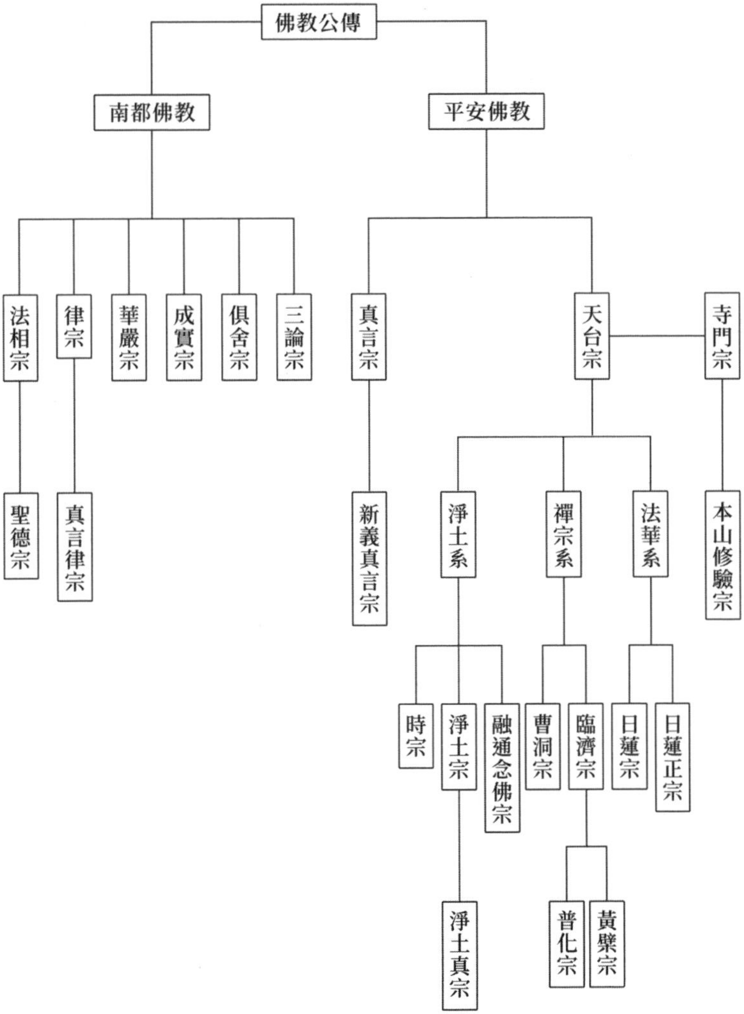
佛教公傳
南都佛教
平安佛教
法相宗
律宗
華嚴宗
成實宗
俱舍宗
三論宗
真言宗
天台宗
寺門宗
聖德宗
真言律宗
新義真言宗
淨土系
禪宗系
法華系
本山修驗宗
時宗
淨土宗
融通念佛宗
曹洞宗
臨濟宗
日蓮宗
日蓮正宗
淨土真宗
普化宗
黃檗宗

五、佛教的造型藝術與建築

佛像造型

日本的佛教元素雖然大多來自中國，但經過多年的歲月洗禮，早已發展出和以禪淨為主的中土佛教不同的樣貌。尤其是中國在經過幾次大規模的佛教鎮壓運動後消失的密教相關事象，反而因為東密（真言宗）與台密（天台宗）在日本的流傳而保存至今。佛教在日本的獨自發展，也讓佛教的造型藝術呈現與中國佛教有許多差異的風格出現。雖然日本亦經歷明治初期起自民間的廢佛毀釋浩劫，但時期不長且文物仍有不少逃過被破壞的命運，總而言之，奈良佛教與密教的元素，形成今日日本佛教異於其他漢傳佛教的造型風格。

頁二六八－二六九圖例中為日本較常見的佛像種類，其位階為如來〉明王〉菩薩〉天部〉高僧。而權現等日本特有信仰所產生的佛像，由於脫離了傳統佛教教義體系所以較難定位。因為修驗道中的權現，被認為是佛為教化日本人而顯現出的形象，但權現又不曾出現於原始經典，而且權現有時是佛、有時又被視為菩薩，甚至有時會是複數佛菩薩的合體，所以不列入圖例。不管是以釋迦得道後為原型的如來，或是得道前為原型的菩薩，因為他們本來身為印度人的身分，其造型都有耳洞。由於菩薩以仍未完全悟道、尚未出家捨棄世俗的釋迦為原型，所以菩薩通常戴滿豪華的裝身具以強調佛法的光輝光明，如來像則是以出家捨棄世俗的釋迦為藍本，故穿著樸素的布衣以顯示超脫於世俗。

彌勒菩薩和大日如來是兩個比較特別的存在。彌勒是已經被約束釋迦入滅五十六億七千萬年後成佛的未來佛，所以和一般如來一樣沒什麼珠寶裝飾，永遠一副在思考要怎麼救世的沉思模樣。相反地，大日如來是真言宗（中土佛教已經幾乎消失的東密）裏正法的擬人化，所以全身珠光寶氣金碧輝煌地象徵佛法的光明。以不動明王為首的五大明王則是密教中大日如來的憤怒化身，這在台灣更是除了關子嶺的火王爺信仰之外，極為

日本佛像分類

如來

阿彌陀如來

明王

大威德明王

菩薩

金剛法菩薩

馬頭觀音

天部

金剛力士
(吽形)

迦樓羅王
(二十八部眾)

廣目天
(四天王)

金剛力士
(阿形)

高僧

日蓮上人

空也上人

少見。天部則是充滿印度教土俗元素的護法神。正如前述般，日本的佛教公傳始於百濟向欽明天皇獻上佛像，因此佛像的造型藝術在日本佛教中占了極重要的地位。而且也因為對佛的崇敬一開始就始於「相貌端嚴」的佛像，而非以佛骨為崇拜對象的舍利信仰，所以在極早期的日本佛教建築就得以從以藏納佛舍利的「塔」為中心的建築形式，轉換成日後特有的佛寺建築格局。

飛鳥時代的佛像強調靜態、左右對稱，造型帶有強烈的唐國、甚至西域風格。該時代流傳至今的佛像多為大陸傳來的舶來品，飛鳥時代的著名佛師（ぶっし）鞍作止利，也出身於渡來人血統的技術人員家系。進入王權全面支援佛教的奈良時代，東大寺等官寺產出許多國寶級的佛像，也連帶讓像興福寺、清水寺等私設寺院擁有龐大的優秀佛像資產。本時期的佛像風格同樣受到大陸文化影響，開始強調生命力和動態描寫，風格柔美的寫實造型特色。王朝對於佛教的支援雖然讓這個時期有大量的優秀作品，但也因製作佛像都是編制下的專屬佛師集團，故較少有個人風格突出的作品出現。反而是在王朝中央集權力量衰退的平安時代之後，為私人寺院造佛的職業佛師集團出現，開始了佛像造型藝術日本化、流派化出現的時代。

平等院鳳凰堂的國寶阿彌陀如來坐像，就是平安時代佛師始祖定朝的作品。但同為國寶的東寺講堂五大明王像完成於平安時代初期，就因東寺為朝廷支援的官寺而作者不詳。定朝（じょうちょう，平安時代後期活躍的佛師）之後的弟子分成以京都為據點的圓派、院派，及以奈良興福寺為主要據點的慶派。定朝當時因為雕刻佛像的功績，而被賜予了「法眼（ほうげん）」的榮譽僧侶階級。這個傳統後來也被繼承，雖然佛師得以如俗人一般娶妻生子，但由於佛師的工作是雕刻眾人崇拜的佛像，所以由朝廷賜予法印、法眼等僧侶高位，才不會有由俗人製造聖像的矛盾。從定朝之孫賴助開始的奈良佛師，其旁系康慶則與其子運慶、弟子快慶等開創了慶派的全盛時期。

佛像各部名稱

如來

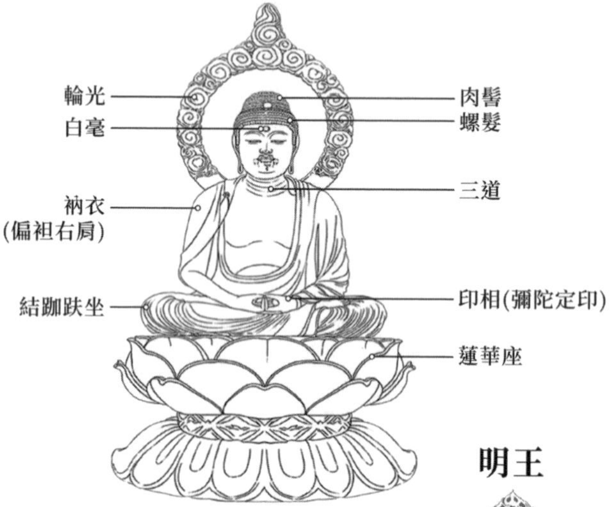

明王

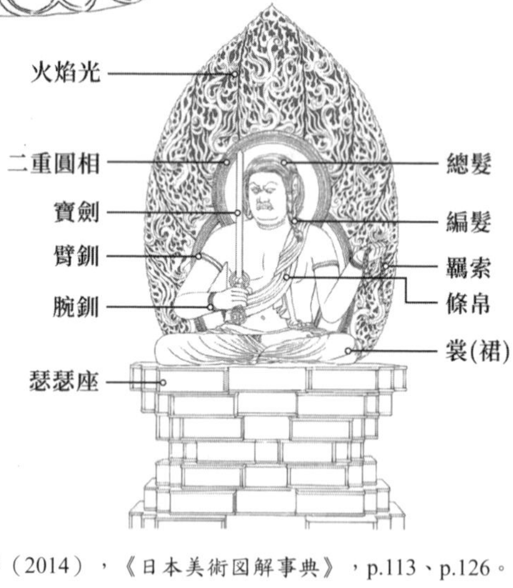

——說明引用：守屋正彥等（2014），《日本美術図解事典》，p.113、p.126。

鎌倉時代由於貴族與新興權力階級武士間的矛盾，擁有自身價值觀和堅持的武士階層不喜與貴族文化關係深厚的圓派、院派佛師，而讓奈良佛師的慶派得以與武士建構良好關係。所以慶派得以獲得由武士發注的各大寺院佛像雕刻工作，尤其是東大寺的四天王像、南大門仁王像等更是慶派佛師運慶、快慶的代表作品。慶派呈現不同於飛鳥、平安的靜態對稱美，而是強調骨格與肌肉的力量與律動感，表現出人類生命力的風格。慶派作品日後有許多被列為國寶、重要文化財，是日本佛教造型藝術的重要代表。[170]到了室町時代之後由於佛像的需求深入到一般民間而加大，佛像的製作開始職人化，不再由有力佛師經營的佛所（工房）獨大。

至於佛像的材料與技法，在飛鳥時代多採用受大陸文化影響深遠的金銅佛。到了以藤原京為首都、佛教開始向地方傳播的白鳳時代，佛像出現了塑像、乾漆像、磚佛（瓦像）等較不需高度技術的技法。奈良時代沿續這個趨勢，出現先以黏土塑型，再以麻布、漆等

[170] 真鍋俊照（2004），《日本仏像事典》，吉川弘文館，pp.84-92。

貼在外層，再將黏土去除內部以木材補強的「脫活乾漆像」。又以此為基礎，演化出日本獨特的先以木雕為底，再於外層以乾漆做細部造型的「木心乾漆像」。平安時代後木雕佛像成為主流，技法也從以單一木材直接雕成佛像的「一本造」，演化出用數塊木材結合後再雕出佛像造型的「寄木造」。寄木造成為慶派等著名佛師的造佛工法主流，並發展出了寄木造技法方便運用，從內部貼上水晶呈現眼睛全體造型的玉眼技法。

佛像的造型大多來自佛經中的三十二相八十種好，如肉髻、輪光、白毫等，亦有如表現見、修、無學的「三道」造型。印相、衣著與附件則用於表現佛像地位及特徵，例如密教中大日如來的教令輪身不動明王，總髮、編髮等造型被認為是以古印度奴婢階級外貌做為藍本，並有所謂持劍、持索、坐於象徵岩石堅硬般意志的「瑟瑟座」上的「十九觀」做為造型時的主要規則。至於帝釋天、四天王、十二神將等造型，則以中國唐代武將的甲冑造型居多。

佛寺建築

日本初期的佛教建築受到大陸佛教風格的強烈影響，故奈良時代之前的寺院建築壯觀宏偉，類似唐朝佛教建築風格。但在平安時代停止遣唐使，日本發展出國風文化之後，日本寺院也演化出獨特風貌。正如上述，早期寺院建築是以供奉佛舍利的「塔」為中心；所以早期的日本寺院如飛鳥寺、四天王寺等，就以塔為寺院中心建成。

但由於日本的佛教公傳是以佛像做為媒介傳入，所以在日本很早就開始以安置佛像本尊的金堂而不以塔為中心的建築形式。至於建築樣式則主要有以東大寺為代表的大佛樣、禪宗寺院的禪宗樣（唐樣），以及日本特有的和樣及折衷樣。由於中國傳入的大佛樣與禪宗樣在構造上無法對應地震頻繁的日本，日本才發展出獨特的和樣，折衷樣則是和樣再與大佛樣、禪宗樣融合出的建築樣式。至於寺院內的建築，大致可以分為下列幾種：

日本早期重要寺院配置

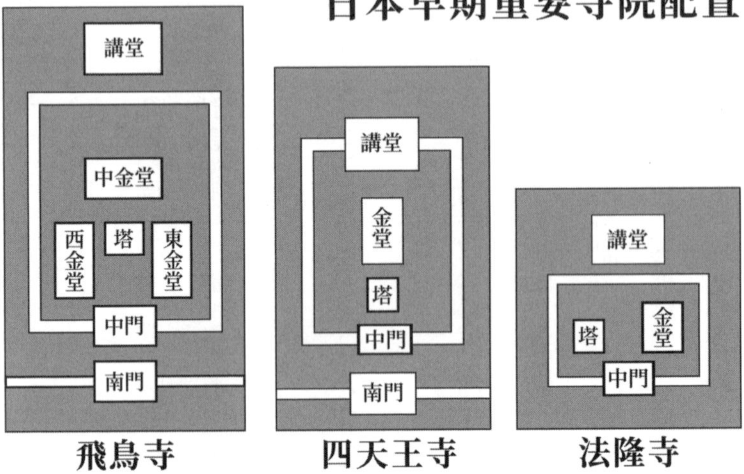

——參考自宮元健次（2016），《日本建築の見方》，p.89。

1. 金堂：或稱本堂、中堂、佛殿等，安置寺院本尊佛像的中心場所。
2. 開山堂：或稱大師堂、祖師堂，供奉該宗或該寺院的開山祖師，淨土真宗的御影堂也是其中一種。
3. 講堂：或稱法堂、常行堂、灌頂堂，為寺院中說法的場所。
4. 圓堂：通常成六角或八角形狀，為故人祈福的場所，如法隆寺供養聖德太子的夢殿。
5. 門：單層建築的門依其柱數分成兩柱的棟門，四柱的四腳門，為了在兩側安置

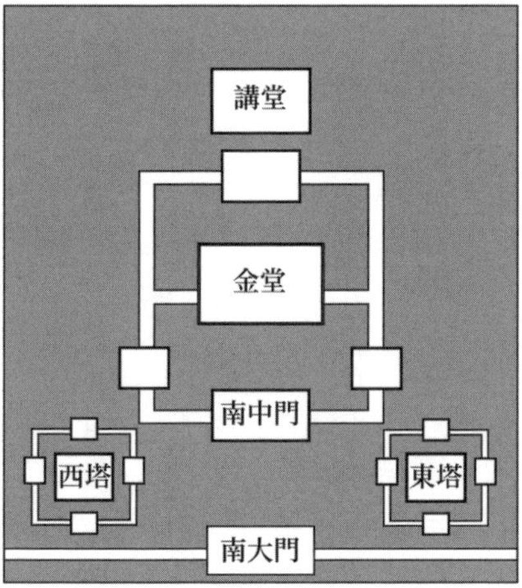

東大寺

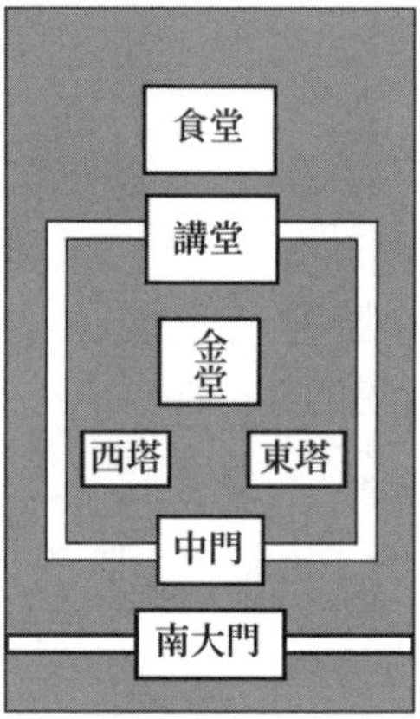

藥師寺

仁王像而有八柱的八腳門，以及前方有圓弧形唐破風的唐門。兩層建築的門則分成兩層皆有屋頂的二重門，與只有最上方一層屋頂的樓門。

6. 鐘樓、鼓樓、經藏：放置報時工具鐘、鼓，與存放經典的場所。

7. 僧房、方丈、庫裏、塔頭、東司、浴室：僧侶的生活空間，僧房為僧侶寢室，方丈與庫裏則是禪宗寺院的住持住所與廚房，東司則是廁所，塔頭為卸任後住持的隱居住處。

8. 塔：由過去存放佛舍利之地演變而成的

建築，依其樓層數有三重、五重、七重等種類。其中下方為四方型上階為圓形的多寶塔，源自《法華經》中多寶如來的典故，但在日本據稱由真言宗祖師空海引進，故多寶塔多見於真言宗寺院，為日本獨特的佛塔樣式。[17]

做為原始佛教信仰中心的塔，是自原始印度佛教安置佛舍利的「卒塔婆」演化而來。佛塔以寺院建築傳入日本之後，又在日本的平安末期以密教教義發展出石製供養亡者用的五輪塔。五輪塔據說由新義真言宗的宗祖覺鑁考案而成，依其著作《五輪九字明秘密釋》所稱，五輪塔自上而下分別代表佛教中世界五大元素的空、風、火、水、地，其形狀分別為寶珠、仰月、三角、圓、方形，若對應到人體，則分別是頭、眉、心、臍、腰下。

五輪塔很快就超越宗派，成為日本佛教共通的供養石碑。不過依其教義不同，五輪上的梵字也會被寫成「妙法蓮華經」或是「南無阿彌陀佛」。但畢竟五輪塔是半永久的石造

[17] 宮元健次（2016），《日本建築の見方》，学芸出版社，pp.91-105。

物，要設立受到空間及成本的限制。日後日本各佛教宗派又發展出木製的板塔婆，做為每次掃墓時插在故人墓上供養的道具。板塔婆上同樣依教派不同，會寫上梵字或「妙法蓮華經」及其他經典或教義文字，板上兩側加上五道刻痕以代表其五重之意，亦為日本佛教的獨自產物。

日本佛教之「塔」概略

五輪塔

(卒)塔婆

(日蓮正宗板塔婆之上部)

日本佛教之「塔」概略

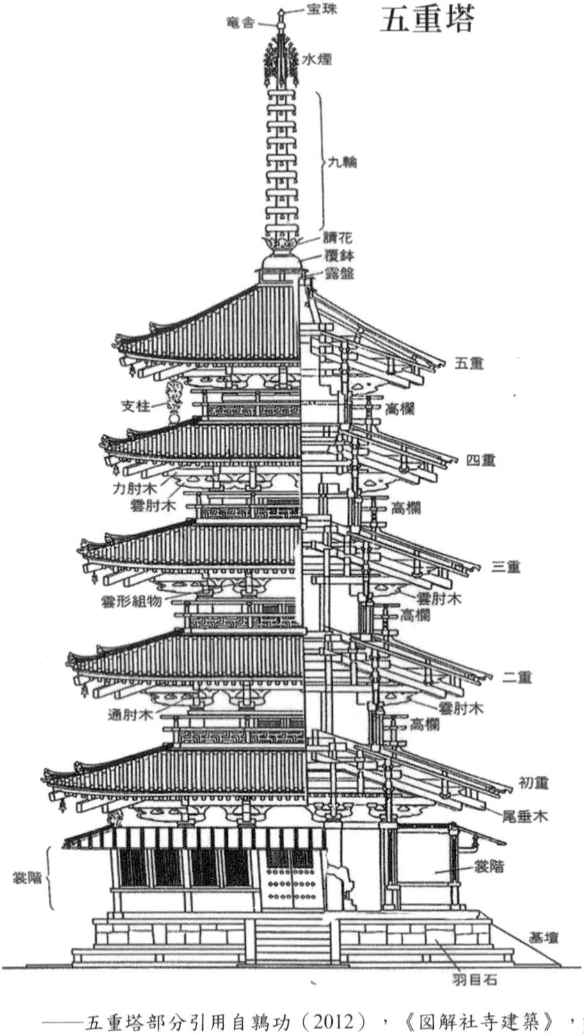

——五重塔部分引用自鶉功（2012），《図解社寺建築》，p.104。

六、章結

做為外來宗派傳入日本的佛教，對於日本文化影響極其深遠。在宗教信仰上，強勢的佛教誘發出神道的體系化，以及神道為不被壓制消失而發展出的神佛習合現象。這不僅讓日本的宗教信仰日漸與大陸文化有所差異，更成為日本獨有的修驗道信仰之母胎。在民俗方面，也形成お盆等先祖供養及祭祀傳統，並與過去日本的他界觀結合，形成獨特的日本死後世界觀。在藝術與建築方面，佛教更是做為大陸文化引進的重要媒介，對今天日本美學、美意識的形成功不可沒。佛教本身也在平安時代的遣唐使斷絕後，形成日本獨自的發展和樣態。江戶時代的寺請制度與宗門改制度，也讓佛教與統治權力更緊密結合，家庭傳統宗旨的葬儀舉行方式影響日本至今。雖然因長久歷史而形成的種種弊端，讓明治時代發生廢佛毀釋的時代風潮，但隨後不久佛教就重新站上軌道，成為日本文化的重要源流之一。明治時代因政治需求所執行的神佛分離，也難敵日本長久的神佛習合傳統而漸漸恢復。故今天之日本宗教文化研究，佛教仍然是不可忽視的重要元素。

第三章 修驗道

一、何謂修驗道

修驗道與山伏

修驗道（しゅげんどう）是日本的獨特信仰。修驗道以稱為「抖擻」的山地巡行為修行方式，崇拜在岩石、樹木、瀑布等大自然中感應到稱為「權現（ごんげん）」的神明，並與之同化而得以使用超自然的力量來進行咒術宗教活動。[172]所謂的權現起源於第一章神道中所提到的本地垂迹說，指佛菩薩以神明姿態出現的存在。修驗道在日文中，顧名思義就是「験を修める」；「修」指的是修行、修練，而「驗」指的則是驗力、靈驗，也就是所謂的神通力。

因為這樣的特性，修驗道融合了山岳信仰、神道和佛教的要素。簡單說，這些信仰要素都是為了修驗者得到神通力的手段。乍看之下具有「神佛習合」、也就是神道與佛教信

[172] 宮家準（2012），《修驗道——その伝播と定着》，法藏館，p.9。

仰混雜並且衍生出新民間信仰色彩的修驗道，其實在其信仰體系中仍然有其脈絡可尋，也就是在信仰位階來說佛教〉神道〉山岳信仰，但是在實踐上卻是山岳信仰〉神道〉佛教的特殊現象。

修驗道的特徵

位階信仰

佛教	>	神道	>	山岳信仰
密教與「本地」		「權現」信仰		山岳被比定為神佛

實踐活動

山岳信仰	>	神道	>	佛教
修驗道的根本「抖擻」		禊、水垢離等		護摩、持經等

如果神道是從自然崇拜演變出的日本固有信仰，那麼修驗道更是日本融合所有外來及本土要素的獨特宗教。因為以獲得驗力為目的、融合神道及佛教元素的特徵，再加上以登山活動為主體的簡明易懂修行方式，讓不一定對繁雜教義有興趣、但對實現自己願望有絕對需求的大眾得以親近修驗道。也因為這樣，修驗道的行者和前述的佛教「聖」一樣，常有娶妻食肉者，是屬於「聖」與「俗」交界的存在，也是純粹信仰與一般大眾之間的連結角色。

對一般人來說，比起高深的修道成佛，生活安穩和除災去病才是最重要的需求。《今昔物語集》裏記載早在聖武天皇時代，就出現了名為御手代東人的民眾為了祈福而入吉野山閉關修法，誦念觀音佛號並祈念「南無銅鐵萬貫、白米萬石、好女多得」，而且最後如其所願。可見早在奈良時代日本就出現了以山岳信仰為實踐方式、祈求現世利益的修行者，這也可說是修驗道的濫殤。⑰³

⑰³ 村山修一（1970），《山伏の歷史》，塙書房，p.70。

修驗道的宗教者一般稱為「山伏」，顧名思義當然是取自於修驗者潛伏於深山的修練形態。修驗道在中世大幅進入民間，也出現了帶領俗人到靈場、聖地進行團體參拜寺社的「御師」、「先達」（詳後述）等。另外修驗者在山區的機動力和隱密性也被當政者注目，開始進入政界甚至成為政爭裏軍事力的一環，修驗者也藉由和當政者的連結來擴張自己的教團勢力。⑰根據修驗道的切紙（教義說明資料）「山伏二字之事」的解釋，「山」字由底下的「一」連接上面的三劃「川」，代表報身、法身、應身的三身即一，蓮華部、佛部、金剛部的三部合行，空、中、假的三諦一念，了因、緣因、正因的三因一性，戒、慧、定的三學併修等意義。而「伏」左邊的人代表法性、菩提、聖性，右邊的犬則代表無明、煩惱、凡夫，兩字合一成為無明法性不二、煩惱即菩提、凡聖不二之意。⑱

江戶末期的修驗相關文獻《木葉衣》則是解釋山伏的「伏」為借字，應該寫成同音的「山臥」，也就是在山中起臥修行之意。修驗古稱「驗者」，是稱積持咒勤行之功而得效

⑰ 村山修一（1970），《山伏の歷史》，塙書房，p.18。
⑱ 宮家準（2015），《修驗道小事典》，法藏館，p.179。

驗者。[176]從這兩個解釋，可以看到修驗道以入世身分從事離世修行，再回到俗世施展咒術服務大眾，凡人藉由修練得以和神佛合體的特殊宗教意識。這種修得驗力後以加持祈禱的方式對應民眾平日各種苦惱，以被稱為山伏或「法印（ほういん）」的半僧半俗修驗者為主體，深入民眾生活的形態也是修驗道的特色。[177]「法印」原本是佛教中最高的僧侶階級，在修驗道卻用來做為一般山伏的尊稱，類似台灣尊稱所有出家人為「師父」的概念。

修驗道的教祖役小角（役行者）

在修驗道裏的信仰位階上，經過後世系統化、並與天皇家統治正當性連結的神道，高於保持自然信仰原始形態的山岳信仰。而從文化先進國大陸方面傳來的思想體系佛教，在當時日本人的眼中自然地位高於傳統的神道信仰。這不只是日本自古就接受外來文化思想的反應，另一方面也是因為以「三國」（中國、印度、日本）做為全世界的世界觀中，佛

[176] 村山修一（1970），《山伏の歷史》，塙書房，p.16。
[177] 鈴木正崇（2015），《山岳信仰》，中公新書，p.4。

教是唯一具有世界基準的普世價值。這種信仰上的位階，也可以從被視為修驗道始祖的役小角身上看到。役小角也被稱為役行者，尊稱為「神變大菩薩」。役小角與聖德太子、弘法大師空海並列為三大傳說中的日本寺院創立者（開基），尤其是南都（奈良）佛教和天台、真言宗寺院，幾乎都相傳是三者其中之一所創立。

役小角的造型多被設定為長鬚、戴著頭巾的老者，長袍露出雙腳並穿著高木屐，右手執錫杖左手執書卷，坐在岩石上，身邊跟隨著前鬼（ぜんき）、後鬼（ごき）兩個僕役。目前現存最久的役小角木像最古只能追溯到鎌倉時代，這種造型應該也是把平安時代末期的修驗行者加以誇張表現後產生。⑱役小角在史料上初出於《續日本記》中文武三年（西元七〇〇年）的記載，原文提到役小角是「役（原文為人邊）君小角流于伊豆嶋。初小角住於葛木（城）山，以咒術稱，外從五位下韓國連廣足師焉。後害其能，讒以妖惑，故配遠處。世相傳云，小角能役使鬼神汲水採薪。若不用命，即以咒縛之」。⑲《續日本記》

⑱ 村山修一（1970），《山伏の歴史》，塙書房，pp.54-55。
⑲ 藤原継縄（1657），《続日本記　巻第一》明暦三年本，AMAZON 電子書籍国会図書館デジタル版，p.19、p.74。

裏只提到役小角能用咒術驅使鬼神，但未提到其咒術內容。

——役小角與其使役前鬼、後鬼圖。（取自北齋漫畫）

在僧侶景戒記載民間傳承並倡導善惡因果的《日本國現報善惡靈異記》（日本靈異記）書中，則於〈修持孔雀王咒法得異驗力以現作仙飛天　緣二十八〉一節裏明確指出役小角為出身賀茂氏的「優婆塞」（在家修行者），其修行方式是「更居巖窟，披葛餌松。沐清水之泉，濯濁世之垢。修行孔雀之咒法證得奇異之驗術」。在這段記載中可以發現役小角的山岳信仰修行，融合了神道思想以清水洗去身心汙穢的「禊」，並且修得的驗術是佛教孔雀明王的咒術，進而「使鬼神得之，自在喝鬼神」。後來因為役小角用咒術奴役鬼神，當地神明一語（言）主向天皇讒言後，挾持了役小角之母威脅，將其流放至伊豆大島。最後一語主神被役小角用咒術「縛至今世而不得解脫」，所以「知佛法驗術廣大者，歸依之人必證得之矣」。⑱

雖然身為僧侶的景戒寫下這個傳承時有其偏袒佛教的立場，但做為說話集流傳至今的《日本靈異記》，其史料價值不在於記載是否為史實，而在於反應出當時民眾對於修驗者

⑱ 内外書籍株式会社編（1931-1937），《日本國現報善悪霊異記》，内外書籍株式会社，pp.384-385。

的一般看法。一語主神「不得解脫」一段正反應出前述古代日本神道信仰在佛教的優勢下產生的「神身離脫」思想，以及佛教與神道間的優劣比較意識，役小角的修行記載也暗示了這種信仰位階性。

不過在信仰實踐上，山岳信仰的登山修行（抖擻）、神道的水垢離（みずごり）、瀧行等，相較於艱深的佛法而言又容易達成，所以在修驗道的實際事象中，多以山岳信仰的修行方式為主體。佛法的實踐除了持誦經文和護摩等儀式之外，多用於服裝、道具及前述的登山行為的意義賦予上。例如將山岳的各地區比定為佛教中的十界，或是將修驗者的上下衣服分別視為密教中的金剛、胎藏兩界曼荼羅等。但是日本佛教與修驗道在修行方式的關係一直相當密切，空海在正式得度之前也曾經歷山林修行的優婆塞階段，日後得到化身為獵人的狩場明神引導、得到地主神丹生明神授予高野山的傳說，也與各大修驗道場的開山神話極為類似。至於最澄也在年輕時期潛身於比叡山修行，比叡山在最澄死後也發展出與修驗道修行形態類似的「千日回峰行」。

日本山岳信仰裏的「女人禁制」傳統，也和這種與獵人、山民密切結合的歷史有關。山是孕育、再生獵物、作物及礦物之地，所以在神格之後常被視為女神，因此除了上述將山岳比定為曼荼羅、十界的思想之外，修驗道也常見將入山修行過程比定為人類從受胎到死亡、以至重生離開山區的現象。獵人、採礦者不讓女人上山或進入坑道的原因，其實是為了怕受到女神的妒忌或不滿，而影響生產收成的心理。⑱再加上古代日本將遺體埋葬於山區的習俗，讓祖靈與山神成為一體。

從日本民俗過去常見、現今慢慢消失，將遺體葬在山區而在靠近部落地另立被稱為「清墓」的墓地，日後祭祀只在清墓進行，埋葬地被視為死穢之地平時不會前往的「兩墓制」也可驗證這種古風。這種風俗讓山地被視為神聖、神明之地的同時，也被當成

⑱ 宮家準（2012），《修験道——その伝播と定着》，法藏館，p.5。

是死者之國、黃泉之地。[182]也正因為這種信仰，讓地獄、餓鬼、畜生的三惡道和以佛道為首的四聖道都被包含於內的十界，可以在修驗道的世界中並存於被視為隔離於人世的山中。

《日本靈異記》裏所提到的「孔雀之咒法」，引據自《佛母大孔雀明王經》的〈孔雀明王經法〉，是以孔雀明王為本尊，對天變、怪異、祈雨、止雨、病惱、出產、疱瘡有功效的密教四大法之一。在日本據稱是修驗道的中興之祖、醍醐寺的聖寶首先修練此法，所以役小角和〈孔雀明王經法〉在傳承裏被連結在一起。韓國連則是祖先曾出使三韓，容易接觸外來文化，在思想和宗教上受外國影響的宗系，韓國連廣足也曾是由百濟傳進日本的呪禁師。因此韓國連先師事役小角，後來又讒言使其流放，和役小角控制一言主神等故事，也被視為是影射役小角所代表的修驗道與固有山岳信仰，以及外來宗教間的衝突。[183]

[182] 村山修一（1970），《山伏の歷史》，塙書房，p.29。
[183] 村山修一（1970），《山伏の歷史》，塙書房，pp.62-65。

修驗道裏的佛教、神道與山岳信仰

但是檢視今天的代表修驗道宗派，除了可以看出上述的宗教習合現象，也會發現修驗道並不只是佛教的亞流。的確最大的本山派中心是天台宗聖護院、當山派則是醍醐寺三寶院，獨立為金峯山修驗本宗的總本山金峯山寺在中世期也曾是興國寺的末寺，[184]近世之後隸屬於日光輪王寺之下，以「山上藏王堂」聞名的修驗聖地大峯山寺，也是由五個修驗系統的寺院宗派輪流管理。但是熊野修驗道的聖地熊野三山就是熊野坐、熊野速玉、熊野那智三座神社，東北地方的修驗道出羽三山也是羽黑、月山、湯殿三座神社，九州修驗的彥山、信州的戶隱山、加賀的白山和上野的日光山等，都是以神社為主體。

修驗道就是如此以民族傳統神祇信仰加上大陸傳來的佛教為主軸習合而成的信仰，是日本歷史上的外來文化同化現象之一，也是讓各種要素在日本的風土和傳統中真正融合，

[184] 宮家準（2012），《修験道——その伝播と定着》，法蔵館，p.28。

在密不可分的關係下創造出來的獨特宗教。⑱

修驗道在教義上雖然以佛教經典為優勢，但是神道和山岳信仰這兩種日本固有民俗信仰卻形成修驗道的骨幹。與追求普遍真理的佛教不同，日本的神佛本來就具有和特定地點連結的限定性質。像在修驗道的聖地之一吉野被視為是未來佛彌勒成道之地，所以過去以藤原道長為首的貴族在當地埋了許多放在經筒裏的抄經成為「經塚」。而另一聖地熊野三山的神明中，本宮被視為阿彌陀佛、新宮被視為藥師佛、那智神社則被視為千手觀音的化身，集合三佛垂迹之處則是現世淨土，所以上皇和貴族相繼前來參拜，也就是所謂的「熊野詣」。⑱

熊野當地居民把山稱為「水藏」，在民俗信仰中，祖先靈在經過三十三回忌後，會飛升到山地成為神明，並與山神融合。⑱在平安時代的國家律令細則《延喜式》裏，其中

⑱ 村山修一（1970），《山伏の歴史》，塙書房，p.17。
⑱ 末木文美士（2016），《日本宗教史》，岩波書店，p.89。
⑱ 鈴木正崇（2015），《山岳信仰》，中公新書，p.6。

關於各地神道信仰組織的「神祇式」就記載了七十三座祭祀山神、三十二座祭祀雷神、十七座祭祀大物主神的神社。大山咋神、大山祇神、大山守命等山神，由於水源來自山麓的原始感覺，被稱為「水分神」，也因為農耕文化對於水源的重視，這些神祇常被視為賜予部落生命的「產土神」。《日本書紀》的記載中，創世女神伊邪那美在生下火神軻遇突智時因不適而嘔吐的汙物中，誕生了金山彥神（山中礦產之神）；在同書的「或有一說」（別の一書）也提到軻遇突智因為害死母親而被父親伊邪那岐斬殺時，三段身體分別化成雷神、大山祇命、高龗（貴船神社主祀的雨神）。這也代表日本古代火神與雷神被視為一體、雷神又與雨神、山神連結的信仰觀，大物主神更是以三輪山為代表的山神。[188]在更早的奈良時代，蒐集各地風俗傳承的《風土記》，也記載了三十二處被當成信仰對象的山岳。[189]

熊野在《日本書紀》中，就被記載為伊邪那美因生下火神死後的「神退之國」。所以

[188] 村山修一（1970），《山伏の歴史》，塙書房，pp.30-38。
[189] 村山修一（1970），《山伏の歴史》，塙書房，pp.39-41。

如果天照大神所在的伊勢是「顯國」，那麼其母死後所葬之地的熊野就是「幽國」。這種把熊野當成死後世界的觀念，在奈良時代前就已存在。流行於江戶時代的「伊勢熊野詣」，也是未婚男女成群前往後回鄉才被真正視為成人的一種人生通過儀式。古代的死者之國，在中世後也開始被視為阿彌陀如來、或是觀音淨土，像是高野山和善光寺被視為淨土也是同樣現象。熊野本宮將阿彌陀如來置於正殿，並成為「證誠殿」，成為證明念佛者往生的神明。前章所述的一遍上人在遇到信仰苦惱時，閉關於熊野得到熊野權現開導的地點也在證誠殿。表現這種中世熊野信仰的熊野影向圖，構圖也是來自「山越之彌陀」、也就是阿彌陀佛來迎圖，將熊野全體視為彌陀淨土。⑲

《古事記》中神武天皇東征時為了不正向太陽作戰，繞道由紀伊半島北上進軍，並受到八咫烏的指引而勝利的聖地也正是熊野地方。因此日後熊野三山發行用來祈求平安與立誓用的誓紙「牛王寶印」上的圖案就是以烏鴉畫成。在日本，死靈在墓地經過淨化後，祭

⑲ 五來重（2014），《熊野詣》，講談社学術文庫，pp.22-24。

於寺院中成為無個體性的祖靈，祖靈升華之後成為神明這種現象，在民俗學和宗教學已經是不容懷疑的定說。

雖然江戶時代基本教義派的國粹主義神道學者硬將佛教視為祭祀死靈、祖靈，而神道則是祭祀神明，所以許多日本人也沒意識到這種升華現象。但若觀察山神、田神、火神、地神、屋敷神等低級叢祠，就可以看到這種介於祖靈至神明中間的民俗信仰。像是由修驗者們建立於熊野山道，號稱為熊野權現之子但其實態不明的「熊野九十九王子」神社群，就是這種升華現象的例證。或說整個熊野權現，也可說是死靈→祖靈→神明升華現象的集合體。[191]在當地烏鴉不但被視為神使，同時也被視為可以穿越人世和冥界的存在。這種死者之國與聖地、淨土並存於一處的概念，也是修驗道後形成的重要精神土壤。傳統山岳信仰裏的他界觀，再加上佛教世界觀的結合，原本的冥界、淨土，再加上極樂、人間、甚至地獄形成十界，出現了所謂的「熊野觀心十界曼荼羅」，也成為修驗者們只要繞行山岳

[191] 五來重（2014），《熊野詣》，講談社学術文庫，pp.40-41。

一周完成，就等於歷經四聖六道，修驗者得以洗去所有罪障並得到功德、重獲新生的精神理論基礎。

修驗道雖然視役小角為開祖，也尊稱其為「神變大菩薩」，於修行中也有「南無神變大菩薩」的咒語，但信仰中最高的崇拜對象，還是以金峯山上示現於役小角前的金剛藏王權現。各個修驗聖山也有熊野三所權現、出羽三山權現、彥山三所權現等神明。⑲各地的權現基於本地垂迹思想，都有佛教的佛菩薩對應被當成其真身。金剛藏王權現的本地為釋迦如來、千手觀音、彌勒菩薩，所以在金峯山寺上的藏王權現像就是三尊並立。熊野三所權現則是阿彌陀如來、千手觀音、藥師如來，彥山三所權現的俗體岳是釋迦如來、女體岳是千手觀音、法體岳則是阿彌陀如來。⑲出羽三山權現的羽黑山是聖觀世音菩薩，月山是阿彌陀如來，湯殿山則是大日如來。

⑲ 宮家準（2015），《修驗道小事典》，法藏館，p.194。
⑲ 宮家準（2015），《修驗道小事典》，法藏館，pp.62-63、pp.82-83、p.149。

——熊野觀心十界曼荼羅。

因為山岳信仰遍布日本各地，日光、富士山、越中立山、白山也都存在各自的修驗道宗教組織，甚至四國還有以海為主體的修驗道信仰。除了信仰這些本尊，修驗道導入密教的金剛、胎藏兩界曼荼羅世界觀，把修驗道的根本道場大峯山系（從吉野到熊野一帶的諸山）當成是曼荼羅諸佛的所在地。所以在修驗道信仰中大日如來與其教令輪身不動明王，以及諸明王、諸天等護法神，還有藏王權現底下的八大金剛童子、不動明王下的三十六童子等也被當成崇敬對象，並且在施法時由於修驗者和不動明王等本尊融為一體，做為神屬的童子可以成為被修驗者驅使的對象。

頁三〇四－三〇五附圖為主要的修驗聖地信仰對象。由於長久的神佛習合歷史，所以佛菩薩以神明之姿「權且現身」的權現占了信仰對象的大宗。許多權現根據各地自古以來的傳承，可以找到該山岳在日本神話中對應的神明。如木曾御嶽的御嶽大神是國常立尊、大己貴命、少彥名命三神，白山妙理權現是伊邪那美，日光的二荒山大神則是大國主神與其妻田心姬命（宗像、嚴島神社祭神的海上三女神之一）、其子味耜高彥根命，分別對應日光的男體山、女峯山和太郎山。出羽三山更是因為當地複雜的歷史和相對關係，而對三山的神體有多種說法。根據出羽三山神社的官方解釋，羽黑山是伊氐波神、稻倉御魂命、月山則是月讀神、湯殿山則是大山祇神、大國主神和少彥名命。箱根權現的三神是以比丘、宰官（男性文官）、女神的三種形象出現於各種一枚摺（御札）及掛軸，⑲富士山淺間大社主神則是「天孫」之妻木花之佐久夜毘賣命，與其夫天孫瓊瓊杵尊及其父大山祇神。

修驗道最高聖地大峯山系統的主神則是藏王權現，而藏王權現同時也是各地修驗道共通崇拜的最高本尊之一。伯耆（ほうき）的大神山神社主神稱為「智明權現（ちみょうごんげん）」，被視為與日光二荒山同樣是大國主神，其本地佛為地藏菩薩，立山信仰裏的雄山神社立山權現則是日本創世男神伊邪那岐與大力神天手力雄神。古代擁有強大影響力

⑲ 関口静雄、岡本夏奈（2015），〈一枚摺の世界〉，《学苑》898 号，昭和女子大学 60-61，pp.60-61。

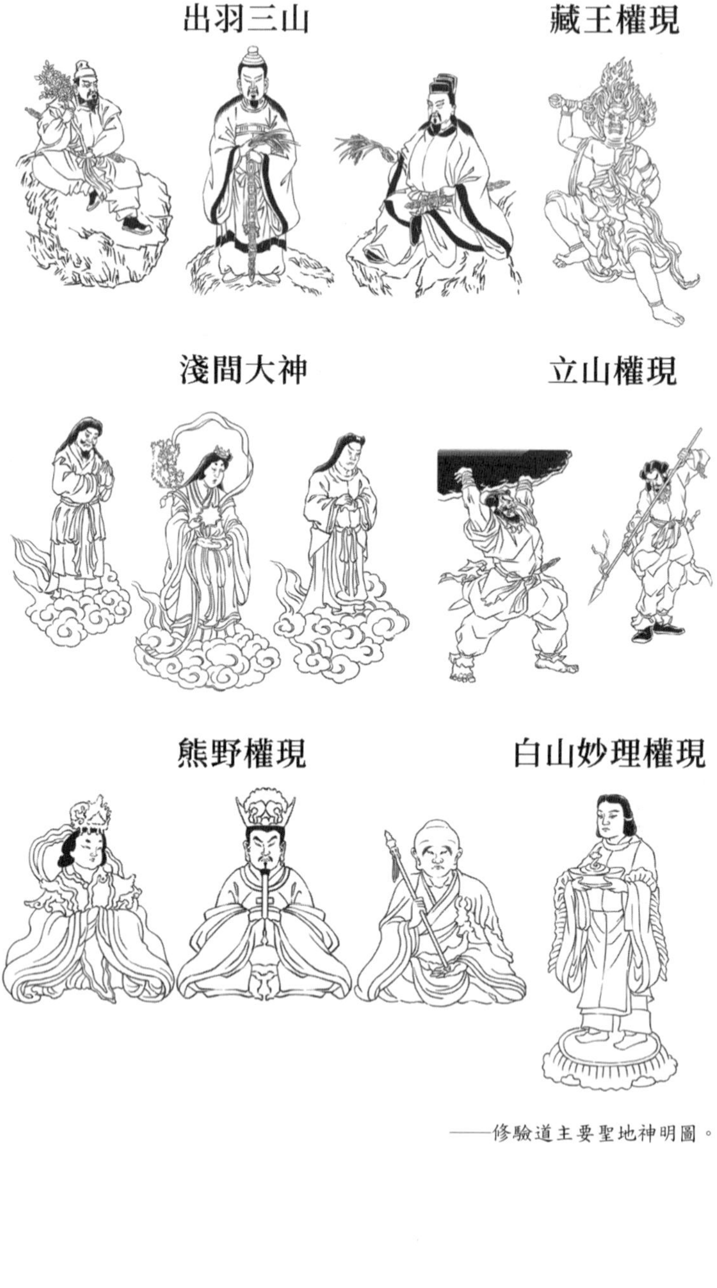
出羽三山
藏王權現
淺間大神
立山權現
熊野權現
白山妙理權現

——修驗道主要聖地神明圖。

彥山三所權現

箱根權現

二荒山大神

御嶽大神

的熊野與九州的修驗聖地彥山，則是與箱根權現一樣，為修驗主神常見的僧形、女形、俗體（男性貴人）的三尊形態。

修驗道所依的經典，除了各種記載法事和秘訣的「切紙」（寫在半張和紙上的秘法或符咒的傳授口訣，源自天台宗的口傳法門）之外，[195]根據《修驗修要秘決集》，修驗道的根本教義是「法爾常恒之經」（大自然的恒常道理），以山風吹拂樹木、瀑布或清流沖刷沙石的聲音做為法界音聲，也就是經文來聽聞理解，藉以清淨自我內心而發起佛心，這也是佛教主張的「自然法爾」。[196]再接觸《般若心經》、《大般若經》、《法華經》、《阿彌陀經》、《華嚴經》、《大日經》、《金剛頂經》。

修驗道獨特的經典有《聖不動經》、與《華嚴經》有淵源的《錫杖經》，以及讚嘆宗祖役小角的《役行者講式》、《役行者和讚》，修驗道各教派讚嘆自己信仰對象或祖師的

---

[195] 宮家準（2015），《修験道小事典》，法藏館，p.56。
[196] 宮家準（2012），《修験道——その伝播と定着》，法藏館，p.13。
[197] 宮家準（2015），《修験道小事典》，法藏館，pp.194-195。

《理源大師講式》、《藏王權現和讚》等。另外因為修驗者多為《法華經》修持者，也經常唱誦《法華經》的〈觀世音菩薩普門品第二五〉。[197]由於本節經文是念誦觀音名號則可藉由佛力外禦妖異危害的內容，修驗者多唱誦〈普門品〉應與山林修行中護身與防止各種靈異侵襲的切身需求亦有相關。

二、修驗道簡史

熊野與吉野的本山派與當山派

「修驗」一詞最早出現於成書於西元九〇一年的《日本三代實錄》，書中關於貞觀十年（日本年號，西元八六八年）的記載提到在吉野修行的道珠因為修驗有成而被天皇召見。在此之前，佛教或道教的修行者就在獵人或採礦師的嚮導下進入山岳修行，最有名的例子就是前述的日本佛教兩位巨人空海與最澄。

在時代的需求下，這些修行者以修行得來的驗力為貴人等從事救濟天災地變、疾病或是爭亂等，當時被視為怨靈作祟的加持祈禱。到了平安中期，因為末法思想的流行，使未來佛彌勒菩薩、淨土主宰阿彌陀如來、現世的救濟者觀世音菩薩及不動明王等信仰大為流行。在平安時代藤原家專權的攝關政治期，開始流行參拜彌勒下生之地吉野金峯山；在上皇法皇專政的院政期，則流行前往被視為阿彌陀淨土的熊野，而以大和（今奈良縣）的長谷寺為起點，建立了三十三觀音靈場。當達官貴人參拜巡禮時，修驗者就擔任嚮導任務的「先達（せんだつ）」。創立比叡山回峰行的相應大師崇拜不動明王，法華經行者們也進行入山修行並在各地設立經塚（埋經）。同時間比叡山也流行天台本覺論，並在山內成立了禪、淨土、法華、記家（天台宗的口傳法門）等教學系統。

在這種時代背景下，修驗道的源流開始形成。⑲⁸雖然上述內容似乎偏重佛教的宗教活動，但是在佛教對入山修行的強烈需求下，產生在山岳活動為專門的修驗者存在空間。事

⑲⁸ 宮家準（2001），《修験道——その歴史と修行》，講談社，pp.26-27。

實上本來泛指各種才藝上具有專長的「先達」一詞，在早期的御嶽詣（金峯山）、熊野詣時都由佛教寺院有入山經驗的高僧擔任。像以「一家立三后」的權勢聞名、並以平等院鳳凰堂為別莊的藤原道長（ふじわらのみちなが），就在寬弘四年（一〇〇七）五月進入長齋期，並在八月二日用鹽水洗過身體、進行「物忌」（齋戒儀式）後出發前往吉野，九日進入吉野山後由金峯山別當金照擔任先達登頂，並在金照的僧房沐浴完成「解除」（清除汙穢的儀式），十一日早上在水浴、解除後向藏王權現供養、獻燈及獻經。為了祈禱自己能在彌勒下生時成為得救的一員，藤原道長在當地埋藏了自己書寫的金泥《法華經》、《彌勒三部經》、《阿彌陀經》及《般若心經》等，並奉納金銅燈籠之後下山。道長在八月十四日回京都，於鴨川精進所完成淨身儀式後，回到自宅解開精進繩完成整個御嶽詣過程。⑲⑨

寬治二年（一〇九〇）的白河上皇熊野詣，就由園城寺的法印權大僧都增譽擔任先達，

⑲⑨ 宮家準（2001），《修験道——その歴史と修行》，講談社，pp.38-39。

後來增譽也被任命為熊野山檢校，真正在熊野當地具有指揮能力的熊野別當（負責人）長快，也被封為法橋（僧侶階級）進入朝廷的僧綱制度下，得以讓園城寺的勢力進入熊野。[200]但是隨著歷史變遷，接受佛教教義但以入山修行為專長，並且廣泛吸收佛教各宗教義甚至民間信仰要素的修驗者，漸漸成為另一個具有自立性的宗教組織。以藏王權現示現地的金峯山為中心的大峯山系，也因為末法思想盛行使吉野、熊野兩地興起，進而組合成密教思想中的兩部曼荼羅世界，成為日本所有修驗道的聖地根本道場。鎌倉時代末期，進入大峯的修驗就以吉野和熊野兩個地方做為據點，從熊野往吉野方向的抖擻稱為「順峰」，從吉野往熊野方向的抖擻則稱為「逆峰」，漸漸形成兩股不同勢力。

進入中世期後，原本勢力強大，甚至影響羽黑山、日光、彥山等地方修驗的熊野三山別當家沒落，過去只是名目上統領的熊野三山檢校（くまのさんざんけんぎょう），因為增譽弟子變成兼任聖護院門跡住持的法親王（出家的皇子），而聖護院門跡也是園城寺末

[200] 村山修一（1970），《山伏の歴史》，塙書房，pp.124-126。

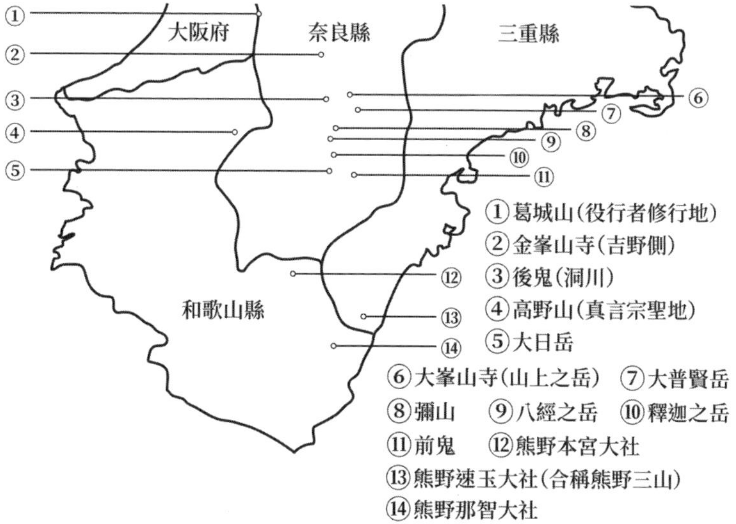

——大峯山系修驗道聖地圖解。

寺，漸漸由聖護院掌握全國的熊野修驗者。擅於組織的第廿三代熊野三山檢校、出身藤原家的道興巡迴全國，把熊野先達們完全編入聖護院門下。日後由於聖護院和將軍足利尊氏的良好關係，得以復興在京都的熊野若王子社，並且將其底下寺院乘乘院的住持命為「熊野三山奉行」，[201]也就是由聖護院系統直接支配熊野三山。

在這個體制下，熊野修驗形成了以聖護院為首的教派「本山派」。本山派

[201] 宮家準（1992），《熊野修験》，吉川弘文館，p.268。

把各地的熊野先達任命為「年行事」（每年負責祭典行事的役職），並且把過去從事先達、配札（符）、祈禱等活動的地區整編為「霞」，承認並保障各霞區裏的先達活動，並且從中抽取一定成數的利潤來維持體制。由吉野入山抖擻到熊野、依附於大和地方諸大寺的修驗們，則以大峯山中的小笹為據點，組成了正大當山先達眾。最盛期由三十六間寺院組成的正大先達也被稱為「當山三十六正大先達眾」，先達們巡迴全國各自招收弟子，所以稱其師徒體系為「袈裟筋」。由於當山先達們崇拜醍醐寺的開山聖寶（理源大師）為重開大峯山峰入的修驗者，後來就奉醍醐寺為本寺，結成了「當山派」。當山派後來也在江戶時代受到幕府公認，於慶長十八年制定了「修驗道法度」，讓本山派和當山派相互競合。

不過本山派依附在天台宗園城寺末寺聖護院門跡下，當山派則是歸屬於真言宗總本山醍醐寺三寶院門跡，都是在佛教教團底下活動。彥山、吉野山、羽黑山等勢力龐大的修驗一山（指具有獨立組織的修驗靈山），不歸於本山當山兩派，而歸於日光輪王寺，成為天台修驗。又因為幕府不喜四處旅行的修驗者有從事間諜等嫌疑，而讓修驗者定著於地域社會，使其從事諸靈山的峰入先達、祈求現世利益的加持祈禱、咒法等，讓修驗者融入村落成為所謂的「里修驗」。修驗道的教義和儀式也在這個時間得以系統化。[202]

修驗靈山的開山與傳承

在江戶時代，著名的修驗聖地分別是大峯山系的本山（熊野）、當山派，以及東北的羽黑三山，關東的日光二荒山、富士、箱根修驗，中部的白山、立山修驗，中國地方的伯耆修驗和九州的彥山修驗。這些聖地雖然多多少少受到本山當山兩派的影響，但大多保持地區特色並擁有當地獨特的信仰本尊。日本的主要修驗聖地及開山者如後圖。

熊野、立山及伯耆的開山傳說，特色就是前述如高野山狩野明神帶領空海入山的狩人

[202] 宮家準（1992），《熊野修驗》，吉川弘文館，p.268。

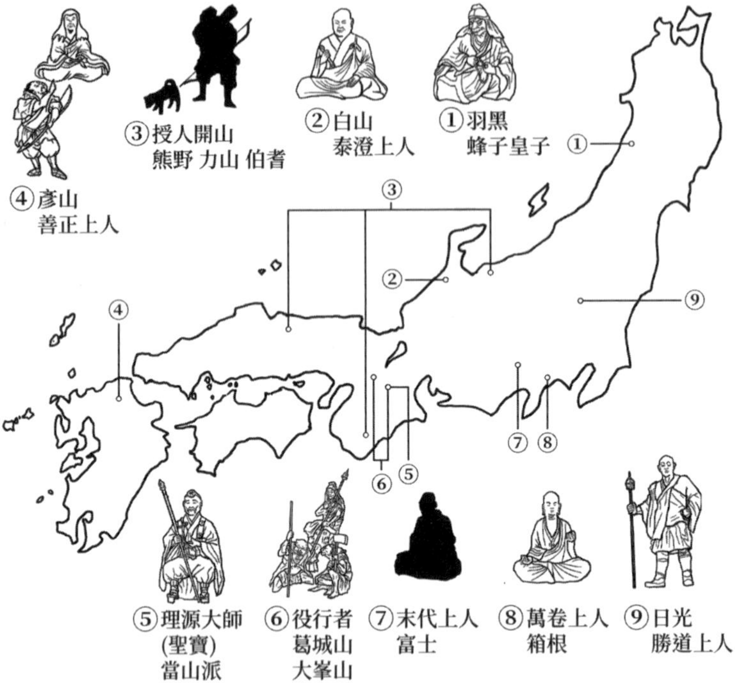

——日本國主要修驗道靈山及開山宗祖。

（かりゅうど）開山型傳說。

但狩場明神的神話暗示著原本祭祀當地神明的山民，因高僧大德及其代表的強勢宗教（佛教）前來而出讓聖山，自己成為其服務者，成為地主神或護法神。在日光二荒山神社緣起中幫助日光山神戰鬥的「溫左郎磨」也是類似神話。[203]

但是狩人開山傳說的形態不一而足，熊野開山傳說中的

---

[203] 五来重（1991），《山の宗教——修験道講義》，角川書店，pp.99-100。
[204] 五来重（1991），《山の宗教——修験道講義》，角川書店，pp.142-146。
[205] 五来重（1991），《山の宗教——修験道講義》，角川書店，pp.208-210。

狩人千與定只是單純的熊野權現發現者，立山的開山狩山佐伯有賴據五來重的說法，應指當地原本土俗信仰裏的靈媒角色。[204]伯耆大山的開山狩人依道則是自身出家成為妻帶的僧侶，也就是宗祖金蓮上人，其子孫為玉造溫泉的長谷川家。[205]彥山的開山傳說則是北魏來日的高僧善正說服當地獵師藤原恒雄，懺悔殺生之罪後出家成為其弟子法號忍辱，日後建立了英彥山神社。

役行者做為修驗道的始祖，首先確立宗教權威的就是以熊野和吉野為主要根據地的本山派與當山派。羽黑修驗以羽黑山、月山、湯殿山的出羽三山信仰為中心（亦有列入葉山、鳥海山之說法），位於羽黑山頂的出羽神社在明治時期與月山神社、湯殿山神社合為出羽三山神社，其中月山代表過去世、羽黑山代表現在世、湯殿山代表未來世，合為佛教所說的「三世」。

羽黑山相傳由崇峻天皇的皇子能除太子（蜂子皇子），因蘇我馬子弒君而逃難至當地開山，本尊為聖觀音。但出羽三山除了當地起源的羽黑修驗之外，本山派和當山派修驗勢力也進入當地，分別主張開山者為役行者和空海大師。在當山派的影響下，出羽三山的真言宗勢力亦極為強盛，尤其是出羽三山中的湯殿山，其實在歷史中常與羽黑山勢力作對。於是在出羽三山要歸入天台系統之際，湯殿山一直堅持自己的真言宗色彩而不願妥協。也因此在湯殿山當地的行人寺（行人，ぎょうにん。僧侶社會中低階成員的寺院，多與修驗者組合有重疊）出現了大量原本在三山修行的「一世行人」，經過千日入定之後成為不腐肉身的即身佛。這些即身佛都從空海的「海」做為法號中一字而稱為「海號」，如鐵門海上人、真如海上人、鐵龍海上人等，成為當地重要的信仰文化特色。[206]羽黑修驗在東北地方廣泛傳播，戰國武將伊達政宗出生時就因為被視為是湯殿山行人轉世，所以幼名取為梵天丸。

---

[206] 五来重（1991），《山の宗教——修験道講義》，角川書店，pp.65-64。
[207] 村山修一（1970），《山伏の歴史》，塙書房，pp.139-141。

日光修驗在關東地區影響力極為深遠，傳說中由勝道上人開山。勝道上人在經過兩次失敗之後，成功登上二荒山（現在的男體山）頂，或許是受到熊野修驗的影響，日光修驗將二荒山的本地視為千手觀音，二荒山亦有「補陀落山」的稱號，[207]古代亦有本地為大日如來的說法。也因為日光修驗的影響，當地自古即有天狗做為不動明王的金剛童子，出沒並守護佛法的傳說。日光二荒山神社的「神戰」，五來重提出其原由來自修驗道神佛習合的有趣說法。由於二荒山（ふたらさん）的發音極類似補陀落山（ふだらくさん），五來重認為因為當地的中禪寺湖產生了海上淨土的補陀落思想，所以補陀落山的稱號出現在先，而後才出現了同音的「二荒山」。又因為本地是「『千手』觀音」（せんじゅかんのん），所以附近的沼地才會命名為發音相似的「『戰場』之原」（戦場ヶ原，せんじょうがはら）。也因此出現赤城山神和日光山神兩位性格激烈的神明，而且兩位神明交戰的神戰傳說。赤城山神真身為蜈蚣，日光山神則因為中禪寺湖所以真身為水神的龍神。日光山神在交戰劣勢後請求獵師溫左郎磨（小野猿丸）協助，射瞎赤城山神一隻眼後讓其逃回根據地療傷，其療傷地成為今日的老神溫泉。而溫左郎磨的發音則是密教真言的「一切功德」之意，引出山民引進先進的佛教教義，成為修驗道原型的結論。[208]

白山修驗曾是僅次於熊野修驗的第二大山伏勢力，隨著鄰近的曹洞宗一同發展，在全國建立白山神社，但後也因為紛爭而自滅。由泰澄開山的白山修驗，成為第二章所述曹洞宗中興之祖瑩山紹瑾採取與世俗融合路線後，讓曹洞宗急速擴張教勢的助力。白山比咩神社的主神，同時也成為曹洞宗的「佛法大統領白山妙理大權現」，白山與旁邊的大汝峰、孤峰的本地分別被視為十一面觀音、阿彌陀如來、聖觀音。[209]

伯耆修驗的開山則是獵師依道某日在美保關看到金色的狼從海上出現，準備要用弓箭射死時才發現自己瞄準的是地藏菩薩。知道自己罪業深重的獵師馬上落髮出家，成為伯耆修驗開山的金蓮上人。從海上出現的金狼先是變身成地藏菩薩，又馬上變身為名為登攬尼

[208] 五来重（1991），《山の宗教——修験道講義》，角川書店，pp.96-100。
[209] 宮家準（2012），《修験道——その伝播と定着》，法藏館，pp.313-315。

的尼僧。尼僧告訴金蓮上人自己其實是地藏菩薩，是為了要引導金蓮上人入佛道才現身引導，而後兩人成為夫婦共同修行佛道。修驗者常讓其妻擔任巫女，共同進行祈禱或是讓靈體附身問事的作業。伯耆傳說正顯示了修驗者半聖半俗的特色，而金蓮上人夫婦的子孫一直擔任伯耆修驗領導的「別當」一職，流傳至今為玉造的長谷川家，在玉造溫泉經營當地最大的溫泉旅館保性館。當地除了金蓮上人建立的大山寺，還有以釋迦信仰為中心的南光院，與以阿彌陀信仰為中心的西明院修驗集團。三院日後因教義衝突而互相攻打，造成伯耆修驗的式微並完全進入了天台宗的傘下。⑩

立山同樣擁有獵師開山傳說，獵師佐伯有賴（或為有若）將熊追出山洞而後射殺，熊死後獵師仔細一看才發現死熊其實是金色的阿彌陀如來，於是獵師改心出家成為慈興上人，阿彌陀如來則化身成為立山修驗的崇拜對象「立山權現」，但當地亦有開山為當山派開祖聖寶上人的傳承。立山修驗成立與傳統的山岳信仰息息相關，因為立山別山古稱帝

⑩ 五来重（1991），《山の宗教——修験道講義》，角川書店，pp.208-217。

釋岳，其下的山谷因有火山瓦斯噴發而被稱為地獄谷。同一個山岳地帶中天界與地獄並存，再加上自古日本就有將山中視為人死後靈魂去處的山中他界思想，他界與地獄觀念再融合成佛教中的淨土，於是就如同流傳至今的「立山曼荼羅」般，立山成為修驗者巡禮一周後就能完成走完地獄到極樂、獲得生命重生的修驗道場。五來重也認為佐伯有賴的「賴」發音「より」與死者附身的「憑り」相同，也就是開山傳說其實暗示了原始當地活動的宗教者，是讓死者附身溝通的靈媒，可以說立山修驗是成立於對地獄的信仰之上。[211]

九州的修驗聖地彥山與鄰近的宇佐八幡宮關係密切，同樣擁有狩人開山與天狗傳說。但若將八幡神來自中國的緣起，與開山傳說中北魏僧侶善正的事例加以比較，可以發現九州當地信仰具有大陸泊來元素的有趣之處，善正同時也被視為可能是八幡神事跡中出現的「豐國法師」。彥山的祭神也與熊野非常相似，由女體、俗體、法體組成彥山三所權現，但俗體的本地與熊野的藥師如來不同而為釋迦如來。南北朝之後彥山的領導人學頭、座主

[211] 五来重（1991），《山の宗教——修験道講義》，角川書店，pp.142-150。

傳承為後醍醐天皇的子孫，所以全都是帶髮娶妻，而後座主演化成英彦山神宮的宮司，世襲宮司的高千穗家也不常駐於山上，而是居住於福岡縣甘木市的華族。[212]

同樣擁有天狗傳說，位於京都市郊被稱為日本第一大天狗「太郎坊」居所的愛宕山也是修驗聖地；由於位於京都西北方向的神門，一直被視為守護京都的要地。著名的《太平記》內容有關化為天狗的崇德上皇、後鳥羽上皇、後醍醐天皇等怨靈，合議要擾亂天下的地點就在此地。由於當地有埋葬死者的化野（あだしの）和龍神信仰，所以也被視為鎮火（ちんか）聖地。天狗信仰後來與地藏信仰結合，成為眾武將信奉的勝利之神勝軍地藏，也成為修驗道崇拜對象的愛宕權現。因為愛宕修驗在本能寺之變時修法協助家康逃難成功，所以愛宕權現也被勸請到江戶櫻田。而以京都這個接近本山派與當山派大本營之地為據點，愛宕修驗一直保持與兩者若即若離但友好的關係。[213]

---

[212] 五来重（1991），《山の宗教——修驗道講義》，角川書店，pp.257-267。
[213] 宮家準（2012），《修驗道——その伝播と定着》，法藏館，pp.242-245。

做為日本象徵的聖山，富士山自古就有末代（まつだい）上人於山頂建立大日寺的修驗信仰。做為水源源頭又是火山的富士山，當地發源的淺間神社信仰祭神為日本神話中天孫之妻、山神大山祇神之女木花之佐久夜昆賣。因為其在火中平安產下三子，有鎮火的水德而受到民眾愛戴，認為其有鎮火神力。在這樣的土壤下，後世的長谷川角行於富士山被視為靈地的人穴（ひとあな）修行後，成立影響江戶極大的富士講。富士講日後出現了因信仰彌勒、期待其再誕將人間化為淨土，因而自號食行身祿（身祿發音與彌勒相同，皆為みろく）的修驗者。以富士講為主體，原本與神道信仰關係就較為密切的富士修驗者們，在修驗道被勒令廢止後，發展出了扶桑教等教派神道。[214]

鄰近富士山的箱根修驗由萬卷上人開山，受到真言宗的強力影響。箱根權現日後和伊豆山（走湯山）的伊豆山權現合稱二所權現，因為鎌倉幕府開創者源賴朝曾被流放當地而對其熱心信仰，所以二所權現日後也成為武士間的重要信仰對象。伊豆山權現的開山傳說

[214] 宮家準（2012），《修験道——その伝播と定着》，法藏館，pp.34-38。

則是應神天皇時代有圓鏡出現在當地海岸及山頂，被松葉仙人祭為神明，其真身為月氏國為救濟眾生而讓溫泉湧出的湯神。[215]

另一方面，修驗道除了以山岳為根據地，亦有以備前（今岡山縣）兒島五流、瀨戶內海諸島等為根據地的海之修驗道。熊野做為以觀音淨土為目標而出航的補陀落渡海重要出發地，對於位於同為海運要地的兒島五流影響深遠。兒島五流也以在當地的勢力，日後發展出足以參加南北朝動亂戰役、與熊野水軍聯動的強大武裝力量。位於兒島與四國間的鹽飽諸島，則是發展出與當山派關係密切的真言系統修驗道，但鄰近的兒島五流亦對鹽飽諸島的修驗道有所影響。

同樣地在伊予（愛媛縣）大山祇神社鎮座的大三島，與安藝（廣島縣）嚴島神社所在的宮島，也有修驗道的存在。這兩地雖然為島嶼，但島上也各有被視為靈山的安神山、彌

[215] 村山修一（1970），《山伏の歴史》，塙書房，pp.141-146。

山。大三島、嚴島的修驗因地理位置的關係，受到本山派的熊野影響較深。海島的修驗道多以對島上的神木、岩石、水等信仰導向島上的山岳信仰，而海島的修驗者也因為熊野的影響，以觀音和不動明王為本尊居多。特別是補陀落入海的熊野，讓海島的修驗道特別重視觀音。[216]

三、修驗者的「峰入」與修行

峰入與修驗十六道具

修驗者的入山修行方式稱為「峰入（みねいり）」。在峰入之際，山伏身上的配件被稱為「修驗十六道具」，其名稱與用途及代表的意義如下：

1. 頭襟：山伏戴在頭上的頭巾，象徵大日如來的寶冠。

[216] 宮家準（2001），《修験道——その歴史と修行》，講談社，pp.50-51。

2. 鈴懸：分成上衣和下身的袴裝。上下分別代表金剛界和胎藏界的兩界曼荼羅。

3. 結袈裟：將九條袈裟綁成前二後一的帶狀，並加上六個絨球象徵九界眾生，行者本人代表佛界，所以穿上之後成為十界互具的完全存在。

4. 最多角念珠：木製的算盤珠形狀念珠，數量為象徵煩惱數的一〇八。

5. 法螺：各種修行時使用的道具之一，其聲音象徵大日如來的法身說法。

6. 斑蓋：罩上八角形布的圓型斗笠，圓型象徵大日如來的五智圓滿，八角代表蓮台。整個斑蓋則代表胎兒的胞衣。

7. 錫杖：法器。上面的六個金屬環代表六道眾生，或是修行者的六波羅蜜。用來發出聲音以喚醒在六道迷惘的眾生。

8. 箱笈：用來放置本尊、供物及法具。在山中抖擻時，也被當成祭壇使用。象徵胎藏界曼荼羅和包容一切的母親。

9. 肩箱：放在箱笈上的木箱，用來放置各種文件及切紙，象徵金剛界曼荼羅和父性，與箱笈組合象徵兩界合一、男女和合。

10.金剛杖：與山伏身高相符的木杖，上端為塔婆形狀而下端為圓型，分別代表金剛界和胎藏界的「上求菩提，下化眾生」。

11.引敷：綁在山伏身後的獸類毛皮，象徵行者騎著獅子。另一方面獸皮象徵凡界和無明（沒有智慧），而行者本身則象徵聖界和法性。行者戴在身上代表凡聖不二、無明法性不二。

12.腳半：白色的綁腿布。形狀代表金剛界，白色代表胎藏界，象徵金胎不二。

13.八目草鞋：修驗者專用的獨特形狀草鞋，象徵行者踩在蓮華之上。

14.檜扇：用於護摩儀式的法器，形狀象徵不動明王之火。

15.柴打：短劍。用於護摩儀式，砍斷護摩木代表斷卻眾生煩惱。

16.走繩：綁在身體兩邊的兩條繩子，象徵因果圓滿、理智不二，並且也代表在母體內的臍帶。[217]

[217] 宮家準（2001），《修驗道——その歴史と修行》，講談社，pp.139-144。

修驗十六道具圖

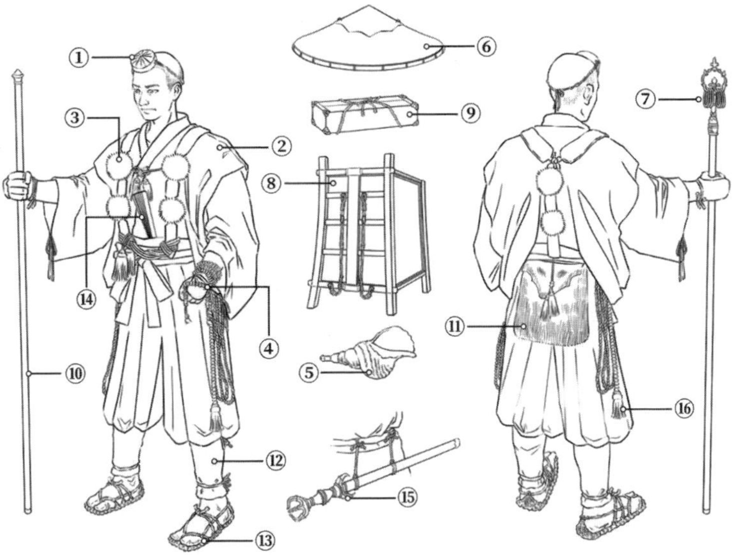

①頭襟 ②鈴懸 ③結袈裟 ④最多角念珠 ⑤法螺 ⑥斑蓋

⑦錫杖 ⑧箱笈 ⑨肩箱 ⑩金剛杖 ⑪引敷 ⑫腳半

⑬八目草鞋 ⑭檜扇 ⑮柴打 ⑯走繩(螺緒)

正如上面的說明，山伏的穿著道具極端強調陰陽和合，以及象徵智慧、理性的金剛界與胎藏界兩界曼荼羅合一的「兩界不二」。而頭襟、走繩等道具則強調自然大地為行者求法時的法性母體，山伏的入山、修行、出山也正好象徵著人出生、死亡、因法而重生的過程。引敷所代表的「凡聖不二」，表現了修驗道本身的入世性格，也就是凡人內心都具有原來就存在的法性，只是需要藉由修行將之導引出來的主張。結袈裟的九界再加上行者的象徵思考，來自於天台思想的十界互具說，我們也可以從這點，發現修驗道裏具有強烈的前述「本覺思想」。從修驗十六道具整體來看，可以發現神佛習合色彩濃厚的修驗道，其實在教義上佛教還是占了絕對優勢。

「峰入」的入山修行，主體就是登山及山中的儀式法事。修驗道的大本山之一金峯山寺目前對外一般開放的「大峯奧駈修行」行程如下：

第一天	13時00分～15時00分	受付（本山・事務所）
	15時00分	集合（本山・本坊）
	16時00分	道中安全祈願・護摩供修法
	17時00分	移動至東南院
	17時30分	入浴
	18時30分	用餐
	19時00分	結團儀式
	21時00分	就寢
第二天	02時30分	起床
	03時30分	出發
		徒步往山上ヶ岳（約十小時）山上ヶ岳表・裏行場修行，於東南院山上参籠所宿泊
第三天	02時30分	起床
		徒步往小普賢岳、大普賢岳、行者還岳等修行，再往彌山過夜（約十二小時）

第四天	03時00分	起床
	04時00分	出發，徒步往八経ヶ岳、両峰分け、釋迦ヶ岳、深仙宿等修行，在前鬼住宿（約十二小時）
第五天	04時00分	起床
	04時30分	出發往前鬼裏行場
	08時30分	回到前鬼小仲坊早餐
	09時10分	出發。徒步往前鬼口
	正午	從前鬼口坐巴士到熊野本宮大社
		参詣熊野三山，在熊野過夜
第六天		從熊野出發往吉野，在藏王堂做「滿行」報告。午餐後解散。

（資料來源：金峯山修驗本宗總本山金峯山寺，http://www.kinpusen.or.jp/ascetie/ascetie.html）

當然以上的峰入因為對外開放，所以並不強迫所有參加者都必須作修驗十六道具齊全的行者裝束，也允許一般的登山裝，只要求參加者必須穿白色的地下足袋，行程和儀式也做了大幅省略。但是行程裏不只參拜修驗道聖地，也就是役小角感應藏王權現的山上之岳（山上ヶ岳），也參拜大普賢岳、小普賢岳、釋迦岳、彌山等依佛教世界觀或神佛名命名的聖地，基本行程沿襲了上述的「逆峰」抖擻。

在這種長期間的峰入修行，住宿變得相當重要。因此負責修行者過夜休息的宿眾，也占了修驗道組織裏相當重要的角色。教祖役小角身邊的前鬼、後鬼，在傳說中原本居住在山中作惡的夫婦，後來被役小角降伏收為弟子賜名義覺、義賢，並在今日的奈良縣下北山村開設宿坊讓修驗者住宿，其地名就稱為「前鬼」，而後鬼的出身地、靠近吉野的洞川，過去也是修驗道的重要宿場，現在仍有許多行者會在修行途中前往住宿。現在號稱前鬼子孫的五家族大多都已廢業，只剩五鬼助家仍然繼續在當地經營宿坊。這個傳承也直接說明對於在山中長期修行的修驗道，「宿」的重要性不亞於各個寺院及靈場。

鎌倉時代末期的順峰需時百日，而逆峰則是七十五日。在峰中負責指導的先達集團，就有大先達、宿先達、閼伽（水）先達、小木先達、採木先達等「五先達」。宿先達負責各住宿點的設立營運，閼伽先達負責教導提水的做法（在山中生活水是重要的維生及儀式材料），小木先達負責教導收集護摩用木材，採燈先達則是負責主導峰山的護摩法事。閼伽做法是由修行者提著上寫梵文「ban」（代表金剛界、理、父）與「a」（胎藏界、智、母）的兩個水桶，收集閼伽水之後交給先達，以報父母雙親之恩，並洗滌惡業和煩惱。小木則是採集一尺八寸長（代表眼耳鼻舌身意的六根，色聲香味觸法的六境，眼識、耳識、鼻識、舌識、身識、意識的六識之總合「十八境界」）的木材，每三十六根綁成三束後交給小木先達。閼伽的咒文是「以 ban 字淨水、洗浴煩惱身、五智德顯現、心諸佛圓滿」，交付小木時的咒文則是「四大和合身、骨肉及手足、如薪盡火滅、皆共入佛地」。護摩法

閼伽

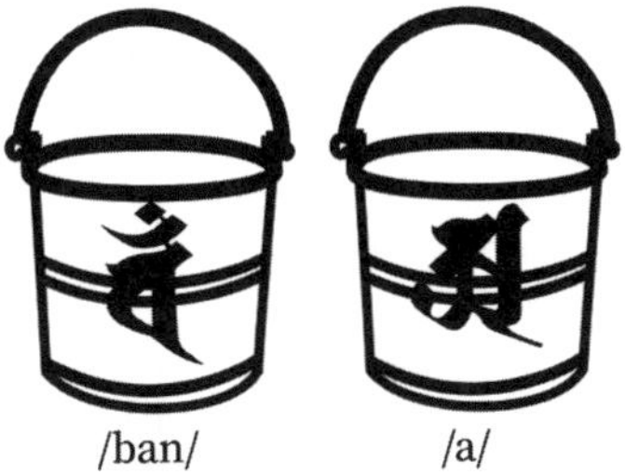

小木(乳木)

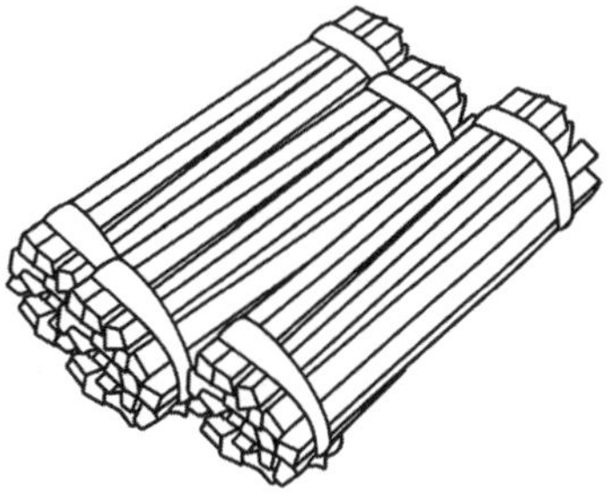

事是由採燈先達在其他四位先達前燃燒小木祈念，念誦法華懺法與和讚，將小木以三根、六根、四根、六根投入火中。綁成三束的理由是「燒盡三業所犯之罪垢，獲得三身萬德之覺位」，採燈之火也被視為是映照自己宿業的明鏡。[218]

在峰中除了每日的勤行和修法、作務，也有其他特殊的修行，其中重要的修行被稱為「十種所役」，除了上述的閼伽和小木之外，還有床堅（邊誦經邊用稱為小打木、肘比的兩根木材互擊發聲）、正灌頂，再加上稱為「六凡」的懺悔、業秤、水斷、相撲、延年、穀斷的六種修行。稱為「六凡」是因為這六種修行分別與六道

---

[218] 宮家準（2001），《修験道——その歴史と修行》，講談社，p.65。

相對應，懺悔象徵人、業秤象徵地獄、水斷象徵畜生、相撲象徵修羅、穀斷象徵餓鬼、延年象徵天。在《三峯相承法則密記》中，記載了十種所役的做法如下：

懺悔是新登山者向正先達（峰入總責任者）行三次五體投地禮並懺悔三業罪障，業秤則是將裝上不動石的秤用螺絡綁在登山者身上後吊起，以測量其罪業之重，現在業秤則以在山上之岳的「覗」代替。水斷是禁止漱口、洗臉、如廁時用水，一直維持到正先達指定的閼伽之日才能解除。相撲由登山者分兩組進行，延年則是登山者在正先達前用檜扇舞蹈的儀式。穀斷是到正灌頂之日前的七天，不進食一切穀物的修行，最後一天則在深仙宿（大峯山系中的修驗宿坊地之一）進行正灌頂，並傳授柱源秘法。[219]柱源意指修驗道的最高奧義，是以一連串的護摩儀式顯示天地自然的真理與萬物生長之理，顯示宇宙萬象和合之根源。

[219] 宮家準（2001），《修験道——その歴史と修行》，講談社，pp.77-78。

——採燈護摩示意圖。

採燈護摩、憑祈禱、調伏與供養

在完成峰入修行後，通常會舉行採燈護摩做為一連串修行活動的總結。以前述修行活動採集的木材搭成井字型護摩壇後，先由本山眾（當地山伏集團）與參加峰入的山伏進行問答，以教導各儀式與道具之隱含意義。之後進行前作法、護摩供、渡火等三個儀式。前作法是先以法弓向五大明王、龍王、鬼門的鬼王祈禱除魔，做拉弓射箭動作，以象徵不動明王的法劍向護摩壇祈求切斷眾生煩惱，以劍畫「光」字動作祈求乘光而來的諸天童子協助除魔，再以斧頭向中央、左、右做砍劈動作，祈求山神賜予水及木材。

護摩供則是從祭壇神燈點燃兩根火把，在護摩壇正面交叉，由採燈師頌念願文再朝護摩壇點火後，採燈師於護摩壇前結印頌念真言修法。其間投入山伏於峰入時採集的乳木，在火勢變小後，進行將寫上信徒願望的護摩木投入護摩壇的「添護摩」儀式。採燈護摩的過程中由於參加者吸入濃煙，並因火勢讓身體發熱，給予參加者心情興奮，並有與火焰象徵的不動明王合為一體的信仰高亢感。最後在採燈護摩結束後，經過導師的火生三昧修法，導師先結印與不動明王同化，再招請八大龍王及水天鎮滅火勢，而後結身結不動明王印踩過火堆進行「火渡（ひわたり）」，一般信徒再隨後亦進行火渡。

平安中期開始，佛教中的密教開始席捲日本。同時神道、山岳信仰、陰陽道等也大行其道，形成今天日本民間信仰的原型，也形成修驗道的底流。陰陽道方面由賀茂氏、安倍氏等獨占世襲朝廷的陰陽寮職位，出現如安倍晴明的有名陰陽師。物忌（齋戒）、方違（為避開凶兆方向而刻意繞路）、血穢這些概念藉由貴族生活深入民心，除了進入佛教之外，也造成歧視女性的遠因。[220]在朝廷力量衰退、陰陽師失去官員身分後進入民間，以各種祈願及占卜維生，成為修驗者的競爭對象之一。在這種背景下，修驗道承續日本民間信仰中神靈附身的「託宣」儀式，稱為憑祈禱用來與神靈對話以滿足民眾求神問吉凶的需求。

---

[220] 末木文美士（2016），《日本宗教史》，岩波書店，pp.60-61。

憑祈禱儀式是由修驗者之妻等巫女、或是男性擔任被附身者在水行（すいこう）淨身之後，在齋場周圍圍上注連繩並在正面設置祭壇，然後被附身者穿著白衣並蒙上眼睛、手持御幣與修法者進行。修法者進行護身法（結淨三業、佛部、蓮華部、金剛部、被甲護身等五印淨化自身並與佛同體）後，再結印打開被附身者的佛性，周圍則是振動錫杖頌念《般若心經》、《不動經》、《錫杖經》等。當被附身者手持的御幣開始大力上下晃動時，就代表神靈已經附身，由修法者與神靈進行問答。這種催眠色彩極強的憑祈禱，由信仰上建立強大信賴關係的修法者與其弟子或親族一起進行，也具有修法者本身與不動明王結合，而被附身者則是不動明王所使役的童子化身，這種修法者經由儀式確立自己做為神靈操作者能力的意義。

日本自古以來就有各種身體及精神疾病，是被邪靈或是動物靈附身而讓宿主痛苦的民間迷信。修驗者的「憑きもの落とし」和調伏（ちょうぶく），就是從信徒身上驅除這些

靈體的儀式。其修法原理同樣為修法者與不動明王同化後，或以說教停止靈體作祟，或以劍、弓、鞭等處罰靈體的調伏儀式。「臨兵鬥者皆陳烈在前」的九字法也常用於調伏，九字中臨指父母和合，兵指在胎內獲得人身，鬥指男女間的區別，者為坐臥自由，皆為得人智，陳為五體滿足，烈為手腳活動，在為知現世作法，前為離開胎內問世等意。

起源自佛教的追善供養儀式也可以在修驗道中見到共同之處。人死後從通夜、葬禮、頭七到三十三回忌為止的十三次供養儀式，被認為對應於人的從生到死。通夜就是天地合體、男女結合，守護佛則是聖天。頭七一直到七七、百日、一周忌、三周忌則是懷孕第一個月到十月出生，守護佛為不動明王。二七開始到三周忌的守護佛則分別為釋迦、文殊、普賢、地藏、彌勒、藥師、觀音、勢至、阿彌陀。七回祭則被視為人生今世，守護佛為阿閦如來，十三回祭則是老人，守護佛為大日如來。追善供養儀式整個完結，死者成為祖靈之一部分而喪失其人格獨特性的三十三回忌，則是被視為已經超越生死，守護佛為虛空藏。

在十七世紀末由當山派的學峰所著的《峰山秘傳》，指出峰入的修行其實也對應了這十三個階段。雖然由於當山派屬於真言系統，所以各個階段的守護佛都為密教佛菩薩，與一般說法有所出入，但書中將入峰者於入峰前在吉野川進行象徵死的水行，並在健向門進行性交。而後入峰的修行則是胎內修行，第一個月在梵天和不動尊的守護下於吉野的子守、勝手社讓身體成形，第二個月修行安禪，第三個月修行聞法開悟產生男女之姿。第四個月的鐘懸和「西の覗き」（在山崖上懸吊往下瞭望並大聲頌經）讓六根和皮肉完整，第五個月的洞川修行讓人開始發聲。第六個月在小篠的修行讓手足活動，第七個月的阿古瀑布修行讓六根和頭的七孔、下半身的兩孔完備，第八個月在神通寺的瀑布修行生自在之心。第九個月在稻村岳的修行則是做好做為佛身重生的準備。而且稻村岳本來就是女人修行的女人道場（許多修驗道聖地為女人禁制之地），做為佛身出生之地在信仰上也意義重大。由此可見，修驗道將入峰之行做為生命重生的修行，這種思考也回頭影響了原本出自佛教教義的死者追善供養儀式。

修驗道集團與先達

修驗道研究的巨匠五來重對於修驗道的起源，認為是不以日本文化主流農耕為主業的「山人」與漂泊民文化所發展出來的。另一重要學者宮家準，則將修驗道定義為日本古代的山岳信仰在薩滿信仰、佛教、道教、神道影響下於平安時代後期形成的一種宗教形態。[221]筆者基本上也同意這兩位大前輩的說法，尤其是五來重的山人文化說，更是直接挑戰了日本民俗學創始者柳田國男的固有信仰論。

民俗學自創始以來，將農耕文化視為日本文化的主體，也將先祖崇拜視為日本的固有信仰，這也一直受到忽略農耕民以外族群、以及先祖崇拜為各東亞民族都常見的現象這兩點的質疑。柳田民俗學中，山人和漂泊民受到的重視的確與農耕民不成正比。但正如本書第一章所述，日本神道信仰的確與農耕文化關係密切。五來重也認為修驗道中殘存了許多

[221] 時枝務等（2015），《修驗道史入門》，岩田書院，pp.79-82。

繩文文化的元素。若將神道視為農耕民的信仰，修驗道為山人的信仰，那麼占日本宗教文化比重亦不輕的修驗道，也正好證明日本文化不止農耕民族元素的多樣性。而山人並不只以狩獵、採集，亦摻雜了程度不一的農耕做為生業的事實，也正好說明修驗道除了山岳信仰和佛教，亦受到農耕文化代表神道影響的現象。一方面，宮家準的說明解釋了修驗道產生的過程，也提起了另外一個命題，就是以固有的山岳信仰再吸收外來宗教和神道教義形成的教團，其前身可能就是日本真正原始的民俗信仰主體。

平安時代為止的山伏，其實態較接近流浪宗教者的「聖」，也就是沒有定所的漂泊修行者，這些史料強化了五來重的修驗山人文化論。到了十三世紀之後，開始出現以固定據點活動的山伏記錄。做為外來強勢文化進入，並在日本生根後的佛教著名寺院，出現了學眾、學侶等以學習正統教義的僧侶，以及從事雜務、或是從事修行但不深入鑽研教義的「行人」、「堂眾」兩種不同的階級。自古以來，山伏被定位為僧侶社會中的下層，但同時也成為寺院組織中的基層構成成員。久而久之，山伏對外形成獨特的人際網路，也在日本過去政治與宗教息息相關的歷史中開始占了一席之地。

在有力寺院中擔任基層行人、堂眾的首領，同時對外也是在參拜靈山時的「先達」，也就是經驗豐富的峰入山伏，掌握特定的檀那（寺院支持者、有力信徒），從事峰入時的嚮導活動，並擔任信徒與寺院間仲介橋樑的例子，在古代非常多見。[222]正如出現於伊勢神宮、修驗道各派，負責巡迴各地販賣寺社平安符，並負責組織各種參拜行程、經營參拜途中住宿的宿坊等的「御師」般，山伏的定位原本就在聖俗之間，除了做為旅行業者、山地導遊等行業的先驅，山伏最重要的功能就是擔任一般民眾與有力寺社等所代表的高層宗教文化間的連結媒介。

山伏之所以會成為這樣的存在，與佛教輸入的過程與當時日本的社會背景息息相關。

[222] 時枝務等（2015），《修驗道史入門》，岩田書院，pp.79-82。

如第一章、第二章所述。神道的形成主幹雖然是日本的傳統自然信仰，但是隨著大和朝廷的形成，出現了天皇家必須被視為神聖、與神明連結的需求，神道開始與當權結合而貴族化、高層化，且成為大和朝廷統治日本的正當性來源。佛教更是一開始就做為大陸的先進思想由朝廷引進，一直要到後世才生根日本並發展到貴族以外的階層。所以不管是神道或佛教，有力寺社的組成成員必須擁有教育不普及時代的高等教養及知識，並且由於門跡制度等佛教、神道與上層階級之間的連結，自然形成了寺社受到民眾的信仰及尊崇，但神職、僧侶們不管是學識甚至是出身階級，相對於真正的信徒們都高高在上的隔絕現象。神社的御師和山伏們，就正好彌補了這種隔絕。

不管是從屬於天台宗聖護院的本山派，或是從屬於真言宗醍醐寺的當山派山伏們，或許在寺院中是屬於下層的行人階級，但是這些下層階級的人們掌握了與俗世間的人際網路，包括捐獻布施的檀那眾，或是經營宿坊、直接連結各地的信徒團體，甚至是在治安機能不彰的中世時代，需要與其他勢力武力衝突時的戰鬥人力。另一方面，山伏們也需要宗教上的權威來驅動他們所掌握的資源，這也是山伏們會歸屬於有力寺院的理由。而山伏們所提供的峰入等修行，雖然加入了許多如前述的修驗十六道具等宗教意涵，但實際上的修行方式卻是簡單明瞭、沒有繁雜的教義解說，也不需要高度的教養基礎去理解深奧的經典，這滿足了具有強烈信仰心卻沒有高深宗教學識的一般大眾需求，讓長久以來與佛教、神道共生的修驗道，慢慢擁有了自己的強大勢力。

日後隨著江戶幕府的成立，修驗道也開始出現不再以漂泊、登山峰入修行為重，常駐於各地方的「里修驗」出現。由於自古以來旅行各地，山伏本來就常有刺探各地情報的間諜扮裝，且掌握宗教勢力動向、納入當權者控制本來就是江戶幕府的重要施政方針之一。在這個方針下原本定位就相對曖昧、也不一定有直屬寺社的山伏們被迫必須強迫歸入本山派或當山派其中之一的傘下。初期與神職、甚至陰陽師都有一定程度重疊的地方山伏們，就此歸入了本山派的「霞」支配，或是當山派的「袈裟筋」支配。

所謂的「霞」指的是本山派以地區區分的管轄方式，指定各地的當地有力先達為首，藉此確立聖護院對各地區的上下關係。「袈裟筋」則是顧名思義如僧侶的師父傳法時贈予弟子袈裟般，採用了真言宗重視的師承弟子的管理方式；也就是各地的管理者，在名義上都是京都大先達的弟子這種形態。里修驗的活動則是針對當地居民需求，從事各種祈願、祈禱、治病，個人私有小祠的祭祀，參與協助當地重要寺社的祭祀、管理，發行護符、葬禮的擇日看地，以及各種清淨儀式與藝能活動的規劃參與等。至此，修驗道已發展成不遜於佛教、神道，甚至有時會在日常事務中與這兩大宗教發生衝突的一大勢力。[223]

[223] 時枝務等（2015），《修驗道史入門》，岩田書院，pp.190-196。

四、章結

除了前述的本山派、當山派之外，羽黑山、吉野山、戶隱山等修驗靈山，也因為相同理由而成為由法親王（出家後的皇子）擔任住持的日光輪王寺門跡的末寺。在地域社會生根的里修驗，也傳承了日本傳統託宣的憑祈禱傳統，成為修驗道特有的一大特色。庶民被禁止任意行動、但宗教巡禮活動被視為例外的江戶時代，民眾組成了參拜富士山、木曾御岳等靈山的講團體，在富士形成讓民眾住宿、為其帶路的御師村落，木曾御岳講則會舉行讓神靈附身以聽其託宣的御座。

但在明治政府因為政治需求發布《神佛分離令》之後，禁止以權現、牛頭天王、八幡大菩薩等佛語稱呼神名，修驗者也被禁止參與神社祭祀。因此熊野、吉野、羽黑、彥山、白山、立山等主要的修驗聖地被迫改以當地的神社為新的信仰中心，里修驗也被迫轉為神職。明治五年更明令禁止修驗道，山伏們被迫成為天台宗或真言宗的佛教徒。從這點來看，修驗道可說在明治的廢佛毀釋騷動中，比佛教本身受到更大的傷害。

在天台、真言兩宗因此盡力將修驗者真正納入佛教管轄的同時，恐山和箱根的道了尊則是歸於原本就與其關係密切的曹洞宗，日蓮宗的身延山守護神七面天女也繼續歸屬於其中。但原本神道色彩較濃的修驗勢力，則由木曾御岳講發展出木曾御嶽教、大成教、神習教、神道修成派，富士講則發展出扶桑教、實行教等教派神道團體。一直要到太平洋戰爭後的《宗教法人令》頒布，過去所屬於佛教教團的修驗團體才紛紛脫離出來。以聖護院為本山的「本山修驗宗」脫離天台宗而獨立，吉野藏王堂則是成立「金峯山修驗本宗」，熊野系統成立「修驗道」，從真言宗分出「真言宗醍醐派」、「真言宗石鈇派」、「石鎚山真言宗」、「真言宗犬鳴派」，另外還有「天台宗寺門派」、「羽黑山修驗本宗」等。各寺社都積極重新開展各自的峰入修行，讓修驗道重生回到過去的盛況。㉒④

㉒④ 宮家準（2001），《修驗道——その歴史と修行》，講談社，pp.29-32。

筆者贊成修驗道被梅原猛推崇為「真正的日本特有信仰」的理由，在於其宗教本質充滿日本特色。所謂的日本特色就在於修驗道乍看之下，除了自然崇拜的山岳信仰之外並無特色，所有的儀式和教義都吸收自佛教與神道，尤其是神秘主義色彩強烈的密教。但不同於教義艱深的密教，修驗道重視的是直覺式的宗教感動，與艱辛但卻簡單明快、透過肉體上的痛苦得到自我超越而不需繁雜理論支持的修行。另一方面，如修驗十六道具所代表的宗教意義般，以庶民為主要信仰對象的修驗道，也擅長以即物的方式來表現抽象的教義。

用一個山岳的各個地點，象徵佛教裏的十界，並用巡禮走完一圈的方式來象徵人通過了四聖六道的所有境界，而讓生命得以重生的儀式，也是讓民眾得以用最簡單的方式來理解複雜的教義。這種特色，讓修驗道成為庶民的宗教、同時也是身體力行遠重於理論思考的宗教。內在為單純自然崇拜的特質，也讓修驗道充滿極大的包容性。因為沒有如天台宗的法華信仰或是真言宗的大日如來崇拜，或是淨土真宗的阿彌陀如來般的絕對存在，反而讓修驗道可以同時吸收這些在原始佛教宗派中幾乎互相矛盾的元素。因此吉野可以存在埋藏《法華經二十八品》經筒來期待彌勒降世，山伏在行法時可以與大日如來的教令輪身不動明王同化，修驗聖山的中心地可以被視為阿彌陀如來的淨土，甚至從熊野出海也被認為可以通往觀世音的補陀落淨土。

也因為修驗道是庶民的宗教，所以對於解脫、悟道的宗教期待，在宗教儀式中與庶民世俗的願望完美結合。因此金剛界與胎藏界的兩部曼荼羅可以被視為男女、父母的結合，而十界巡禮原本厭離生死之苦的祈求，同時也成為對藉由重生而展現的對生命之渴望。在這點上，修驗道也展現了歌頌生命力與性的神道特色與佛教的融合。雖然真言宗原本也有各種的祈願祈禱儀式，但是在與庶民更為關係密切的修驗道上，這種世俗與神聖合為一體的特色更為明顯，這也是修驗道的最大魅力所在。

第四章

總結——信仰與文化的交互作用

前面三章分別介紹從日本固有信仰演化出神道、做為強勢文化生根日本的佛教，以及兩者融合而生的修驗道。所謂宗教必須具有明顯的教祖、教義及教團組織的三個要素，若缺少其中一個要素，則定義上只能稱之為信仰而非宗教。以上三種宗教中，佛教為完整滿足三要素的宗教。原本沒有教祖和教義的神道，在佛教這個外來刺激下，成長補足成為宗教。修驗道則是融合神佛兩種成熟化的思想，再度演化出的宗教。就民俗學的角度，修驗道最接近所謂「民俗宗教」的定義。但神道、佛教兩種宗教在生根定著於地方後，也容易被當地的特殊風俗所影響，演化出雖同樣是神道、佛教，但在不同地域呈現出不同風貌。

筆者恩師古家信平的生涯研究課題「宗教儀禮論」，就是以研究實際呈現在各個地方的不同宗教儀式，來分析出當地的獨特民俗，以及該宗教真正的共通元素。一般日本各地的拜神拜佛，或是各種祭典法會儀式，其基礎為當地特殊的民俗信仰者不在少數。但民俗階層的信仰和行事，常會有沿用、套用在文化霸權階層中較為高等的既成宗教理論和儀式，藉以加強當地民俗信仰正當性和文化地位的現象。民俗與宗教，就是在歷史中不斷進行這種交互作用。這種現象更會放大到更廣泛的層級，成為信仰、文化、社會間的交互作用。簡單來說，日本的宗教文化就是這種「聖」與「俗」間的相互影響，而衍生出對生活樣式、經濟活動、文化藝術、甚至國家政治的種種作用。

一、神佛分離引發的廢佛毀釋

近代史中宗教文化對日本的最大影響，可說是國家神道的出現與其延伸出的廢佛毀釋運動。在王政復古的大旗下，明治政府頒布了《神佛判然令》（神佛分離）。因為政府高層認知到基督教對於列強文明開化的影響，所以意圖將具有現人神身分的天皇做為「祭政一致」的國家體系最高位，在神道國教化的政策下出現所謂「國家神道」。為此必須強調神道的主體性、獨特性，盡量排除外來宗教佛教的影響。

在這個方針下，佛教雖然受到強烈打擊，但是當時並沒有任何廢止或是迫害佛教的官方命令出現。反而是神佛習合色彩濃厚的修驗道被視為「低俗而有害的宗教」，於明治五年被禁止。但幕末尊王攘夷思想盛行、儒學者與國學者將佛教視為殘害神國日本的外來毒素，再加上佛教長久以來歷史累積的利權與各種弊害，讓明治政府成立後民間出現一種視佛教為舊時代餘毒的氛圍。此外，新政府成立之後民眾甚至官員的揣摩上意，讓日本出現由民間發動的廢佛毀釋風潮，對日本文化財的保存造成極大傷害。也因為這段過程，讓佛教團體急於融合新的皇國體制，出現許多佛教教團右傾化，在日本軍國主義化的過程中擔任思想推手的角色。

僧兵與顯密體制

佛教的著名寺院，雖然在江戶時代前就被解除武裝，但其做為利益團體、權門的體質一直維持到江戶末年。在日本歷史上曾出現的僧兵，更是做為過去寺院在日本勢力強大的代表存在。雖然在基督教世界也存在著像聖殿騎士團般的軍事修道會，但僧兵與其性質又有所不同。軍事修道會的成立是因為十字軍東征期的軍事戰略需求，為了守護聖地耶路撒冷，讓戰鬥、醫療團隊漸漸附屬了信仰團體的色彩。但日本的僧兵則是在宗教團體成形之後，為了守護教團利益和教團間的武力抗爭而產生的武裝力量。但「不殺生戒」一直是佛教不論宗派都列為最重要的戒律，那為什麼可能從事殺人任務的僧兵會出現在佛教勢力之中?僧兵的武力發動對象，根據黑田俊雄的整理可歸納為四種：

1. 妨害寺社勢力發展的國司、上皇近臣、武士等世俗勢力。

2. 同一寺院裏的門徒、堂塔或寺院間的對立。
3. 同一寺院內的學侶（學生）、行人（堂眾）、「聖」等身分階層間的對立。
4. 消滅新佛教等，從正統顯密諸寺院的大眾觀點來看屬於異端的勢力。[225]

在理解僧兵的存在之前，必須先理解由黑田俊雄所提出的「顯密體制」。顯密體制指的是中世日本王法（王權）與佛法（大寺院）所組成的舊有權門體制，[226]其主幹由平安時代創建的最澄天台宗與空海真言宗兩大宗派，以及南都六宗所代表的奈良佛教宗派，與信仰其教義的皇族、貴族及有力武士等結合起來的政教複合體。這些既有宗派被空海的《十住心論》統歸為「九顯十密」，亦即至今的佛教宗派皆為顯教，但最後將統合於咒術色彩濃厚的密教。

因為當時的時代需求，屬於顯教的天台宗內亦開始有了擁有可以咒殺敵人、完成各種

[225] 黒田俊雄（2016），《寺社勢力──もう一つの中世社会》，岩波書店，pp.56-76。
[226] 黒田俊雄（2018），《黒田俊雄著作集　第二巻　顕密体制論》，法藏館，pp.45-52。

祈願的密教色彩出現。但另一方面天台宗卻是日後淨土真宗、日蓮宗等鎌倉新佛教的培育基地，最澄創建的比叡山延曆寺可說是日本佛法的「根本聖地」。古代史裏佛教強壓神道信仰，以致出現了諸佛為教化位於佛法邊緣地帶的日本人民，而以神道眾神的權宜之姿降世的「本地垂迹說」，讓各大神社以「神佛習合」的方式與寺院結合，融入顯密體制之內。於是日本的中世在律令制崩潰後，土地權利由各權門的莊園占有，其中長年接受有力人士寄進（きしん，捐獻）土地的大寺院，也是主要的莊園擁有者。且為了維持寺院營運而開始經營各種獨占事業（座）和土地的收稅權利，寺院開始有了和上述世俗勢力直接衝突的可能，也因此有了維持武力的需要。

在比叡山延曆寺等大寺院，因為職責分配和人數擴張而開始有了內部階級之分。因為上述的莊園大量產生，讓國家可供收稅地區減少，導致非莊園地區居民必須負擔更重的租稅，因此自行剃髮、進入寺院以逃避重稅的百姓大量增加。除了原本鑽研佛法的學僧之外，這些不具高度佛教素養的私度僧在寺院內從事各種基層工作，其中也包括擔任武裝警衛的任務。十世紀後半的天台座主（慈惠大師）制定「二十六箇條制式」，其中一方面嚴禁僧侶武裝、妨害法要進行及山內暴力，但另一方面又規定「選出無法承受修行的愚鈍無才僧侶，讓其成為武門一行的眾徒」，也因此良源（即慈惠）被某些人視為僧兵的創始者。[227]

寺院裏的僧侶在佛教用語裏統稱為「大眾」，因為私度僧大量進入寺院而讓大眾內部階級化，大眾的組成可分為：

1. 學侶、學生：鑽研佛法與修行的正統僧侶。
2. 行人、堂眾：主要擔任正統僧侶的身邊雜務，或是清掃、供花供水等工作，也被稱為「堂眾」、「夏眾」、「花摘」、「久住者」等，多由私度僧等非正統出身僧侶擔任。

若光看其構成，很容易聯想到僧兵應該主要由行人、堂眾等外來者，或是非正統僧侶

[227] 黒田俊雄（2018），《黒田俊雄著作集　第二巻　顕密体制論》，法藏館，pp.45-52。

形成。但在良源的文書裏所提到「裹頭妨法」（用袈裟包頭、攜帶武器）的僧侶出現，卻不是行人、堂眾等下級僧侶，而是居住於僧房的學侶、學生階層者。因此僧兵的出現不該單視為寺院內部分眾的結果，而該看成是僧侶為了維護組織自治和自律的武裝集團化。[228]另外正如第三章所述，行人、堂眾階層與山伏的組合有所重疊，也是日後修驗道的組成重要基礎。

除了寺院內的大眾，市井也出現了遊行於群眾之間，時而倡導佛法、時而以各種咒術滿足人民需求、時而協助各種土木建設和技術發展的「聖」這種非官方僧侶出現。聖在獲得群眾信仰和支持後，也開始進入各大寺院境內，在遠離本堂處興建所謂的「別所」，與同修和支持者共同修行。聖的影響力日漸擴大，甚至有後來被朝廷任命為東大寺重建募款負責人的重源等人物出現，出身於別所聖寺院的覺鑁甚至日後當上高野山的金剛峯寺座主。但也因為覺鑁的聖出身使其教義帶有濃厚的念佛色彩，引起金剛峯寺原有學侶們

[228] 黒田俊雄（2016），《寺社勢力——もう一つの中世社会》，岩波書店，pp.25-31。

的不滿，爆發了僧兵間的暴力衝突「錐揉之亂」，讓覺鑁等人離開高野山另創真義真言宗的根來寺。

僧兵除了舊勢力間的衝突，也必須維護既有寺社的權益。因為舊有寺社與權門貴族緊密結合的體制，讓日後鎌倉時代興起於民眾之間的新佛教成為僧兵必須排除的對象。例如淨土真宗在中興之祖蓮如時代，就曾受過比叡山僧兵的武力迫害，其京都所在的大谷本願寺被比叡山西塔眾徒摧毀，使蓮如必須離開京都輾轉各地傳教。但是蓮如的本願寺日後成為一大教團之後，也擁有了自己的門徒武裝勢力，甚至與織田信長敵對許久，最後才在天皇的調停下撤離如同要塞一般的石山本願寺。從這點，也可以看出過去日本佛教團體的實力與本質。

正如黑田俊雄將日本中世的政教結構稱為「顯密體制」一樣，雖然有力神社也占了重要的政教地位，但在神佛習合的傳統下，仍被歸納在顯教跟密教兩種宗教文化霸權之內。而皇親貴族擔任寺院、神社主宰的門跡制度，更讓王權與宗教勢力結合緊密。在這種土壤之下腐敗茲生，像是寺院從事金融借貸業、並使用武力討債，或是女犯妻帶、甚至是以「喝食」、「稚兒」等寺院小僧和神社祭典人員的方式，行僧侶對青少年進行男同性戀行為的性侵害、性壓迫等，都加強了民眾對於寺院在佛法崇敬之外的厭惡、輕蔑感情，這些也都成為日後廢佛毀釋運動發生的遠因。

廢佛毀釋的狂潮

民眾自發的廢佛毀釋運動極為廣泛，一時間隱岐、鹿兒島、苗木（なえぎ，位於岐阜）等地的寺院和僧侶全部消失，至今宮崎和苗木的葬禮仍然不以日本一般的佛式，而是以神葬祭方式舉行。像是興福寺的國寶無著世親菩薩像、阿修羅像等在明治初期被隨意放置，同寺的乾漆（かんしつ）十大弟子立像其中之一在國外被拍賣、目前寺中只剩六座佛像，該寺的五重塔也曾經以僅值今天日幣十萬元的價值被賣給民間，一度要放火燒塔以回收建材中的金屬組件。奈良古寺許多天平時代留存的佛像，也在這個時代被當成柴火燒毀。爾後寺領地被回收公有，興福寺幾乎成為廢寺。就連鄰近的春日大社神使鹿群，也因為春日大社的神佛習合歷史，當時奈良第一代縣令四條隆平還為了消除鹿為神佛使者的迷信而狩獵，變成壽喜燒的鹿群一度還數量減少到面臨滅絕危機。[229]

明治政府頒布的《神佛分離令》大意為「王政復古要回復祭政一致，由君主擔任最高宗教主祭的傳統，因此要重設神祇官」。而後神祇事務局也發給各神社「王政復古為了一洗舊弊，僧形別當或社僧立刻復飾（還俗）後再行出勤」的命令，結果對這種僧侶隔天立刻還俗的命令，神社境內的僧侶並未激烈抵抗，這歸因於神佛習合歷史悠久的傳統，讓僧侶們認為「為佛或是為神服務都是一樣」。但接下來發布的「以佛像為御神體的或是放置

[229] 鵜飼秀德（2018），《仏教抹殺》，文藝春秋，pp.166-170。

佛具的神社，應早早將其清除」命令，則讓事態開始失控。

佛教聖地比叡山山麓的日吉大社，是在全國擁有三千八百座山王信仰神社的總本宮，但同時也是比叡山延曆寺的鎮守，受到延曆寺的管轄控制超過千年以上。《神佛分離令》讓神官們為了要報復長久以來被壓制的積怨，糾眾領著當地居民把僧侶趕出神社並開始毀壞佛具佛像。當地居民之所以參加燒打騷動，也是因為長年以來當地被延曆寺控制，一直都繳納負擔沉重年貢而懷恨在心。從這個事件，就可以看出廢佛毀釋發生原因的一端。

其後事態嚴重到太政官必須發布命令要神官們不可採取激烈手段，但之後新政府為了削弱佛教勢力，發布了讓僧侶世俗化的「自今僧侶肉食妻帶蓄髮等可為勝手事」，並在行政手段上採取了兩次的「上知令」沒收眾寺院廣大的寺領地。像是京都的新京極鬧區，其實就是沒收自金蓮寺、誓願寺等寺院領地而來，如誓願寺的境內地就被沒收了六千五百坪裏的四千八百坪。今日奈良的奈良國立博物館、奈良縣廳、奈良地方法院、奈良飯店的所在地，更是全部都在過去興福寺的寺領境內。鹿兒島縣在江戶末期原本有一，〇六六座寺院、二，九六四人的僧侶，在明治七年時居然被摧殘到完全歸零。㉚

廢佛毀釋發生的原因，主要可以歸類為下列四項：

1. 當權者的揣摩上意。
2. 為了富國政策而利用寺院。
3. 日本人易熱易冷的民族性。
4. 僧侶的墮落。㉛

其中第一點的發生，在於當時明治政府推行的祭政一致（さいせいいっち）政策，讓維新重鎮的薩摩、長州等地認為需以身作則而強力推行。其他像是宮崎縣因為長久以來做

㉚ 鵜飼秀徳（2018），《仏教抹殺》，文藝春秋，pp.11-22。
㉛ 鵜飼秀徳（2018），《仏教抹殺》，文藝春秋，p.203。

為鹿兒島的鄰縣而關係密切，因此為了追隨薩摩變本加厲。像東白川這個日本唯一沒有寺院的村落，則是因為地處幕末時代藩主擔任幕府要職的苗木藩，在明治維新後為了向新政府表達沒有二心的恭順姿態，變本加厲推動廢佛毀釋來表忠。第二點的事例則可以在水戶藩、薩摩藩等見到，由於寺院到江戶時代為止累積了大量的土地和資產，於是沒收寺院資產以供財政，沒收佛具等金屬材料用來鑄造大砲等誘因，也讓這些地方的廢佛毀釋火上加油。第四點的僧侶墮落可以在前述及第二章中獲得佐證，第三點的「易熱易冷的民族性」這種趕流行、隨眾的習性雖然可以在許多民族中見到，但後述的流行神部分探討中就可以發現，這的確算是日本宗教文化中的特質。

神道、官員的揣摩上意，後來也發生在佛教諸宗派身上。為了挽回被視為過去餘毒的不利，佛教諸宗派變得更宣揚國體思想，更推崇天皇家的神聖性，為了贊揚當時日漸向外擴張的國家走向對教義做出各種新解釋。這也是日後在國家神道全盛時期佛教出現日蓮主義、親鸞主義等右傾思想的原因。但是除了傳統文化與文化資產的破壞、日後軍國主義的先行影響，廢佛毀釋中所沒收的土地與資材，也成為日後各地許多國民學校建校的基礎。不論好壞，對於長年以來占優勢地位的佛教反撲，可說是日本國家近代化的重要一步。

二、國家神道的影響

國家神道與八紘一宇

前述的神祇官成立沒多久，就降格成為神祇省，神祇省也僅存一年就改組為教部省。原本隨著官幣社、國幣社、府縣社、鄉社、村社、無格社等，將神社分級的社格制度成立，隨之要進行的以神社信徒做為人口掌握手段的氏子調（うじこしらべ）制度也被撤回。而後在世界各國的壓力下，日本正式解除鎖國時代以來維持的基督教禁令，明治日本成為國民擁有信教自由的政教分離國家。以教部省認定許可的宗教家才能進行傳教的教導職制度，也在日後廢止。

但日本仍然堅持「祭政一致」的方針，也就是人民可以信仰佛教、基督教等宗教，但大日本帝國仍然以天皇為最高存在的前提。要完成這個前提，天皇除了憲法上的代表性，當然也必須具有宗教性的權威，這種權威當然必須來自純粹日本信仰的神道。於是政府得到的解答就是將神道除了列為宗教其中之一，也被當成是以天皇家為首的國家祭祀儀式主體。在這個脈絡下，於一九〇〇年神道事務被移管到內務省神社局，其他宗教事務則屬內務省宗教局所管。同時，強化了天皇家的皇室祭祀系統，天皇做為祭主的角色更為明顯，祭祀中也加入紀念天孫降臨的元始祭、紀念神武天皇即位的紀元節祭等，強調「皇國」而具有政治意涵的祭典。隨著官幣社、國幣社禁止舉行私人神葬祭，以及前身為東京招魂社的靖國神社、日後改稱護國神社的各地招魂社被國家體制吸收之後，神社漸漸從宗教團體開始轉換為公立機關性質。㉜

㉜ 島薗進（2017），《国家神道と日本人》，岩波書店，pp.15-17。

簡單說，國家神道就是藉由做為傳統信仰神道的力量，用將天皇做為最高祭主的定位的手段強化之後，由天皇家「私」的祭祀引導民眾因為崇信神道而將天皇神聖化，重新建構神道中早已存在、但天皇本身早已淡化的「現人神」信仰，讓天皇做為大日本帝國的元首之外，同時連其頒布《教育敕語（きょういくちょくご）》都具有聖性的現人神最高領袖。

「八紘一宇（はっこういちう）」一詞意為將八方世界結合而為一，原始出處為《日本書紀》中神武天皇統一日本建立大和朝廷時「掩八紘而為宇」之記載。但這個詞日後被用為大東亞戰爭的宣傳標語，做為亞洲各民族統一於以日本為中心共榮圈之下的理論依據。而類似概念的母胎，在幕末時代就已被國學者提倡過。在尊王攘夷風潮盛行的當時，國學者主張天皇現人神的神聖概念，認為天下將一統於以現人神為中心，是立足於神道的激進思想。但這種激進思想，卻因為明治政府的國家統治需求將天皇家聖化，日後真正成為軍國日本的國是之一。

以當時的世界風潮來看，擁有一個神聖象徵，進行中央集權式的帝國統治有其時代需求。就常理論，崇敬天皇並不直接代表帝國會向外擴張並發動戰爭。但天皇成為國家元首及軍隊統帥，卻因其神聖性而避免直接裁決領導，交由其臣下「輔弼（ほひつ）」時，卻出現了可怕的「統帥權干犯」矛盾。也就是當文武官員在面對國際衝突時，若官員主張避免戰爭、採取外交手段解決時，負責「輔弼」軍隊統帥天皇的軍方，會假借天皇的權威指控對方「干犯天皇的統帥權」，進而對內閣進行各種杯葛、甚至暗殺等手段。從這個角度看，國家神道所營造出的天皇神聖性，的確打造出了八紘一宇思想的土壤。但在八紘一宇形成過程的主要推手，卻諷刺地不是支撐天皇家的神道系統，而是一般被認為較為和平、且在廢佛毀釋過程中受到打擊的佛教宗派。

在明治政府嘗試將神道國教化的初期，淨土真宗名僧島地默雷就持反對態度。由於佛教方面擔心神道國教化之後的獨大局面，再加上以大國主神為最高神的出雲神道系統希望將自身編入神道的最高層，與皇室始祖的伊勢神宮發生矛盾，讓神道國教化困難重重。島地默雷提出了神道不應做為宗教、而應做為崇敬天皇家之祭祀為主的建議，這解決了政府一方面不願意讓神道有力宗教家權威凌駕天皇與國家之上，一方面將神道定為國教將侵犯國民信教自由的難題。於是各宗教繼續共存，但神道做為祭祀被國家體制吸收的國家神道就此形成。

從幕末時代就與維新志士關係良好的淨土真宗，也就此渡過《神佛分離令》後一連串佛教的困境，與國家體制關係良好，成為同樣崇敬天皇的佛教宗派。甚至到了日後同樣為名僧的曉烏敏時代，淨土真宗已從唯一崇敬阿彌陀如來、一心往生西方極樂淨土的宗派，成為主張「極樂淨土是阿彌陀如來因本願而莊嚴的國土，日本則是天照大神之德而莊嚴的國土」，還在本願寺放置祈願天皇長壽的「天牌」，認為自身以阿彌陀如來為最高存在的信仰，和與神道關係密切的祭政一致並不衝突的宗派。對於戰爭的態度，曉烏敏也借用淨土真宗特有的懺悔與自省哲學，認為「我個人主張反對戰爭，但這個主張也只是凡夫的主張」，對智慧有限、無法體驗真理的自己來說，說不定無法理解「戰爭才是正確的道路」這個真理。[233]對固有「門徒物知らず」的揶揄，指專修念佛而一向不信其他神明、不理世間風俗忌諱的淨土真宗來說，可說是極大轉變。淨土真宗為了宗派的生存，協助促成國家神道的形成，卻也在時代浪潮下成為八紘一宇中日本向外擴張的一股助力。

日蓮主義與親鸞的日本主義

但就算協助國家神道的形成，若沒有其他因素存在，也難讓天皇崇敬轉變為向外擴張、統一亞洲的八紘一宇。以天皇為中心，統一其他國土成為共榮樂土的思想，除了當時的世

[233] 島薗進（2017），《国家神道と日本人》，岩波書店，pp.1-5。

界局勢，其精神支柱就是佛教界出現的日蓮主義。「八紘一宇」這個詞由日蓮宗信徒田中智學首度提出，創立國家主義團體「國柱會」（會名來自日蓮名言「我欲成日本國之柱」）的田中智學，主張八紘一宇為「道義的世界統一」，其意義為「將人類忠孝化的使命為日本國民的天職，其源頭發自堂堂人類一如的正觀之光輝燦爛大文明，是為此而進行的世界統一。故宣言其為『八紘一宇』，被設定忠孝擴充的結論，歸於世界為一家的意義」。㉞田中智學的思想源自於日蓮宗的思想，被稱為「日蓮主義」。

二二六事件中被處死的北一輝與創立滿洲國的幕後黑手石原莞爾、以及暗殺要人的血盟團事件主謀井上日召，也都是強烈的日蓮宗信徒。血盟團成員在行凶時喊著「死吧死吧」的行為，是受到《法華經》中為追求真理「不惜身命」的影響。石原莞爾與以《銀河鐵道之夜》為代表作、其熱烈的法華經信仰廣為人知的作家宮澤賢治同為國柱會會員。而在一九三二年二月十六日的瀋陽，由張景惠、馬占山、臧世毅、熙洽組成東北行政委員，

㉞ 島田裕巳（2015），《八紘一宇　日本全体を突き動かした宗教思想の正体》Kindle 版，幻冬舎，pp.295-307、p.2762。

日方由石原莞爾、關東軍司令官本庄繁、板垣征四郎、片倉衷等出席協議成立滿洲國的會議，其紀念合照後方就掛著以日蓮宗本尊特有的鬚文字字體寫成的「南無妙法蓮華經」大書，二月十六日也是日蓮上人的誕生日。可見日蓮主義對石原影響之深遠。㉟

由於日蓮於生前強調《法華經》信仰的正確性，並預言若不信仰正確佛法的《法華經》，國家將面臨內亂外患等種種危難並一一命中。為實現自己的理想，日蓮曾對幕府進行多次的進言諫曉，因此遭受流放和生命危險等迫害。但日蓮仍然不改其志，對其他宗派進行強烈攻擊且認為說服、論破他人使其改信《法華經》的「折伏」行為，是解救對方的最大慈悲表現。對於理想的國家形態，日蓮的《三大秘法抄》中則認為是基於「本門本尊」、「本門題目」、「本門戒壇」三個前提下，所建立的「王佛冥合」，也就是世間王法與佛法完美結合的狀態，田中智學則將之稱為「法國冥合」，亦即佛法與國體的結合。認為當日本全國都皈依於法華信仰之下，就達成了「一天四海皆歸妙法」的目標。為

㉟ 島田裕巳（2015），《八紘一宇　日本全体を突き動かした宗教思想の正体》Kindle 版，幻冬舎，pp.1075-1090、p.2762。

達成這個目標，信徒則需要進行「廣宣流布」的折伏行為。

在這種思想構造下，日蓮主義者將「國體」視為以天皇為首的絕對正確佛法之國，天皇為釋尊前世之一的轉輪聖王，將對外的擴張和攻擊行為，視為是將善知識和正法傳播出去的「折伏」行為，以其他國家為對象的八紘一宇思想，則是將日本國擴張到整個世界，進行「一天四海皆歸妙法」的「廣宣流布」。日蓮對法華信仰的活動性與積極性，成為日蓮主義者向外擴張的原動力。石原莞爾著名的《世界最終戰論》認為未來人類將發明毀滅性的兵器，並由東方的領導者日本和西方的領導者美國決戰。這種主張也被認為受到日蓮主義中佛法與謗法對決思想的影響，對石原而言，最終決戰不只是東西兩強的對決，同時也是以法華信仰統一東方後，與西方基督教世界的對決。

日本文明開化的過程中，為了對抗西方思想與民主主義，強調日本主體性的傳統回歸思潮，天皇崇拜為首的皇道和國體思想為中心的「日本主義」隨之誕生。從日俄戰爭到敗戰為止，日本主義成為軍國化的重要精神依據，「國體護持」甚至成為已無勝利希望、卻仍主張與美國抗戰到底的基本教義派的主戰理由。在日本主義中，親鸞的淨土真宗信仰也占了一定比重。像以《出家與其弟子》著名的劇作家倉田百三，在著作中的親鸞與其弟子唯圓、兒子善鸞對於信仰及情慾的掙扎，表現出淨土真宗對於人生為凡夫而天生充滿劣根性的思想。最後親鸞臨終之際寬恕了弟子與兒子的所有過錯，因為無力的凡夫只有將所有希望寄託在阿彌陀如來偉大的「絕對他力」，並全力相信阿彌陀如來的本願，能做的事唯有祈禱而已。在這樣的領悟下，親鸞得以安詳臨終。

在這種信仰下，倉田認為當時流行的法西斯主義才是日本該走的道路。因為順從天意而統合人民、達到民族的宗教理想這點，正與法西斯主義相合。而統合的世界就是「彌陀的本願」，至於本願則是凡夫難能理解的高深意義，所以做為凡夫的人民就「唯信而已」。

至於滿洲事變的發生和世界當時的侵略潮流，則被倉田認為是「宿命」，也就是難以改變的「絕對他力」。[236]淨土真宗的僧侶曉烏敏，更是把天皇做為是佛的顯示存在，日本「唯神之國」和「彌陀之國」的思想，在曉烏敏心中毫無矛盾。因為阿彌陀的本願就等於天皇的「大御心」，從親鸞時代的淨土真宗就尊崇至今的聖德太子，也在憲法中明訂日本是「三寶之國」。根據此事實就可將天皇之國的日本也看成是阿彌陀佛的淨土之國。

不同於有朝代更迭的中國、朝鮮，理論上「萬世一系」的大和朝廷所發布的憲法，也支撐了曉烏敏的佛法之國觀點。因此做為「神之子」的日本國民，是被選中的特別存在。再加上阿彌陀佛的淨土無邊無際，於是把全世界納入天皇的大御心、也就是彌陀的本願，成為日本國民的天職。所以中日戰爭被曉烏敏視為統一世界的聖戰，而與中國的戰爭是以「日本精神的神風」吹走「妖雲」的作業；藉由中日合作再促進與歐洲的合作，在全世界的合作完成之後「構築世界的新秩序」。[237]

---

[236] 中島岳志（2017），《親鸞と日本主義》，新潮社，pp.124-128。
[237] 中島岳志（2017），《親鸞と日本主義》，新潮社，pp.208-219。

國家神道在戰後解體，國柱會雖然至今仍然存在，但日蓮主義已隨著日本敗戰而式微，淨土真宗也在戰後進行深刻的自省，開始與政治保持一定距離。折伏和廣宣流布的思考，反而由日蓮正宗系統的創價學會繼承。以「折伏大行進」為名的強力傳教方式，雖然引發社會問題，但也的確讓日蓮正宗信徒數飛躍般增加。日後因種種問題，身為日蓮正宗信徒團體的創價學會與宗門反目而分道揚鑣。但戰前重視「國體」，與天皇崇敬關係密切的日蓮主義，某種程度上其路線卻被民主主義的現代日蓮信仰團體繼承至今，與創價學會關係密切的公明黨，也一直在日本政壇有舉足輕重的地位。

從明治開始到日本敗戰為止，因為時代的風潮，佛教教派或多或少都有像派遣隨軍僧侶等協贊（きょうさん）政府的活動。但是日蓮宗和淨土真宗在八紘一宇概念的形成中，比其他宗派擔任更重要的角色。除了時代需求，日蓮宗的折伏和廣宣流布、淨土真宗的阿彌陀淨土無限論，正好與向外擴張的方針相輔相成。日蓮宗的本門戒壇和淨土真宗的本願思想，又正好和國體思想強調的天皇聖性可以融合，再加上日蓮宗的本佛論（末法時代釋尊會以新的形象出現弘揚正法）和淨土真宗的天皇即阿彌陀化身的說法，正好也是日本佛教長久以來神佛習合思想的展現。於是和平的佛教成為國體思想的一部分，在激動的世界局勢中宗教文化也正如前述，直接間接影響了日本人的生活至今。

三、生活中的宗教文化

信仰與性、生命的宗教儀式

日本的民間信仰，其實與性密不可分。密教中神秘色彩極強的立川流，就被攻擊為主張「女犯為真言一宗之肝心，即身成佛之至極……內食為諸佛菩薩之內證，利生方便之玄底也」，並且進行以骷髏為本尊，用男女交合的愛液塗於其上的秘密儀式。另一方面，在民間信仰的各種儀式，也常見歌頌性愛的要素。因為留下後代和作物豐收，一向都是民眾最重視的願望。要達成這些願望，性愛都是不可或缺的要素。

與立川流關係密切的荼吉尼法，也正是產生王權之力的天皇即位灌頂儀式。[238]即位灌頂一直從十三世紀執行到明治天皇前任的孝明天皇為止，是只由藤原氏傳承的神秘儀式。其本尊為愛慾之神的荼吉尼天，與立川流關係密切。雖然被佛教正統認定為「外法」，但其咒術性正顯現了天皇王權的本質。王權最重要的就是其永續性，所以若以佛教的斷卻煩惱而否定性愛的話就無法成立，這也是王法為什麼與「外法」立川流有所連結的理由。《愚管抄》的作者、出身貴族同時也是天台座主慈圓在面臨天皇王權危機時，在《慈鎮和尚夢想記》中把三種神器裏的神璽和寶劍看成是皇后和天皇的身體，因其交合而讓國家繁榮的夢，正顯現出這種另類的王法與佛法的關連性。[239]《神皇正統記》作者、也是南朝忠臣北畠親房效忠的後醍醐天皇，可以說是神國思想的象徵之一。但是後醍醐天皇重用立川流僧侶文觀，並且多次行使立川流秘法的儀式，也被學者網野善彥視為天皇王權中性與佛法的

[238] 末木文美士（2016），《日本宗教史》，岩波書店，pp.101-102。
[239] 三崎良周（1964），〈慈鎮和尚の仏眼信仰〉，《密教文化》一九六四巻六九－七〇号，密教研究会，pp.62-64。

複雜交纏產物。㉔

即位灌頂之所以成立，不只因為密教中如立川流等教派強調男女和合要素，而是日本傳統信仰本就不忌諱性的存在，甚至把性行為帶來的生產性與土地生長作物的生產力連結，在土俗信仰中可以發現許多性崇拜的事象。日本神話中對於男女二神和合而產出日本國土及眾神，其赤裸描寫就顯示出古代日本對於性的態度。天皇家有即位灌頂的秘法儀式，最基層的民間信仰神事也是如此。許多民間地方小神社的祭典，都將性交與播稻連結，強調其對豐收多產的祈願。神道至今也多少殘存這種概念，像是奈良縣的飛鳥坐神社著名的「おんだ祭」就是如此。該祭典一開始就由神社人員執青竹毆打參拜者的臀部，而在神官出席監督之下舉行的御田植神事，更是直接在神前由扮演天狗和女性的民眾模擬各種性交動作，並將擦拭體液的白布分給參拜者，讓其取回後家中可以豐收平安。在這種傳統下，日本直到江戶時代為止對性的態度都相當開放，要到明治時代為了現代國家

㉔ 網野善彥（2016），《異形の王權》，平凡社，p.214、pp.224-226。

——茨城縣牛渡鹿嶋神社的田植祭「平三坊」裏模仿性交的儀式。

確定民法基礎，才配合家父長制度對性的態度開始轉趨保存。但就算這樣，一直到昭和初期，農村仍然存在如「夜爬」等以現代價值觀來看傷風敗俗的習俗。

在農村生活中，祭典也占了極重要的地位。正如第三章所述，修驗道可能代表民俗學中常被忽視的山民文化，那麼隨著農耕活動所成立的民間信仰，正可說是日本一般定住村落民眾的代表文化。農耕生活就是把從播稻到收成為止的期間當成一個循環，當這個循環不順時就會產生危機。以這個循環為基礎，產生了依靠守護靈＝神而讓農耕順利展開的概念。當久住固定土地後，祖先的靈就會變成守護靈佑護子孫。但當守護靈無法對應地震、水災、蟲害等災難時，就產生了其他的神明信仰。也就是說，這些神的功能就在於保障農耕生活的順利進行。

每年的祭典，就因此依照春天開始而結束於秋天的農耕行程舉辦，因此春秋二祭成為農耕民眾最重要的祭典。春天的祭典是為了祈願和預先慶祝，秋天的祭典則是獻給守護整年收成和民眾本身的神明們如新嘗祭等。一般的做法是村落代表的神主在嚴謹的精進潔齋後秘密地召喚神明，下一階段則將神明用神轎走遍全村進行「渡御」。祭典也從過去村民中特定族群（如宮座等）轉換成只要是村民就能參與，現在則大多是由村民輪流負責主辦神事。從二月到四月間的春祭，重點在為了預設整年的農耕作業能順利，排除各種的汙穢（ケガレ）。本來在農村並不存在的夏祭，則是因為人類其實在夏天是最不順的季節，生理上也是處於體力衰退的狀態。所以在人口密度高的城市，夏祭舉辦於會有疾病流行、發生水災的河川旁邊等進行。秋祭則是把新穀獻給帶來豐收的神明，讓神明和人類自由交流的行事。

但隨著農村人口減少並都市化的現在，以先祖靈為中心的民間信仰也開始大有變化。[241]這種建構於農耕社會的民間信仰概念，其實與神道的祭典相符程度極高。但柳田國男時代所確立的這種「常民」視角，在大半人口已集中於都會區的日本是否還能適用，已經是民俗學的一大挑戰。這種以群體祈願為基礎的信仰概念，在都市化的現代也已轉化成個人對於自身健康、利益、幸運等願望，更加接近民間信仰另一特色「現世利益」的部分。日本主要的年中行事如下：

1.正月：十二月十三日開始掃除，年末開始在門口掛注連繩、擺飾門松，屋內放鏡餅，十二月卅一日當晚吃過年蕎麥麵，晚上十二點除夜之鐘時迎接年神（祖先神）。用元旦早上提來的清水。

[241] 宮田登（2006），《はやり神と民衆宗教》，吉川弘文館，pp.42-46。

2.小正月：一月十五日。過去會在十四夜起火迎接年神，十五日進行模仿農耕的預祝和占卜。現在則是舉行成年式的日子。

3.節分：二月三日，用炒過的大豆趕鬼招福，是為了迎接春天趕走邪靈的行事。

4.事始日：二月八日，日文稱為「コトハジメ」，進行開工儀式。十二月八日則是結束一年工作的事納日「コトオサメ」。

5.雛祭：三月三日，在雛壇裝飾雛人形，奉上供品祈求女生的成長。原本是用紙人形，並將汙穢移轉於其上後再放水流走的行事。

6.彼岸：三月與九月的廿三日前後，在春分、秋分之日掃墓。

7.社日：春秋彼岸前後的戌日，進行土地守護神及田神的祭祀儀式。

8.卯月八日：於四月八日村人一同上山飲食，取山神附於其上的花之後回家，當天也會舉行佛教的灌佛會（釋迦誕辰）。民間把當天視為迎田神之日，各地春祭也都在四月舉行。

9.端午節句：五月五日，立鯉魚旗和武者人形，裝飾菖蒲和草粽祈求男生的成長。也是舉行騎射和模擬合戰等占卜吉凶的日子。

10. 春天的稻作行事：如播種時的田植祭、送蟲等與稻作相關的儀式，從四月到五月間舉行。

11. 水神祭：六月被稱為「冬之物忌」（為神事進行的齋戒），於一日「冰之朔日」吃正月時製成的凍餅，十五日則祭拜水神。祇園等祭拜御靈的都市神社的夏祭，也多在六月舉行。這些祭典主要用意在驅除疾病。六月三十日舉行夏越之祓（除災祭典）。

12. 七夕：七月七日，以五色短冊寫上提升技藝的願望掛在竹子上。結束後在河川將其流走。

13. 盆：七月十五日的中元日。建立精靈棚和製作精靈馬，迎接祖靈歸來的一連串中元儀式。

14. 八朔：舊曆八月一日，進行避免颱風的風祭。

15. 月見：舊曆八月十五日，現在在西曆九月十五日慶祝，國定假日為敬老之日，寺社會舉行放生會法事。

16. 七五三：十一月十五日，三歲時男女皆慶祝，五歲慶祝男生、七歲慶祝女生成長。[242]

17. 秋季的稻作行事：如新嘗祭等的收穫祭或是割稻祭。十一月廿三日的宮中新嘗祭在民

[242] 宮家準（2016），《日本の民俗宗教》，講談社，pp.108-114。

間則是大師講之日，國定假日為勤勞感謝之日。而割稻祭、收穫祭也被視為田神回山的日子。

18.水神祭：十二月一日祭拜水神，也是年末的掃除進行日。

日本人個人一生從出生到死亡，也需經歷一連串自民間信仰而生的通過儀式。從出生前的祈子及安產祈願，到出生時的產湯（為胎兒第一次洗澡的熱水）被當成是把嬰兒靈魂移轉到現世的一種「禊」儀式，並且洗過產湯後就不得把嬰兒「間引」（為家計而殺嬰），產湯要在固定的方位靜靜倒掉以防止將來嬰兒長大後性格暴躁等，一直到死亡的湯灌為止，從出生到最後死亡兩次使用熱水的儀式就是日本人的「一生」。[243]過去生產過程因為伴隨著大量的出血而被視為一種汙穢，所以在鄉下地方還留有在家宅外另設「產屋」的風俗。

在幼兒三歲、五歲、七歲的十一月十五日穿著華麗衣服參拜神社的「七五三」，被視為是小孩平安成長的重要儀式。日本俗語「七ツ前は神の内」（七歲之前歸神管），說明過去小孩容易早夭，在某些地方若死亡還有特定的埋葬法，也因為還不被視為是村落正式成員等，反而讓七歲前的小孩具有聖性，[244]這也是日本祭典中會有稚兒出現的原因。在過去日本各地，存在各種考驗青少年，通過之後才被視為成人的通過儀式，這種傳統沿續至今成為日本各地每年公辦的成年式。結婚時以「三三九度（さんさんくど）」為首的各種儀式，以及還曆儀式讓六十一歲的當事人穿著小孩的衣服慶祝，以象徵其重生的各種風俗，其實都內含了民間信仰的咒術元素。

葬禮及死後供養雖然依所信仰的宗教有所不同，但過去常見的「野辺送り」（類似台灣的送上山頭，由參加者一同送死者到埋葬處的行列），和死者衣物必須和一般相反，送給死者的物品得特地打破等，都反映出日本民間信仰因為他界觀而產生的共通元素。日本人的主要人生通過儀式如下：

---

[243] 谷口貢等（2015），《日本人の一生　通過儀礼の民俗学》，八千代出版，pp.51-53。
[244] 谷口貢等（2015），《日本人の一生　通過儀礼の民俗学》，八千代出版，pp.72-73。

1. 誕生儀式：孕婦會在懷孕五個月的戌之日進行腹帶的祝賀儀式，進行出生前的預祝。過去生產是在因認為出產為不淨，而由村落設立共有的「產屋」進行。產婦的忌（閉關時期）為七十五日，嬰兒為三十日。嬰兒則是由產神（或稱箒神）賦予靈魂，誕生第七天稱為「七夜」，當天會祭拜產神給嬰兒取名並向親戚與鄰居介紹。出生三十日忌解除後，則參拜氏神讓其成為一族成員。初節句（男子為端午、女子為雛祭）時則會盛大慶祝。

2. 七五三：如前述般參拜神社祈求兒童平安成長。

3. 成年式：現在公辦的成人式為二十歲，但過去則是在十三至十九歲間，也有要求需到山岳修行或是參拜伊勢神宮，才能加入成年人行列的地區。

4. 婚禮：進行如三三九度等的結婚儀式，近代之後既成宗教的要求大量介入結婚儀式當中，尤其是神前結婚曾極為盛行。

5. 厄年與年祝：男子的四十二歲、女性的三十三歲被視為大厄，必須進行神事等解厄儀式。六十一歲的還曆、七十歲的古稀會舉行慶祝儀式。

6. 葬禮：臨終之際會在死者旁大聲叫其名字（呼魂），或是讓其口含水等試圖叫回其靈魂。確認死亡後則會向村人跟檀越寺通知，在屍體上放置驅魔的刀，枕頭邊放置枕飯並進行通夜儀式。入棺前會用熱水擦屍身、穿上經帷子，在棺木中放入死者生前的物品和一文錢。在自宅舉行佛教儀式授予死者戒名，將其靈魂引入位牌。葬禮後以火把、位牌、御膳、棺木組成行列，遊行到埋葬或火葬地。[245]

民間信仰與流浪的民間宗教者、流行神

吸收了佛教、陰陽道等外來要素，再加上日本傳統的神道信仰，以及三者混合而成的修驗道，日本的民間信仰呈現多元面貌，常在民俗調查中發現難以確定其根源為何的土俗信仰事例。日本隨處可見的地藏石像等，可說是土俗化的佛教信仰，但也可能是日本傳統對於石造物或岩石信仰的混合結果。[246]而像是日本鄉間四處可見、多見於群馬、長野等地

---

[245] 宮家準（2016），《日本の民俗宗教》，講談社，pp.112-119。
[246] 林承緯（2017），《信仰的開花　日本祭典導覽》，遠足文化，p.58。

保護交通安全和夫妻和合的道祖神，至今也尚未瞭解其真正由來。這種祈願身體健康等現世利益的信仰，可說是民間信仰的真正基礎。對現世利益的需求也「逆滲透」回神道和佛教，產生如稻荷明神、密教讓孕婦產下男嬰的「變成男子」加持祈禱等，發生如前述的既成宗教與民間信仰的交互影響。上層的既成宗教與基層民間信仰之間，流浪的民間宗教者就擔任了重要的媒介功能。

江戶時代，日本全國發生「伊勢参り」的各地民眾參拜伊勢神宮熱潮。但是要讓因幕府禁止民眾隨意移動的各地居民出現「想參拜伊勢神宮」的欲望，靠的就是稱為「御師」的人們。御師是居住於伊勢神宮附近的人們，除了讓參拜伊勢的客人在自己家中住宿、擔任神宮參拜領隊，還會在各地分發伊勢曆與神宮大麻（おおぬさ，護符）營利謀生，亦會在旅遊各地時為當地居民進行神樂和各種祈禱。御師們在各地都擁有稱為「檀家」的常客，這些做為旅遊業先驅的御師們在江戶時代為數約兩千人，御師邸則有六百間，檀家數量全國則有四二一萬。

在幕末全國約三千萬人口的當時，據說參拜過伊勢神宮的人口就有三百萬，可說是御師支撐了伊勢的經濟活動。但《神佛分離令》發布後，和修驗道山伏等關係密切、並從事各種非正統祈禱和神樂等活動的御師就被下令廢止。在明治時代，伊勢神宮的參拜人數從過去的三百萬減半為一百五十萬人，這也可見為了主張神道信仰正統性而發布的《神佛分離令》，其實也給了國家神道最高峰的伊勢神宮打擊。[247]正如因「不正統」的理由而被廢止，但其實又擔任重要任務的御師一樣，流浪的民間宗教者長久以來一直處於被輕視但同時又被需要，身為連結既成宗教和民俗信仰的重要環節、卻也一直地位曖昧的處境。流浪民間宗教者中，以搭配藝能的說教故事巡迴各地為生的種類如下：

1. 民間巫女：如東北著名的盲目巫女齋女（イタコ）除了與死者溝通，還會頌唱稱為「オ

[247] 鵜飼秀徳 (2018)，《仏教抹殺》，文藝春秋，pp.146-147。

シラ」的馬與少女結婚故事。伊豆巫女的「為朝之本地」、壹岐神樂巫女的「百合若大臣」等。

2. 山伏：修驗道的山伏也會表演「黑百合姬祭文」等宗教藝能。

3. 唱門師：中世期以祈禱和祈福為生的下級陰陽師，以幸若舞（こうわかまい）方式表演的《平家物語》與《曾我物語》受到當時的戰國武將們所喜愛。

4. 念佛聖：時宗系統的念佛聖表現的小栗判官復活故事。

5. 高野聖：表演在高野山上發生的苅萱譚故事而遊行各地。

6. 盲僧與瞽女：盲僧講述所屬寺院的緣起故事，或是頌唱「地神經」驅除惡鬼，中世期則是配合琵琶演奏表演《平家物語》進行對戰死者的鎮魂。近世之後則是離開寺社遊行各地，表演《平家物語》或淨琉璃，也被稱為「座頭」。瞽女則是寺院裏盲目的女尼，室町期是在路邊打鼓讚揚箱根權現的靈驗，並表演《曾我物語》等。

7. 小法師：由寺院中修行中的年輕下級僧侶表演各種趣聞的「早物語」。㉔⑧

㉔⑧ 宮家準（2016），《日本の民俗宗教》，講談社，pp.168-170。

流浪宗教者的起源可追溯自佛教傳入初期的民間聖，而後主要由修驗道的系統繼承，滿足民間對於祈願等咒術儀式的需求。前述的御師不只伊勢，還有榛名山、江之島、筑波、武州御嶽、大山、富士山、淺間、香取、鹿島、妙義山、多賀、船橋、尾鑿、戸隱山、大峯、湯殿山等，㉔⑨幾乎只要是名山聖地就有從當地到各地巡回的御師存在。陰陽師和頭戴深編笠、吹著尺八的普化宗虛無僧，或是簡稱「六十六部」、「六部」，將書寫的《法華經》奉納到日本六十六個靈所的「日本廻國大乘妙典六十六部經聖」，也都是流浪民間宗教者的主力。

因為當時的交通不便和情報封閉，從各聖地到各村落進行宗教活動有其實際需求。但也正因情報封閉，不乏有閒雜人等假扮為流浪民間宗教者，到各地假借聖地修驗或御師名義詐騙財物。日本自古就有因藝能者沒有實際生產力，而加以歧視的傳統。但實際上民眾又有娛樂的需求，所以許多藝能者就故意採取形式上出家的方式，表示自己脫離世俗的身

㉔⑨ 西海賢二（2017），《旅する民間宗教者》，吉川弘文館，pp.91-98。

分秩序。像是集能樂大成的觀阿彌、世阿彌父子，其「阿彌」就是取自時宗信徒的阿彌陀佛號，藉此表示自己已是與阿彌陀佛合為一體的非俗人存在。像是被將軍足利義政重用的庭師善阿彌，也是因其出身低賤但卻需與將軍密切接觸討論而取了阿彌陀佛號。為德川將軍家等貴人看診的醫師會剃髮成僧形，並獲得法眼等僧侶階級也是同樣原理。要傳達教義讓民眾接受、同時又要獲得謀生收入的流浪民間宗教者們，藝能成為最好的媒介。但也因這種歧視與超然、聖與俗之間的微妙交錯，讓這些流浪民間宗教者成為日本宗教文化中極為特異的存在。

在這種情形之下，由於民眾的現世利益思考，在部分流浪宗教者的傳布和鼓吹之下，有時日本也會出現沒有教義基礎、甚至莫名其妙的流行神信仰。流行神的特徵在於突然爆發性的流行，而後快速衰退至完全消失，沒有被日後任何民俗事象繼承。這個現象某種程度也證明了廢佛毀釋原因中第三點「日本人易熱易冷的民族性」。

在江戶時代的《神佛願掛重寶記》中，就記載了秋山自雲功雄尊靈、佐野善佐衛門之墓、鬼坊主清吉之墓、阿於之墓等拜了之後有奇效的一般人墳墓，秋山自雲是生前為痔所苦的酒店員工，鬼坊主生前是運氣極佳的盜賊而被視為考試之神，佐野善佐衛門則是殺害了當時因儉約令而被世人厭惡的田沼意次之子意知，被稱為「世直し大明神」。當時甚至還有將溺死者稱為「水死人神樣」、「土佐衛門樣」而加以祭拜的。像大名立花將監於江戶的屋敷神太郎稻荷、京極家的屋敷神金毘羅神等私人的家戶守護神，也曾經成為流行的崇拜對象。今天東京的著名神社水天宮，原本也是有馬家的江戶宅邸屋敷神。㉕⓪

除了以上人死後的靈神與大名家神的例子，流行神還有七世紀時約拇指大小、外貌像蠶，據說拜了會不老不死、富貴長壽的常世神，十世紀時隨著群眾歌舞出現的志多羅神，十一世紀時群眾瘋狂的大田樂舞，還有江戶時代同樣也是群眾慶祝神明從天降臨當地，以神木為御神體而瘋狂舞蹈的「伊勢踊り」。江戶末期大規模的「ええじゃないか」（不亦

㉕⓪ 宮田登（2006），《はやり神と民衆宗教》，吉川弘文館，pp.49-55。

善哉）也是號稱伊勢神宮的御札從天而降，民眾因而聚集狂舞的群眾運動。這些流行神的崇拜，都發生在世局不安之際，帶有強烈的「世直し」（改善世間）的信仰期待色彩。

另外也有流行神定著為當地神明的事例，如水戶市勝田的「切腹佐七」和「鳴神樣」。切腹佐七生前為有力農民，因在歉收之際向高層要求減稅未果，憤而殺死家人後切腹自殺抗議。某日有老巫女前來當地，召喚出佐七之魂進行祈禱實現村民種種願望，而後切腹佐七之墓被移到日蓮宗福道寺內，至今仍有人參拜。鳴神樣又稱「無緣樣」或「杜鵑樣」，是在江戶時代某個巡禮中的六部在富農家前被雷打死，因相傳當時家中老母正在喝茶或說六部正在梳頭，所以當地相傳「打雷時不要喝茶或梳頭」。日後當地的光明寺住持做了「無緣供養和讚」，並供養這個因被雷打死所以稱為鳴神的六部。後來同樣因為某巫女向前來求助的病人告知要祭祀無緣樣，之後病人也真的康復而讓鳴神樣大為出名，甚至有嫁到川崎後仍回鄉祭拜的信徒，鳴神樣前也被奉納了三十座四石燈籠，還會舉行盆踊和攤販的緣日活動。[251]從這些事例，也可發現寺院與流浪民間宗教者，在流行神產生的過程中擔任的重要角色。

四、先祖信仰與他界觀

他界觀與祖先祭祀

日本自古以來就有靈魂死後會到山上去的山中他界觀。像是伊勢神宮所在的伊勢，就有人死後會到當地朝熊山的說法，同時在朝熊山上也有立滿卒塔婆的金剛證寺奧之院，被視為是死者安息的聖地。[252]真言宗的聖地金剛峯寺奧之院，也是許多歷史上著名人物無論屍骨是否在當地，都會被建立墳墓於此，讓其與大師空海一同修行的日本重要靈場。因此，不論是神道或是佛教、修驗道，日本固有信仰的山中他界觀都已深深滲透其中。梅原猛認為日本傳統的他界觀四個特色如下：

---

[251] 宮田登（2006），《はやり神と民衆宗教》，吉川弘文館，pp.160-167。
[252] 鵜飼秀徳（2018），《仏教抹殺》，文藝春秋，pp.132-133。

1. 死後的世界與現世相似但相反：如著衣方向相反，現世的不完全就是他界的完全。所以前述的葬儀會有左右相反的死者穿著，打破器具以送到他界的習俗。

2. 人死後靈魂會去到他界成神：也因為如此，所以佛教傳入後，死者死後即是「成佛」，而不是一般佛教所主張成佛需要困難長久的修行。

3. 殺生是把靈魂送到另一個世界：因此日本除了動物，還有針供養、人形供養的習俗。因為製造新的道具前，需要先把舊的道具送到他界。

4. 死與再生的思考：例如伊勢的遷宮也是一種生命死亡、再生的祭典，像歌舞伎町的襲名披露等，只要保留住名字，那麼子孫襲名就是該人物的死亡與再生。也就是初代死亡之後，會前往他界再重回現世，成為三代目、四代目的思考。[253]

在民俗宗教中，他界就是日常空間之外的另一個異質而非日常的神聖空間，時間感覺上也有俗世的現世和神聖的前世、來世之別。日本神話中的他界就是相對於現世葦原之中

[253] 梅原猛（2012），《日本人の「あの世」観》，中央公論新社，pp.29-32。

國的天上高天原和地下的黃泉之國。現世就是日本的大和和出雲地方，天上他界就是天照大神支配的世界，黃泉之國又稱根之國，是素戔嗚尊支配的死者地下他界。但在沖繩地方的他界「ニライカナイ」，則是指海另一邊的仙境樂土。日本本土的伊勢、常陸出海之後也被視為是藥師如來、彌勒菩薩的世界，協助大國主神治國的少彥名命也是來自海上、最後也回歸海上的彼岸淨土。日後出現的「常世神」也是從這種海上淨土前來日本。也就是說傳統的日本他界觀，就分成了天上、地下、海上、山中的四種概念。日後再加上中國的蓬萊仙山信仰、佛教的淨土和地獄思想，形成今天日本民俗信仰中的他界觀，進而影響日本人的葬送儀式和祭祀形態。[254]這四種他界觀的產生原因分別如下：

1. 山上他界觀：因為山是埋葬地，對農民來說是最近的異世界。樹木茂盛適合被視為神靈居所，再加上日後山伏的活動讓山岳信仰廣為擴散。

2. 海上他界觀：折口信夫主張這是因為民族自海上渡來日本，所以視海上的彼方為原鄉而

[254] 宮家準（2016），《日本の民俗宗教》，講談社，pp.212-216。

生的概念。死後靈魂會回到「妣之國」的原鄉，也就是所謂的常世之國。南島地方會把死者葬在離島，也是這種概念形成的原因之一。

3. 天上他界觀：由於天皇家在神話中來自高天原，為了區別其他被統治民而做出天皇家始祖來自天上的傳承。大林太良推測以山民為主的山上他界觀，或許與此概念正好顯示日本過去曾經存在兩種不同民族融合的過程。

4. 地下他界觀：因遺體埋於地下，而且大地為產生收穫之母的概念形成。日後佛教的地獄觀與此習合，成為中元時地獄開釜的傳承。

相對於具體的他界，當然民俗中也存在著類似台灣的不可視他界。這些不可視他界由六道、淨土等佛教他界，以及日本神話中的常世、黃泉之國、根之國、高天原等他界構成。不可視他界中的神靈，會在數年之隔來訪現世而後離開。但對日本民眾來說，墓地、佛塔、位牌、靈山納骨等具體他界還是影響較大。[255]當死後靈魂的去處因為他界觀成為海上、山

[255] 赤田光男（1990），《祖霊信仰と他界観》，人文書院，pp.27-30。

中等地的具體存在之後，祖靈、田神就成為平日居住於山地，在祭典或是中元節時會回到村落與田地的概念。於是在日本就演化出中元お盆前後在村落出入口、自家門口搭設精靈棚，並用黃瓜與茄子做成牛馬形狀、供祖靈回家與結束後回到他界的「精靈馬」等風俗。

也因為他界的概念相對具體，自然也沿伸出以村落本身為現世，出了村落就是神鬼存在的他界這種風俗。於是在村落邊界處會祭有塞之神、道祖神、猿田彥命祠（日本神話中為天孫帶路的地津神，被視為旅人守護神）、庚申塚、大人形等神位不高的雜神做為除魔之用，也會樹立愛宕、秋葉、神明、大峯等講碑做為代所有村民前往這些聖地參拜者的回鄉時迎接之地。像上述的產小屋、月小屋（生理期女性離開群體生活的房屋）、喪屋、墓地等，也因為不讓血穢和死穢進入村落裏這個「現世」而設在村外。正因村境是現世和他界的交界，會在這裏設置救濟世界眾生的地藏。因為同樣的思考，所以死靈、妖怪、幽靈、瘟神、怨靈，或是來訪神也會從村境到來。前述的流浪民間宗教者，因此被視為是從他界到來的存在，在村民眼中看來正像死靈的行列，或是外來的神人們，也得以成為像齋女（イタコ）這種現世與他界間的溝通者與媒介。[256]

極樂與地獄——補陀落渡海

當前述的具體他界觀與不可視他界觀重合在一起時，產生的就是日本過去駭人的「補陀落渡海」。位於熊野那智的補陀落山寺住持，代代都在接近臨終之際，搭乘出口被封死的船，向海上的觀自在菩薩補陀落淨土出發。除了在臨死前出發追求到達觀音淨土，不因為住持的死穢汙染聖地熊野也被認為是其中一個原因。同時補陀落渡海也是一種水葬的變型手法，讓死者遺體隨小船前往大海不再回來後，就等於靈魂與肉體都前往了觀音淨土。但補陀落渡海其實和即身佛一樣，不只是臨終者選擇的死亡方式，也是一種為了追求淨土的宗教上自我了斷手段。

[256] 赤田光男（1990），《祖霊信仰と他界観》，人文書院，pp.16-20。

《平家物語》中平清盛的嫡孫平維盛，在平家接近敗亡之際在熊野入水往生。《吾妻鏡》中也記載了武士下河邊行秀因在源賴朝打獵時失態而出家成為智定坊，於數十年後在熊野執行補陀落渡海的事蹟。據《尊卑分脈》記載，室町時代戰亂頻繁的文明年間，公卿萬里小路冬房在晉升到從一位的高位後出家，於八年後在熊野補陀落渡海。這三個事蹟的當事人分別是武家棟樑、武士、公家貴族等社會上層階級，但在人生失意絕望時選擇了幾乎等於自殺行為的補陀落渡海。

井上靖的短篇《補陀落渡海記》也描述了僧侶金光坊因求生欲望，在補陀落渡海前選擇逃亡，最後被抓回強制進入船中沉入海底的故事。平安時代藤原賴長的日記中描寫的補陀落渡海船只是構造簡單的小船，鎌倉時代《吾妻鏡》的渡海船就已經是「進入船屋後從外釘死，無窗可見日月之光。只憑燈而簡單準備三十日左右的食物與油等」的屋形船。十六世紀傳教士所見的渡海船則是「在船上挖大洞而設栓，拔栓後與船共沉海底」，渡海後生還漂流到沖繩，並在當地傳播真言宗及熊野信仰的日秀上人，其船栓則是使用鮑魚。

描寫熊野全境的《那智参詣曼荼羅》中出現的補陀落船，中間是上書「觀音丸」、「南無阿彌陀佛」等字的白帆。《那珂湊補陀落渡海記》解釋「補陀安養為一國之異名，彌陀觀音為一佛之因果」，由於補陀落往生是坐上阿彌陀脇侍的觀音手上蓮台，所以並無矛盾。熊野本宮的證誠殿本地也是阿彌陀如來，所以由熊野出航的補陀落渡海船上書南無阿彌陀佛也有地緣關係因素。而因為〈觀世門普門品〉為《法華經》中的一節，所以亦有上書「南無妙法蓮華經」的補陀落船。船上還有由十數支的卒塔婆和四個鳥居組成的忌垣（閉關的外牆），其構造與死者送葬時的布置雷同。四個鳥居分別代表葬禮時的發心門、修行門、菩提門、涅槃門等四門，從構造上就強烈暗示搭船者的死亡意志。[257]日本不只熊野，在日本海方面、關東、九州跟四國的許多臨海聖地，尤其是受到熊野信仰影響的地域都曾經有補陀落渡海的例子出現。

[257] 根井淨（2008），《観音浄土に船出した人々》，吉川弘文館，pp.204-216。

另一方面，做為日本不可視他界代表的地獄，是受到佛教影響而產生的他界。日本同樣接受了被證實為「偽經」、也就是後世捏造的佛經《十王經》的影響，而有所謂的十殿閻王的信仰。但正如前述般，從日本神話裏伊邪那岐跟伊邪那美陰陽分離的故事，可見日本人想像中的冥界是一片荒蕪。三途之川、奪衣婆等民間傳承再加上被中國的十王信仰所影響，日本後來也出現了偽經《地藏菩薩發心因緣十王經》，讓日本出現了十殿閻王，加上蓮華王、祇園王、法界王，再讓這十三個王各自對應佛菩薩的「十三佛信仰」。如第一殿的秦廣王為不動明王，第五殿閻羅王為地藏王菩薩，第十殿的轉輪王為阿彌陀如來等。[258]十殿剛好也對應了日本人死後作忌的從頭七到七七、百日、死後年的一周忌、死後兩年的三回忌等，再加上最後的七回忌、十三回忌和三十三回忌，這樣剛好十三次的作忌，其實也是與佛教儀式的思想混合。

由於十殿閻王信仰在日本民間的淡薄，一般民眾對於冥間的主宰就只認識代表性的「閻

[258] 五來重（2013），《日本人の地獄と極楽》，吉川弘文館，pp.135-136。

魔大王」，因此日本各地會有以閻魔大王為本尊的閻魔堂，如京都的引接寺別名就是「千本閻魔堂」。在日本，地藏因為代眾生受苦的特質，再加上日本民間信仰早夭的小孩會在三途之川旁的賽之河原被惡鬼欺侮，而被地藏菩薩解救的傳承，地藏在日本就成為兒童的守護神，還有各地的各種治病地藏。這種保護眾生的特質，也和日本各地村落入口驅邪的石像「道祖神」結合，於是地藏成為今日路邊常見的各種小型無名地藏石像這種親民存在。不過也因為和過去土俗雜神的「道祖神」結合，所以也出現了各種地藏與靈異事件相關的傳承與都市傳說。

正如第三章所述，對將山域整體視為十界巡行的修驗道來說，山岳本身就是極樂與地獄並存之地的他界。《山越彌陀圖》等宗教藝術作品，明顯將山岳當成淨土的呈現。不可視、概念上的觀音淨土則是藉由補陀落渡海等儀式而具象化，山中他界的地獄具象化，則是如立山的地獄谷般山中寸草不生、甚至噴發有毒瓦斯的荒蕪地帶。修驗道就是藉由在生前經過這些在山中被視為地獄的區域修行，以達到滅罪累積功德而不必在死後進入地獄。

《吾妻鏡》也曾出現武士新田忠常在富士山著名的靈場人穴進入地獄，並在富士淺間大菩薩的引導下巡回設有各種刑罰的地獄。《富士之人穴草紙》則是記載新田所見到的地獄奉行（負責人）共有六人，「第一為箱根權現、第二為伊豆權現、第三為白山權現、第四為富士淺間大菩薩、第五為三島權現、第六為立山權現，此為無間地獄之主。」[259]《人穴草紙》中所提到的地獄六奉行，全都是修驗道各地聖山崇拜的山岳本尊，自然這些聖山裏也各自擁有包括極樂和地獄的十界。這些記載，也證明某種程度上民間信仰中，把來自佛教思想、不可視的他界地獄具象化的現象。

描寫源義經死後與平家仇敵合作，打敗鬼軍並將閻羅大王奉為天子，與猛將們瓜分地獄的古淨琉璃本《義經地獄破》，則顯示庶民認為地獄是得以人力或咒術之力出入的他界。

[259] 五來重（2013），《日本人の地獄と極楽》，吉川弘文館，pp.20-23。

[260]這也是各種宗教者、咒術者得以與死者溝通、進行各種供養儀式的民間理論基礎。如《立山曼荼羅》、《十界圖》、《一心十界圖》等民間宗教者用於唱導的圖象中，地獄的入口有三途之川和負責脫下亡者衣服、折斷生前曾經犯偷盜罪亡者手指的奪衣婆，與將衣服掛在衣領樹上、由衣服重量及模樣決定亡者生前罪業的懸衣翁。血池則是兩個女人沉於其中，與綁在石柱上被鬼拔舌的亡者。還有穿著袈裟但頭部是牛的生前貪財僧侶亡者，以及被兩條頭為女人的大蛇纏住象徵淫邪罪業的亡者，同時還有火車、劍山、石臼、串刺等受刑亡者。以立山連峰為背景的《十界圖》，還有地藏菩薩站立其中與在賽之河原堆積石頭的小兒亡者說話，血池中則是被投入離苦解脫的《血盆經》。這種受苦與救濟並行的描寫，正是民間信仰中地獄的最大特色。而像念佛經典《往生要集》中描寫的地獄則是殘酷淒慘，平安末期以其為藍本描繪的《地獄草紙》同樣充滿絕望感。[261]

至於三途之川也是日本地獄特有的概念，葬禮時死者身上頭陀袋所放入的六文錢，就

---

[260] 五來重（2013），《日本人の地獄と極楽》，吉川弘文館，pp.68-71。
[261] 五來重（2013），《日本人の地獄と極楽》，吉川弘文館，pp.131-133。

是用來渡過三途之川的過路費。至於三途之川在《發心因緣十王經》則稱其為葬頭河，渡河有山水瀨、江深淵及橋渡三個地方。這也被解釋為善人走橋過河、一般人走山水瀨涉水而過，惡人則是從痛苦的江深淵渡河。一般認為三途為「三塗（さんず，兩者同音）」，也就是地獄、畜生、餓鬼的「三惡趣」之同義字。但五來重認為葬頭河為送葬死者後為清淨死穢而洗手的「精進川」訛音而成，之後又訛音成為三途。三瀨也是日本神話中慎重清淨時需至上瀨、中瀨、下瀨三個河川處進行水禊的概念。㉖㉒民間也有女性要渡過三途之川，需要由其第一次性交的男性對象背負而過的傳承。至於三途之川旁的賽之河原，則是小兒夭折，因其比父母早死的不孝之罪而受苦之處。

㉖㉒ 五來重（2013），《日本人の地獄と極楽》，吉川弘文館，pp.137-139。

五、章結

本章中概述了明治至敗戰的廢佛毀釋，與日本向外擴張期前後宗教與國策之間的相互影響來說明宗教文化在日本社會中的地位與影響力。又以村落生活、各種人生通過儀式的解說來解明宗教文化對於社會與個人的影響。最後則以他界觀做為事例，解說前三章的宗教文化如何與民間信仰進行相互作用。不管是生活樣式，或是日常活動與藝能，甚至社會與政治，宗教文化都與其息息相關並相互產生各種變化融合。

尤其是既成宗教投射到民間信仰時，經常會有多種教義混合其中甚至互相衝突，但民眾卻不感矛盾而全部接收的有趣現象。這種現象會發生是因為宗教的發展過程，無可避免的就是教義體系化與高深化。但在宗教文化高深化之後，又會遇到與其基層信徒間產生隔閡的矛盾。在這個前提下，神佛習合元素最明顯的修驗道可說是與民間信仰最為接近的既成宗教。但對一般庶民而言，信仰除了高度的清淨、解脫，最大的需求還是對平安健康、物質豐裕的現世利益祈願。從現世利益出發的庶民，自然會從不同宗教的不同教義中擷取對自己有利的部分，來做為宗教儀式的元素以達成自己的祈願。而宗教也永遠需要面對這些信徒的願望，不停在教義上進行修正與調整的世俗化。

不管是本章中所述的民間信仰中他界觀的種種差異，或是佛教在八紘一宇思想形成的過程中如何調整對經典、對教義的解釋，都是同樣的現象。民俗學的最大目標，就是從民俗事象中排除既成宗教的元素，抽取出屬於該民族的原始性格與特色。但正如本書所述，在長久的歷史累積和民俗與宗教間的融合、再生產過程後，要達成這個目標極為困難。相反地，用既有現狀的整理和分析，進行與其他族群比較的比較民俗學，在資訊發達的現代反而與以往相比較為可行。進行這種民族文化間的比較時對宗教文化的理解，就成為分析日本文化時重要且不可或缺的作業了。

結論——從筑波山看到的日本宗教文化

在日本筑波大學修習民俗學的我，離大學不遠的筑波山神社自古以來就是日本的重要信仰景點，在《萬葉集》裏名字出現多次、過去會舉行「歌垣（うたがき）」——祭典時男女老幼聚集唱歌抒發情懷順便談戀愛的聖地。同時，筑波山也是幕末時代水戶藩重要的「天狗黨事件」發生地。

幕末時代的水戶藩是尊王攘夷的急先鋒。以日本特有的神道和「國學」做為最高價值的水戶藩，在明治政府尚未成立、《神佛分離令》當然也尚未發布之前，就在領地內發動大規模的廢佛毀釋運動。日後藩主德川齊昭在幕府高層和藩內其他派系的運作下，因為廢佛措施而被迫隱居。天狗黨就是當時隨著德川齊昭上位後意氣風發的部屬們，因日文把得意忘形者稱為「天狗」而得名。天狗黨強烈主張尊王攘夷，先是有水戶脫藩者犯下殺害大老井伊直弼的「櫻田門外之變」讓幕府權威掃地，揭開幕末風起雲湧的序幕，而後又在幕府統治時代的末期於筑波山舉兵以軍事實力壓迫幕府實行攘夷，最後因為種種暴行被幕府討伐消滅。這場淒慘的水戶藩內戰消耗了大半的藩內人才，以至於新政府成立之後水戶藩這個尊王攘夷的先鋒，反而無法在明治政府裏掌握要職，讓明治成了薩長土肥等藩的時代。

筑波山神社這個純粹神道象徵之地，保留了神道「神奈備」的特色，以筑波山的男體山、女體山兩座山頭做為御神體。真正的神殿在兩座山頂，一般所稱的筑波山神社，其實只是位於山腰上供人參拜和進行神事的「拝殿」。筑波山神社拝殿優美的入母屋造型和正面的唐破風，是如其名般由「唐」傳來的建築樣式。在具有規模的神社常見的樓門、石燈籠和外型類似石獅子的狛犬，更是不折不扣從佛寺建築借用而來。不過神社堅持屋頂不使用瓦片的日本傳統，是寺院和神社建築間的一大差異。

——筑波山神社受佛教樓門建築影響的「隨神門」。

——入母屋造的筑波山神社拜殿。正面的唐破門是受到佛教影響的產物，
但是不用瓦片和屋頂上的千木、勝男木則是神社建築的特色。

日本這個神道之國，長久以來在信仰世界裏佛教一直占了壓倒神道的優勢。在過去以中國為中心的世界觀裏，佛教才是真正通行於「三國」——朝鮮、中國、印度的普世價值。相較之下，神道不過是一群位處邊緣海島的居民們在信的當地土神明。而且就如神社建築也受到佛教影響一般，佛教傳入日本的不只是信仰，同時也是建築、造型、哲學、文字書畫等總合先進技術的總合體系。在這種強勢外來文化的入侵下，神道發展出「本地垂迹說」，促成了神佛習合的出現，讓神道和崇高的佛教合為一體。這也讓日本獨有的「權現」出現，進而讓神佛習合的修驗道在日本得以大大發展。在筑波山的男體山、女體山被視為日本創造天地的伊邪那岐、伊邪那美兩位夫婦神，同時也在神佛習合的思想下被稱為「筑波兩大權現」。平安時代初期，奈良佛教高僧德一進入筑波山，就以筑波兩大權見的「本地」千手觀音為本尊，創立了後來被稱為「大御堂」的知足院中禪寺，也就是當地所稱的「大御堂」。

但是大御堂在明治初期的廢佛毀釋風潮下成為廢墟，一直要到最近幾年才重建完成。明治的廢佛毀釋除了是要建立日本的「神國」特色，很大原因就是因為過去長久的神佛習合歷史裏，其實一直都是佛主神從，神主們一直都被僧侶們踩在腳下所爆發出來的結果。就像筑波山神社裏的大御堂一樣，各大神社裏後來都興建了佛寺。除了神社的主持人神主外，寺院的住持通常稱為「別當」。但是別當的權力大於神主卻是數百年來的一般現象。廢佛毀釋的狂潮，就是神道方這種近千年來苦悶的反撲。還好廢佛毀釋的狂潮在幾年後平息，雖然期間犧牲了不少今日看來都是國寶級的文化資產，總算至今日為止大致都恢復了元氣。如前述般神道吸收了不少佛教的元素，但就像去到日本最古寺院的善光寺，可以看到投香油錢用的賽錢箱和祈願用的繪馬一樣，日本的寺院其實也吸收了不少神道的元素。善光寺著名絕不讓人看到真面目的「秘佛」本尊，更是受到日本神道神明不可見、不可為人所見的強烈影響產物。

從《萬葉集》時代就見其名、又做為天狗黨事件的發生地，筑波山神社可說是日本國粹主義的代表地點。就在此代表地，我們看到神道的原始自然信仰，又看到佛教影響下形成的建築及造型藝術。男體山及女體山的神奈備御神體，日後也被視為修驗道中的權現，過去筑波山也曾有山伏在當地出沒修行。神社旁的大御堂一度是盛況超越神社的存在，日後卻因廢佛毀釋而灰飛煙滅，一直要到最近才重建完成，這也是明治時代以來日本宗教文化的轉變呈現。總而言之，本書四個章節所描述的宗教與民俗內容，直接在筑波山神社這個著名景點獲得最好的驗證。在筑波山旁學習民俗學的我，從這座神社出發，最後也回到這個聖地。從這裏開始接觸民俗文化，也在這裏初步整理出了日本宗教文化的全貌。

自然信仰與神佛習合，這兩點正是日本宗教文化的底流。而宗教文化，至今也仍是日本民俗、甚至日本文化整體的起源與基礎。

參考文獻

赤田光男（一九九〇）《祖霊信仰と他界観》人文書院
芥川龍之介（一九二三）《神々の微笑》Kindle 改訂版　青空文庫
網野善彦（二〇一六）《異形の王権》平凡社
伊豆野誠（二〇一二）《神社検定公式テキスト①神社のいろは》扶桑社
伊藤聡（二〇一七）《神道とは何か》中央公論新社
岩佐正校注（二〇一五）《神皇正統記》岩波書店
岩波書店編（一九七四）《日本思想大系4：最澄》岩波書店
上杉千郷（二〇〇八）《獅子・狛犬ものがたり》戎光祥出版株式会社
鵜飼秀徳（二〇一八）《仏教抹殺》文藝春秋
鶉功（二〇一二）《図解社寺建築》理工学社
梅原猛（二〇〇五）《最澄と空海》小学館／（二〇一二）《日本人の「あの世」観》中央公論新社
　　（二〇一六）《空海の思想について》講談社／（注）（二〇一六）《歎異抄》講談社
遠藤周作（二〇一三）《沉默》新潮社
岡田莊司（二〇一七）《日本神道史》吉川弘文館
小野一之（二〇一八）《武蔵府中くらやみ祭――国府祭から都市祭礼へ》府中市郷土の森博物館
柏木亨介（二〇〇七）《村落社会における倫理的規範の民俗学的研究》筑波大学博士論文
加藤健司、伊豆野誠（二〇一四）《神社検定公式テキスト⑥日本の祭り》扶桑社
加藤精一編（二〇一三）《空海「即身成佛義」》角川書店
鎌田茂雄、田中久夫注（一九七一）《鎌倉舊佛教》岩波書店
倉野憲司校注（二〇一七）《古事記》岩波書店
栗原久（二〇一四）〈人々を楽しませる赤城山の魅力　2.赤城山をめぐる伝説とそのルーツの考察〉《東京福

祉大学・大学院紀要4（2）》 東京福祉大学

黒田俊雄（二〇一六）《寺社勢力——もう一つの中世社会》 岩波書店／（二〇一八）《黒田俊雄著作集 第二巻 顕密体制論》 法蔵館

國學院大學日本文化研究所（二〇一六）《神道事典》 弘文堂

小峰彌彦（二〇一七）《図解 曼荼羅入門》 角川書店

五来重（一九九一）《山の宗教—修験道講義》 角川書店／（二〇一三）《日本人の地獄と極楽》 吉川弘文館

（二〇一四）《熊野詣》 講談社学術文庫／（二〇一六）《高野聖》 株式会社 **KADOKAWA**

近藤喜博（二〇〇六）《稲荷信仰》 塙書房

蔡亦竹（二〇一九）《蔡桑說怪》 圓神文化

佐藤弘夫（二〇一四）《鎌倉仏教》 筑摩書房

三代会長年譜編纂委員会（二〇一一）《三代会長年譜》上 創価学会

清水晴風（二〇一五）《世渡風俗図絵上巻（1～4巻）：江戸から明治の屋台・的屋商売人の歴史》 Amazon Kindle版

清水正之（二〇一四）《日本思想全史》 筑摩書房

柴田実 編（一九八四）《御霊信仰》 雄山閣

島薗進（二〇一七）《国家神道と日本人》 岩波書店

島田裕巳（二〇〇九）《無宗教こそ日本人の宗教である》 角川書店／（二〇一一a）《創価学会》 新潮社 Kindle版

／（二〇一一b） 矢野絢也合著 《創価学会 もうひとつのニッポン》 講談社／（二〇一二）《浄土真宗はなぜ日本でいちばん多いのか》 幻冬舎

／（二〇一三）《なぜ八幡神社が日本でいちばん多いのか》 幻冬舎／（二〇一五）《八紘一宇 日本

全体を突き動かした宗教思想の正体》 幻冬舎
新宗教特別取材班（二〇〇九）〈新宗教、巨大ビジネスの全貌〉《週刊ダイヤモンド》9：12
末木文美士（二〇一五a）《草木成仏の思想 安然と日本の自然観》 Kindle版 株式会社サンガ／（二〇一五b）《日本仏教史》 新潮社／（二〇一六）《日本宗教史》 岩波書店
鈴木正崇（二〇一五）《山岳信仰》 中公新書
関口静雄、岡本夏奈（二〇一五）〈一枚摺の世界〉《学苑》八九八号 昭和女子大学 六〇－六一
小林利行（二〇一九）〈日本人の宗教的意識や行動はどう変わったか～ISSP国際比較調査「宗教」・日本の結果から〉《放送研究と調査》二〇一九年四月号 NHK
関裕二等（二〇一六）《週刊 日本の神社 第一二〇号》 株式会社デアゴスティーニ・ジャパン
宗密（一六九六）《大乗起信論疏》 山口忠右衞門刊 AMAZON電子書籍国会図書館デジタル版
貴志正造訳（一九六七）《神道集》 平凡社
高取正男（一九七九）《神道の成立》 平凡社
竹田恒泰（二〇一七）《現代語古事記》 学研プラス
武光誠（二〇一二）《諏訪大社と武田信玄》 青春出版社
竹村牧男（二〇一五）《日本仏教 思想のあゆみ》 講談社
多田厚隆等（一九七三）《天台本覚論》 岩波書店
谷口貢等（二〇一五）《日本人の一生 通過儀礼の民俗学》 八千代出版
時枝務等（二〇一五）《修験道史入門》 岩田書院
外山晴彦（二〇〇〇）《神社ウォッチング》 東京書籍株式会社
直江広治（一九八三）《稲荷信仰》 雄山閣
内外書籍株式会社編（一九三一－一九三七）《新校群書類従 第十九巻》 内外書籍

中島岳志（二〇一七）《親鸞と日本主義》 新潮社
中野幡能（二〇一〇）《八幡信仰》 塙書房
成瀬龍夫（二〇一八）《比叡山の僧兵たち──鎮護国家仏教が生んだ武力の正当化》 サンライズ出版
西海賢二（二〇一七）《旅する民間宗教者》 吉川弘文館
日本文部省文化廳（二〇一六）《宗教年鑑 平成廿七年版》 ヤマノ印刷株式会社
日蓮正宗務院（二〇〇七）《日蓮正宗入門》 恒河沙有限公司
根井淨（二〇〇八）《観音浄土に船出した人々》 吉川弘文館
根岸栄隆（二〇〇七）《鳥居の研究》 第一書房
ねずてつや（二〇一二）《狛犬学事始》 ナカニシヤ出版
花野充道（二〇〇七）《天台本覚思想と日蓮教学》 山喜房佛書林
原田敏明、高橋貢訳（二〇〇一）《日本霊異記》 平凡社
福永光司（二〇〇三）《空海 三教指帰ほか》 中央公論新社
福永武彦 譯（二〇一四）《現代語譯 日本書紀》 河出書房新社
藤原継縄（一六五七）《続日本記 巻第一》明暦三年本 AMAZON 電子書籍国会図書館デジタル版
古家信平等（二〇〇九）《日本の民俗9 祭りの快楽》 吉川弘文館
本居宣長釋（一七九五）《大祓詞後釈》 Kindle アーカイブ国会図書館デジタル版
松岡幹夫（二〇〇五）《日蓮仏教の社会思想的展開》 東京大学出版会／（二〇〇六）《日蓮正宗の神話》 論創社
真鍋俊照（二〇〇四）《日本仏像事典》 吉川弘文館
三浦俊良（二〇一三）《東寺の謎》 祥伝社
三崎良周（一九六四）〈慈鎮和尚の仏眼信仰〉《密教文化》 一九六四巻 六九－七〇号 密教研究会

宮家準（一九九二）《熊野修験》吉川弘文館／（二〇〇一）《修験道——その歴史と修行》講談社／（二〇一二）《修験道——その伝播と定着》法蔵館／（二〇一五）《修験道小事典》法蔵館（二〇一六）《日本の民俗宗教》講談社

宮坂宥勝（二〇〇三）《空海》筑摩書房

宮地直一（二〇二二）《現代語訳 穂高神社史》龍鳳書房

宮田登（一九九九）《日本人と宗教》岩波書店 （二〇〇六）《はやり神と民衆宗教》吉川弘文館

宮元健次（二〇一六）《日本建築の見方》学芸出版社

宮本常一（二〇一四）《日本文化の形成》講談社

無住（一二八三）《沙石集》Kindle版 舎利会

村尾行一（二〇〇七）《柳田國男と牧口常三郎》潮出版社

村山修一（一九七〇）《山伏の歴史》塙書房

茂木貞純、加藤健司（二〇一五）《神社検定公式テキスト②神話のおへそ》Kindle版 扶桑社

茂木貞純（二〇一六）《神道教與季節禮儀事典》遠足文化

森田玲（二〇一五）《日本の祭と神賑——京都・摂河泉の祭具から読み解く祈りのかたち》創元社

守屋正彦等（二〇一四）《日本美術図解事典》東京美術

義江彰夫（二〇一五）《神仏習合》岩波書店

吉田真樹等（二〇一四）《「八幡宇佐宮御託宣集」託宣・示現年表》山口大学

龍鳳書房編集部（二〇一六）《図説 穂高神社と安曇族》龍鳳書房

林承緯（二〇一七）《信仰的開花 日本祭典導覽》遠足文化

後記

某次前往京都旅遊之際。位於京都鬧區新京極的誓願寺，因為是傳說中上方落語的發祥地，也是祈求藝事精進的藝人們常會參拜的有名寺院之一。於某年的年末假期，筆者就在這裏渡過大晦日並且向朋友們介紹所謂的「除夜之鐘」。當時讓我注意到的就是該寺掛出看板時一旁的「寺紋」。在世界遺產天龍寺見學時，在其著名的庭園和方丈建築裏，無意中在不起眼的角落發現了某個有趣的裝飾。這個鏤空的木紋是所謂的「下がり藤」，是有名的藤原氏家紋之一。而由足利尊氏開基（創立者）的天龍寺，其實真正的寺紋是所謂的「雨龍紋」，為什麼在明治年間重建的大方丈裏會出現這個藤原家代表的家紋，還是我至今想要解答的謎題之一。

是的。對我來說，日本的宗教文化仍然存有許多我還不懂、還需要研究的事象。

顧名思義，寺紋和神紋就是寺院和神社在器物、建築上使用的專有識別紋章。這種文樣的起源來自日本的家紋傳統。所以神紋與寺紋，通常都採用其開祖、開基的家紋，或是與其神明、信仰特質有關的紋樣。但光就神紋和寺紋，要將其全部網羅研究就幾乎非人力所及。本書名為「日本宗教文化論」，意在為有志日本研究者提供有關宗教文化的重要先行知識。但因篇幅與能力所限，有許多地方仍然未盡詳述也多有割愛之處。補足這方面的研究，是我今後的終生課題。

這本書從開始構思到完成，花了整整六年的時間。這段期間讓我深刻反省的，就是自己研究的怠惰，和日本宗教文化的無窮無盡與涉獵領域之廣泛。做為一個民俗學徒，在日本從事田調時若沒有宗教文化的相關知識，就沒有辦法進行深入的解析。在接觸到宗教文化體系的龐大浩瀚時，讓我感受到自己做為研究者的無力與渺小，但也同時讓我重新確認了做為一個民俗學徒的喜悅。時代不斷變遷，知識的主要載體也從書本變成了各種新媒體。

但是不變的是，做為「高含金量」和得以做為生涯代表、流傳後世的知識載具，書本絕對有不可取代的地位。這也是為什麼能力有限的我，仍然堅持要完成這本著作的最大理由。記得還在日本博班時，曾前往沖永良部島進行調查。在一次當地墳墓的田調結束後，我向當時已在琉大任職的學長說可以用 3D 模型方式把今天調查的成果放在網路上分享學術成果。結果，學長笑著回答我說「做這個是有什麼用」。但是過了十幾年，這些想法在今天已經是理所當然到處可見的事。所以，做為一個知識的傳播者，除了傳統書籍，我也開始嘗試用影片的方式將自己的所學分享出來。畢竟學者的最大使命，就是把自己的所學回饋給社會。

這本書，真的寫了好久。也希望這本寫了好久的書的內容，可以讓各位讀者們感到滿足。在這六年間，我要感謝實踐大學提供我一個好的職場，讓我可以一邊從事教職、一邊有能力完成這個研究成果。負責大部分說明圖的黃正文繪師，則是這本書得以問世的最佳幫手。也要感謝身邊所有的好朋友、同學和我的親人們。信棋、有雅、阿舍、爛寶貝、歐郎、大哭董、佩甄，這群可愛的小朋友，在苦悶的寫作過程給了我很多的支持和幫忙。兩位老師的嚴格審查，讓這本專書得以更加嚴謹和全面。最重要的，是我的岳父岳母，我的母親和妹妹、妹夫，還有包容忍受我爛脾氣的肥肥媽媽、也就是我的賢內助。沒有你們，這本書永遠不會完成。

這本書，獻給我在天上修行的父親。

YT 頻道「蔡桑」

日本宗教文化論

作　　者　蔡亦竹

責任編輯　楊佩穎
美術編輯　林恆葦

出 版 者　前衛出版社
10468 臺北市中山區農安街 153 號 4 樓之 3
電話：02-25865708｜傳真：02-25863758
郵撥帳號：05625551
購書 · 業務信箱：a4791@ms15.hinet.net
投稿 · 編輯信箱：avanguardbook@gmail.com
官方網站：http://www.avanguard.com.tw

出版總監　林文欽
法律顧問　陽光百合律師事務所
總 經 銷　紅螞蟻圖書有限公司
11494 臺北市內湖區舊宗路二段 121 巷 19 號
電話：02-27953656｜傳真：02-27954100

出版日期　2023 年 12 月初版一刷
定　　價　新臺幣 500 元

ISBN：978-626-7325-63-6
EISBN：9786267325612（EBUB）
EISBN：9786267325629（PDF）

* 請上『前衛出版社』臉書專頁按讚，獲得更多書籍、活動資訊
https://www.facebook.com/AVANGUARDTaiwan

國家圖書館出版品預行編目 (CIP) 資料
日本宗教文化論 / 蔡亦竹著 . -- 初版 . -- 臺北市 : 前衛出版社 , 2023.12
面；　公分
ISBN 978-626-7325-63-6（平裝）

1.CST：民間信仰　2.CST：宗教文化　3.CST：日本

273　　　　112018854